中国新锐传播学者系列教材

公共关系学
Public Relations

廖秉宜 著

西安交通大学出版社
XI'AN JIAOTONG UNIVERSITY PRESS

图书在版编目(CIP)数据

公共关系学 / 廖秉宜著. —西安:西安交通大学出版社,2023.5
 ISBN 978-7-5693-3123-3

Ⅰ.①公… Ⅱ.①廖… Ⅲ.①公共关系学 Ⅳ.①C912.31

中国国家版本馆 CIP 数据核字(2023)第 039371 号

书　　名	公共关系学 GONGGONGGUANXIXUE
著　　者	廖秉宜
责任编辑	赵怀瀛
责任校对	柳　晨
封面设计	任加盟
出版发行	西安交通大学出版社 (西安市兴庆南路1号　邮政编码 710048)
网　　址	http://www.xjtupress.com
电　　话	(029)82668357　82667874(市场营销中心) (029)82668315(总编办)
传　　真	(029)82668280
印　　刷	西安明瑞印务有限公司
开　　本	787mm×1092mm　1/16　印张 12.75　字数 321千字
版次印次	2023年5月第1版　2023年5月第1次印刷
书　　号	ISBN 978-7-5693-3123-3
定　　价	39.80元

如发现印装质量问题,请与本社市场营销中心联系。
订购热线:(029)82665248　(029)82667874
投稿热线:(029)82668133
读者信箱:xj_rwjg@126.com

版权所有　侵权必究

总序 Preface

  2008年春夏之交，我有一个难得的机会在北京游学。一日，刘海龙到人民日报社9号楼社科院新闻所来探望我，聊到应该举办一个属于年轻人的全国性的传播学研讨会。我们一致认为，年轻人年龄相仿，学理相近，无拘无束，容易碰撞出思想火花。回去后，海龙打电话给张志安，陈述我们的想法，大家一拍即合。中国人民大学新闻学院赞助了一笔费用，当年6月，我们便在人大新闻学院召开了第一届中国青年传播学者论坛。来自全国各地的20多位青年学者参加了会议，热烈讨论了整整一天。当时我们谁都没有想到，今天这个研讨会正在以如此有影响力的方式延续着它的生命。

  应当感谢每一次会议的主办方，年轻人缺少资源，因此会议不仅不能收会务费和住宿费，而且还要补贴大家的差旅，可以说赔钱到家，投入巨大。中国人民大学、复旦大学、南京大学金陵学院、浙江大学、中山大学、清华大学、武汉大学、重庆大学、安徽大学和中国传媒大学等十所大学的相关院系先后举办了一年一度的盛会。然而即便这样，会议还是开得很艰苦。尤其对不住大家的是在南京召开的那次会议，由于金陵学院资源有限，大家都住在南京大学浦口校区招待所的套间里，一个套间的住客都可以凑出两桌麻将。由于一栋楼只有一个准时下班的服务员，曾经"贵"为中山大学传播与设计学院院长的张志安竟不得不亲自疏通厕所下水管道，这件事在他的人生经历中已经留下了不可磨灭的"阴影"。然而，似乎没有人计较这些，大家都以能聚在一起讨论学问为快事。

  中山大学的那次会议一直开到晚上11点，大家仍然饶有兴趣地听李立峰和郭建斌分享他们的研究心得，我们才发现温文尔雅的中国香港名教授在宵夜店消灭啤酒和烤肉的战斗力也是相当惊人的。而此后，饿得两眼发蓝出去喝啤酒吃烧烤便成为了会议的必备程序。由于实行严格的匿名评审，会上的几乎每篇论文，均属上乘，但在点评时仍然会招来雨点般不留情面的批评，尤其是"一对一"对评的时候。尽管有些时候颜面上确实有点挂不住，但谁也没有真正把受到学术质疑看作是一种受伤。

  于是，中国青年传播学者论坛渐渐成为一个精神气质上的无形学院。就是在这样的文化和共同体中，大家产生了更多的认同和包容，也产生了更为积极的学术追求，共同出品一些系列性的优秀成果，便成为一种自然而然的愿望。在2014

年的论坛上,西安交通大学出版社的年轻编辑赵怀瀛带着他的"中国新锐传播学者系列教材"来寻求合作时,自然得到了大家的热烈响应。在大家踊跃报名之下,便有了第一辑的选题和后续的更多选题。于是在赵编辑的催促之下,便有了这篇文字。中国新锐传播学者系列教材,并没有整齐划一的风格:在内容上既有方法方面的选题,也有理论方面的选题;在形式上既有传统的体系型教材,也有相对新颖的案例型教材。但总体而言,每一本教材都具有前沿性和研究性的色彩,不仅充分体现了知识的体系性,也充分彰显了每一位作者的个性和特点。可以说,这一系列的教材更多地体现出中国青年传播学者论坛那种独有的文化气质:个性张扬,兴趣广泛,敢于迎接和挑战传播的新领域。当然,它也必然是存在各种缺陷,并以开放的姿态接受各界批评的一套文本。传播学进入中国已经40余年,对于一个直到21世纪仍然极其弱小的知识领域而言,需要的便是中国青年传播学者论坛的气质:兼容并包,勇于探索。

十年就这样过去了,我、海龙和志安等这一批论坛的发起者早已人到中年,日渐发福,很快都将退出我们深爱的这个论坛。谨以此序表达我们的初衷和理想,衷心希望中国青年传播学者论坛和中国新锐传播学者系列教材能够不断成长,不断超越,为中国传播学研究的发展作出更大的贡献。

胡翼青
于南京大学

目 录
Contents

第一章　公共关系概述 ………………………………………………………… (001)
　第一节　公共关系与公共关系学 ……………………………………………… (001)
　第二节　我国公共关系的现状与发展 ………………………………………… (011)

第二章　公共关系的职能和原则 ……………………………………………… (020)
　第一节　公共关系的主要职能 ………………………………………………… (020)
　第二节　公共关系的基本原则 ………………………………………………… (027)

第三章　公共关系的组织机构和人员 ………………………………………… (036)
　第一节　公共关系部：组织内部的公共关系机构 …………………………… (036)
　第二节　公共关系公司：专业公共关系机构 ………………………………… (046)
　第三节　公共关系人员：公共关系活动的具体执行者 ……………………… (051)
　第四节　公共关系协会：公共关系行业发展促进者 ………………………… (053)

第四章　对象型公共关系的运作策略 ………………………………………… (059)
　第一节　内部公众公共关系运作策略 ………………………………………… (059)
　第二节　外部公众公共关系运作策略 ………………………………………… (063)

第五章　公共关系调查 ………………………………………………………… (077)
　第一节　公共关系调查概述 …………………………………………………… (077)
　第二节　公共关系调查的内容 ………………………………………………… (080)
　第三节　公共关系调查方法 …………………………………………………… (084)

第六章　公共关系策划与创意 (096)
第一节　公共关系策划概述 (096)
第二节　公共关系策划的运作流程 (099)
第三节　公共关系策划的创意构思 (103)
第四节　公共关系广告策划与创意 (106)
第五节　公共关系的媒介策划 (110)

第七章　公共关系实施与效果评估 (115)
第一节　公共关系实施概述 (115)
第二节　公共关系实施的任务 (121)
第三节　公共关系效果评估 (127)

第八章　公共关系专项活动 (133)
第一节　公共关系专项活动概述 (133)
第二节　主要公共关系专项活动 (145)

第九章　危机公关 (169)
第一节　危机公关概述 (169)
第二节　危机公关的一般程序 (174)
第三节　危机公关的策略与技巧 (175)

第十章　国际公关 (178)
第一节　国际公关概述 (178)
第二节　国际公关的构成要素 (183)
第三节　企业国际公关 (184)
第四节　政府国际公关 (193)

参考文献 (195)

后记 (197)

第一章 公共关系概述

20世纪80年代以来,在改革开放的时代浪潮下,中国的公共关系事业一步步从无到有、从弱到强、从国内走向国际,为各行各业的繁荣发展发挥着不可替代的作用。今天,社会经济的发展、媒介技术的革新、传播环境的变化、社会认知的迁移使得现代意义上的公共关系比以往任何一个时期都更值得被关注和研究,建立完善的公共关系学理论体系,促进公共关系的实际应用,发展具有中国特色的公共关系学成为适应新时代发展的必然要求。本章将从公共关系的基本概念出发,介绍公共关系的本质与公共关系学的学科特色,围绕我国公共关系事业的现状与发展,构建对于公共关系的整体认知。

第一节 公共关系与公共关系学

在公共关系事业发展的进程中,围绕公共关系这一核心概念形成了不同的理论视角和流派,这些不乏争论的思想推动了学术研究,为公共关系学科发展奠定了基础。本节将从众多论说中介绍何为公共关系,以及公共关系作为一门专业性学科的研究领域和价值。

一、作为传播与管理的公共关系

(一)公共关系的概念

"公共关系"一词起源于美国,译自英文"public relations"。有学者认为这一词最早出现在1802年美国第三任总统托马斯·杰斐逊(Thomas Jefferson)于国会发表的一项声明中[①],也有人认为直到1897年"公共关系"才有了现在的含义,而当时这个词出现在美国铁路协会的《铁路年鉴》上[②]。不过这并不妨碍现代意义上的公共关系出现距今已有百年历史。20世纪初期,在民主政治与商品经济的推动下,公共关系由自发走向自觉,专门的公共关系服务公司的成立以及专业的公共关系课程的开设使得现代公共关系开始在职业化与科学化的道路上并驾齐驱,无数的公共关系学者及从业人员在一百多年的时间里从各种不同角度对公共关系进行界定,试图去抓住这一概念的本质,尽管迄今为止仍没有一个统一确切的答案,但公共关系定义的流变本身实际上也反映了它不断成熟的功能以及在组织和社会中的演进过程。

关于公共关系的定义大致经历了以下几种不同的说法。

1. 传播说

19世纪末20世纪初美国受到新闻界"扒粪运动"的影响,人们意识到公众舆论和大众传播的重要性,许多企业主动聘请专业的"新闻代理人"与社会公众沟通交流,这便有了公共关系

---

① [法]让·肖默利、德尼·于斯曼:《公共关系》,侯健译,商务印书馆1996年版,第5页。
② [美]道·纽森、朱迪·范斯里克·杜克、迪恩·库克勃格:《公共关系本质》,于朝晖、袁王珏、毕小龙译,复旦大学出版社2011年版,第30页。

的职业雏形。由于早期的公共关系人员都是记者出身,公共关系实践主要是处理媒体关系,因此公共关系最初是以传播为中心发展起来的①。大众传播范式下的公共关系强调宣传与说服、策略与效果,认为公共关系是带有明确目的性的传播,这种具有专业主义的宣传观念在公共关系的定义中存续了相当长一段时间。1976年版《韦伯斯特20世纪新词典》将公共关系定义为"通过宣传与一般公众建立的关系;是公司、组织或军事机构向公众报告它的活动、政策等情况,企图建立有利的公众舆论的职能",尽管现在看来这是一种忽略公众信息反馈的单向思维,但确实是一种对大众传播时代及早期公共关系活动的宏观概括与真实写照。

然而侧重传播的公共关系定义并非完全是受困于时代的产物,其鲜明的优势在于它将公共关系理解为一种专业化的沟通行为、过程和方式,旨在赢得公众的好感和舆论的支持,正是在这种思路的推动下,公关界不断探寻实现企业组织目标的方法论。英国公共关系学者弗兰克·杰夫金斯(Frank Jefkins)作为"传播说"的代表人物,他认为"公共关系是一个组织为了达到与它的公众之间相互了解的确定目标,而有计划地采用一切向内和向外的传播沟通方式的总和"②,那么如何实现这一目标,应该采取怎样的计划就变得尤为重要。对此,美国传播学者约翰·马斯顿(John Marston)提出了公共关系的RACE模式,即公共关系活动需要遵循调查研究(research)、采取行动(action)、实施传播(communication)、效果检测(evaluation)的周期循环过程,他甚至直截了当地指出"公共关系就是利用有说服力的传播去影响重要的公众"③,可见传播在当时的公共关系中占据着主导地位。

20世纪80年代公共关系作为传播学的分支学科被引入国内,因而受"传播说"的影响颇深,其中最具代表性的是居延安在20世纪80年代中期提出的公共关系三要素定义,即公共关系是一个社会组织用传播的手段使自己与公众相互了解和相互适应的一种活动或职能④,这一定义奠定了公共关系是一个传播过程的总基调,并且在中国公共关系教育界和公共关系实务部门得到了普遍认同,国内多数著述也都沿用了这一表述。正是"传播说"激发了公共关系研究与实践对传播媒介、手段、策略及过程的关注。

2. 管理说

1952年,美国学者格伦·布鲁姆(Glen M. Broom)、艾伦·森特(Allen H. Center)与斯科特·卡特里普(Scott M. Cutlip)在《有效的公共关系》一书中写道:"公共关系是这样一种管理功能,它建立并维持一个组织和决定其成败的各类公众之间的互利互惠关系。"⑤1975年,美国公共关系研究与教育基金会发起了据称是历史上规模最大的一次寻求公共关系学术定义的活动。1976年美国社会学家雷克斯·哈洛(Rex Harlow)博士在对472条公共关系定义进行分析汇总后提出了一个既包括概念性要素,又包括可操作性要素在内的定义:"公共关系是一种独特的管理职能,它能帮助建立和维护一个组织与其各类公众之间的传播、理解、接受和合

---

① 陈先红:《新媒介推动下公共关系理论范式的创新》,《国际关系学院学报》2006年第4期,第72-76页。
② 尹德刚:《新闻媒介与公共关系》,《新闻大学》1996年第3期,第61-62页。
③ 胡百精:《公共关系学》,中国人民大学出版社2018年版,第27页。
④ 居延安:《公共关系学导论》,上海人民出版社1987年版,第6页。
⑤ [美]格伦·布鲁姆、艾伦·森特、斯科特·卡特里普:《有效的公共关系》,明安香译,华夏出版社2002年版,第8页。

作的相互联系;参与问题或事件的管理;帮助管理层及时了解舆论并做出反应;界定和强调管理层服务于公众利益的责任;帮助管理层及时了解和有效地利用变化,以便作为一个早期警报系统帮助预料发展趋势;利用研究和健全的、符合职业道德的传播作为其主要手段。"[1]此外,国际公共关系协会(International Public Relations Association)也同样将公共关系定义为一种具有连续性和计划性的管理职能,我国学者王乐夫等人在《公共关系学》一书中提出:"公共关系是一种内求团结完善、外求和谐发展的经营管理艺术。"[2]

相较于"传播说"考虑公共关系的过程和手段,"管理说"更看重公共关系的目标与职能,因此公共关系被视为一项有组织、有计划的,并且充满协调、控制、预测和决策的经营管理活动。良好的公共关系首先基于对内自我管理的完善,同时还要协调改善好组织的对外关系以减少冲突或危机的可能性,在公众心目中树立良好的形象,从而实现共同利益。在这个意义上,管理所指涉的范围事实上极广,可以包括环境管理、信息管理、传播管理、形象管理、关系管理、议题管理、危机管理等各种与公共关系相关的过程要素。

3. 传播管理说

所谓的传播管理说是将前两种定义相结合,其代表人物是詹姆斯·格鲁尼格(James E. Grunig),他与托特·亨特(Todd Hunt)在合著的《公共关系管理》一书中明确提出"公共关系是一个组织与其公众的传播管理"[3]。1985年商业传播者协会资助格鲁尼格所带领的研究小组开展了名为"公共关系与沟通管理的卓越研究"的项目,进一步阐明了公共关系描述的是一个组织与其内外部公众,即影响组织达成目标能力的群体之间总体传播行为的规划、实施和评估。这一定义将公共关系看作是被组织管理的传播,其传播结果主要是通过对传播过程进行管理来为组织的决策发挥作用而实现的。格鲁尼格的这一观点及其一系列研究成果成为20世纪80年代后期至今公共关系研究的主导范式[4]。

4. 关系说

公共关系学科化的先驱爱德华·伯奈斯(Edward Bernays)认为"公共关系是处理一个团体与决定该团体活力的公众之间的关系的职业"[5]。1984年,玛丽·弗格森(Mary A. Ferguson)对过去十年间的论文进行了实证研究,提出应该以关系而非单纯的组织或公众为研究单位,这种强调通过互动建立起来的相对稳固甚至具有情感灌注的关系——"public relationship"开始取代"public relations",从而进入学者们的研究视野。此后"关系中心论"引发了众多学者的思考,使他们从组织传播与管理的过程、目标视角中跳脱出来,重新回到关系主体本身,从组织与公众的联结出发,重视人际沟通、关系建立、关系结果与关系质量。在美国普林斯顿大学的蔡尔兹(H. L. Childs)看来,"公共关系是我们所从事的各种活动、所发生的各

---

[1] Rex F. Harlow, "Building a Public Relations Definition", *Public Relations Review*, Vol. 2, No. 4, 1976, p. 36.

[2] 王乐夫等:《公共关系学》,辽宁人民出版社1986年版,第12页。

[3] James E. Grunig, Todd Hunt, *Managing Public Relations*, New York: Holt, Rinehart and Winston, 1984, p. 95.

[4] W. Timothy Coombs, Sherry J. Holladay, "Fringe public relations: How activism moves critical pr toward the mainstream", *Public Relations Review*, Vol. 38, No. 5, 2012, p. 880–887.

[5] 李道平:《公共关系学》,高等教育出版社2010年版,第6页。

种关系的统称——这些活动与关系都是公众性的,并且都有其社会意义"①,这表明公共关系被视作社会关系的一部分。

我国学者在此基础上将"关系说"往前又推进了一步,认为公共关系主要是协调组织与公众之间的社会关系,"维持企业的盈利性和社会性的平衡就是公共关系"②。然而组织与公众之间并非是简单二元的传播链与关系链,而是共同置身于开放的社会环境系统当中,因此国内公共关系学者陈先红创新性地将生态学视角引入公共关系,提出"公共关系是组织-公众-环境系统的关系生态管理"③,为公共关系提供了一个更为宏观的研究取向。

而"关系说"发展的另一个脉络则是 20 世纪 90 年代迈克尔·肯特(Michel Kent)和莫林·泰勒(Maureen Taylor)提出的对话公关(dialogic public relations)理论,认为对话是"协商式的意义交换",主张组织和公众之间可以通过对话构建良好的关系。它以对话双方地位平等为关系基础,以互动为原则,以相互理解为共同目标,为公共关系注入了新的内涵。尤其是进入 21 世纪之后,社交媒体的崛起加速重构了社会关系,"关系说"成为更加契合现代公共关系理念与实践的典范。

5. 咨询说

1923 年,爱德华·伯奈斯在《舆论明鉴》一书中首次定义并阐释了"公共关系咨询"这一概念。1978 年,国际公共关系协会在墨西哥召开世界大会并通过了如下定义:"公共关系是分析趋势、预测后果,向组织领导人提供咨询意见,并履行一系列有计划的行为以服务于本组织和公众共同利益的艺术和社会科学。"这种征询型的公共关系以采集公众方面的信息、了解社会舆论为主,其主要职能是为组织的经营管理者提供可靠的情况说明和意见,对组织决策进行评估和评价。这类功能描述式的定义目前在国际上也具有一定的代表性。

6. 形象说

理查德·达夫特(Richard L. Daft)认为"公共关系的开展应该试图在顾客、供应商和政府官员的心中塑造良好的公司形象"④。国内众多学者也将树立良好的组织形象作为公共关系的一项重要目标,例如"公共关系是用传播手段塑造组织自身良好形象的艺术","公共关系是组织为了塑造良好的形象,运用传播沟通手段去影响公众的一门科学和艺术"等⑤,这类定义认为形象塑造是公共关系的实质与核心,公共关系是围绕组织形象而调配资源的过程,是涵盖形象定位、形象构建与形象传播的复杂系统工程。

当然,关于公共关系的定义还有很多其他的表述,众说纷纭、或繁或简,这种现象并非只存在于公共关系领域,几乎所有社会科学领域的核心概念都在面临这种看似无解的困境。要明确任何一个事物或者学科的本质首先需要从定义入手,定义应该体现对本质的高度凝练,但这并不意味着定义需要具备唯一性,允许存在不同的阶段、不同的观念、不同的取向,恰恰是一个

---

① 王乐夫、廖为建:《"公共关系"范畴归属之管见》,《中山大学学报(哲学社会科学版)》1987 年第 3 期,第 8-12 页。
② 王乐夫等:《公共关系学》,辽宁人民出版社 1986 年版,第 15 页。
③ 陈先红:《新媒介推动下公共关系理论范式的创新》,《国际关系学院学报》2006 年第 4 期,第 72-76 页。
④ 陈先红:《公共关系学原理》,武汉大学出版社 2007 年版,第 15 页。
⑤ 余明阳:《公共关系学》,北京师范大学出版社 2006 年版,第 12 页。

学科进入发展成熟期的标志,况且这些定义彼此之间并不矛盾。从上述定义中不难看出公共关系在整体上经历了由"说服"到"管理"再到"关系"的范式转变。相比于西方国家,虽然我国的公共关系历史尚短,但随着公共关系的实践深化,公关定义的多元取向很快在公关界中形成共识,并且自始至终都没有脱离组织、公众、传播、管理、关系这五大核心关键词。

因此,我们可以这样来理解公共关系:公共关系本质上是一个组织与其利益相关的公众之间的关系,而关系的本质由关系成员的传播行为所决定,传播的本质是寓于传播关系的建构和传播主体的互动之中的①,换言之,公共关系的构建需要通过一系列的传播活动来促进组织与公众间的沟通并且影响公众。在沟通交流的互动过程中,组织必须适应公众的需求不断调整和改善自我,制定经营方针和管理策略,从而对组织内部的各项职能以及组织的一系列传播流程与环节进行协调管理。最后,公共关系活动的终极目标是提升关系质量,形成稳定且持续向好的关系结果,关键是对组织、公众双方都要有所助益,所以无论是在传播能力上,还是在管理效能上都应该顺应组织环境变化与时代发展不断追求精进,形成最优化的组织决策和行动,这意味着传播与管理互为过程和手段寓于良好关系达成的目的与结果之中。

基于这种理解,我们对公共关系作如下定义:公共关系是综合运用现代传播的手段,以提升国家、政府、企业及各类社会组织或个人的形象和声誉,提高公众理解、认同与信任为目标,为构建互利互惠关系而进行的传播活动及管理行为。至此,公共关系将组织与公众置于"关系"的统筹之下,同时兼具了传播与管理的双重属性,使得组织、公众、传播、管理、关系这五大核心关键词都能在公共关系定义中找到彼此的定位,并且彼此关联、彼此融洽。

(二)公共关系的基本要素

虽然公共关系的定义各有侧重,但是组织、传播与公众却是公共关系公认的三大要素,其中组织作为主体,传播作为中介,公众作为客体,三者共同形成了公共关系的基本结构。

1.公共关系主体

社会组织是公共关系的第一构成要素。一般而言,社会组织的存在形式多种多样,国家、政府、企业等各类社会组织都可以作为公共关系活动的发起者和实施者。由于社会组织是为实现特定的目标并按照一定的制度和行为规范建立起来的共同体,公共关系必须符合主体的需要并与主体目标相一致,因此公共关系通常是组织自身一种有意识的主动行为。考虑到公共关系主体众多,我们可以简单地将社会组织根据目标的差异分为两大类:一类是以管理社会公共事务、提供社会公共服务、维护社会公共利益为目的的公共性组织,包括国家、政府、军队、社区、学校及一些非政府组织和非营利组织;另一类则是承担社会商品流通、以营利为目的、追求经济利益最大化的商业性组织,包括绝大多数工商企业、金融机构等。此外,互联网赋予了个体充分的传播权利,使得每个人都拥有为树立自身形象而进行公共关系活动的机会,尤其是社交媒体及电商平台的出现,无数个人品牌和自媒体也成为公共关系的主体,或是以法人的面目,或是以个体的身份,这都极大地扩充了人们对公共关系主体的认知。

2.公共关系客体

公共关系活动所指向的对象是公众,确切地说,是围绕某个议题与组织发生某种直接或间接关联的个人及群体。由于公共关系的主体及其所处的阶段不同,公共关系的目的以及采取

---

① [美]斯蒂芬·李特约翰:《人类传播理论》,史安斌译,清华大学出版社2009年版,第235页。

的传播手段不同,公众的范围也有所差异,因此需要对公众进行细分,以便在组织开展公共关系活动之前针对不同的公众采取不同的传播沟通策略。格鲁尼格认为组织的某种行为或某些问题给公众造成的影响构成了一种情境,公众如何认识其所处的情境决定了对组织采取的态度和行为。根据公众与组织的关联程度及对情境的涉入程度,可以将公众依次分为非公众、潜在公众、知晓公众和积极公众[①]。①非公众是指与组织没有关联并且不受组织理念和行为影响的公众。理论上这类公众应该被组织有效识别并且排除在公共关系工作的范畴之外以节省公共关系资源,但并不排除这种状态改变的可能性。②潜在公众是指尚未与组织发生关联,但有可能受其他因素影响或因为某个议题涉入其中的公众。公共关系的预见性取决于能否发现这些潜藏的未来公众,并且通过有效的公共关系活动建立其与组织的关联。③知晓公众是指与组织已经存在关联,但对于组织的行为不会受到影响或尚未做出反应的公众。公共关系人员应该密切观察这类公众的态度并将其向积极的方向引导。④积极公众是指与组织利益高度相关并且会对组织的各种行为采取积极行动的公众。这类公众的形成会对组织决策和发展构成重大影响,应该作为公共关系的重点对象。

3. 公共关系中介

现代意义上的传播是互动沟通,也是公共关系活动的重要手段。公共关系的主客体之间正是通过这种双向的信息交流从而建立起相互理解、认同和信任的关系的。虽然公共关系的目的始终是构建良好的主客体关系,但实现它们的方法和途径却一直随着社会时代的变化而变化。现代传播技术是公共关系产生的物质基础,除了传统的人际传播、组织传播、大众传播之外,作为第四传播媒介的互联网正成为公共关系实践中最重要的传播工具。社会化媒体有效地改变了网络信息流动与互动的方式,使得传播的内容实现了共享。传播的裂变扩大了公共关系的影响力,因此好的公共关系不仅要选择最佳的传播媒介,还要充分考虑传播特点与组织合作的可能性,促进传统公共关系传播手段与现代化的传播技术手段相结合。

除了传播之外,管理也应该构成公共关系的中介要素。组织与公众之间传播的过程、构成的关系以及塑造出的组织形象等一系列要素都需要管理,公共关系质的飞跃仅仅依靠传播的力量是不够的。只有把管理也看作是一种实现目的的手段,不断促进管理手段的创新,加强管理人才的培养,才能适应现代化公共关系的需要。

在上述三要素中,各种社会组织或个人占主导性地位,同时公众作为目标对象又具有权威性,传播与管理作为手段发挥实际效能。公共关系活动的运作机制在充分协调三要素之间关系的基础上,为良好的公共关系建设寻求最优解。

(三) 公共关系的主要特征

1. 广泛性

要理解公共关系的广泛性特征,首先需要意识到,如果将公共关系仅仅视作处理媒体关系和召开新闻发布会那么简单就未免太过狭隘了。举个例子,2016年谷歌一场关乎人类智力和人工智能(AI)对决的世纪之战吸引了全球的目光,让原本小众的围棋和AI在一个资讯过载的时代却形成了跨越地域、民族与文化圈层的传播穿透力。谷歌仅仅以100万美元作为奖金

---

① James E. Grunig, Todd Hunt, *Managing Public Relations*, New York: Holt, Rinehart and Winston, 1984, p. 145.

就使其在人工智能领域的品牌价值得到前所未有的提升,所以比赛本身就是一次公关,"阿尔法狗"(Alpha Go)的胜利不过是一场营销事件。今天的公共关系广泛存在于各种传播活动当中,无论是品牌推广、形象设计、活动策划,抑或是危机处理,一场盛大的活动、一则各大新闻客户端的头条、一个在社交媒体疯狂转发的段子都是公共关系的外在表现。新媒体时代是人人传播的时代,因为传播无处不在,所以公共关系犹如空气和水。从另一个角度而言,公共关系的行为主体与作用对象同样具有广泛性,小到普通个人,大到各种企业乃至国家,就这一点而言,公共关系涉及任何一个组织和个人,员工关系、投资者关系、消费者关系、竞争者关系、媒体关系、社区关系、政府关系等都需要公共关系的维护。

2. 流动性

基于公共关系的广泛性特征,对于组织自身而言,宏观上公共关系始终存在,但在微观上,社会组织的运行是动态的,公众本身也是流动的,这种流动改变了社会活动的组织方式,由此建立起的主客体关系也始终处于变化当中。网络社会崛起之后,时空关系发生了重大转变,网络空间的流动代替了地理空间的区隔,大多数由公共议题建立起来的公众是临时的、分散的,产品、内容、兴趣、心理、情感逐渐成为引发公众聚集的新要素,而公众的认知和态度很大程度上依赖于人的主观选择,因选择而发生的关系角色变化又不同程度影响社会关系的变化,因此公共关系永远没有办法确定究竟是哪一部分公众会在何时何地同组织发生关系。客体随时可能与组织解除关系,也有可能重新建立关系。不仅如此,有时公共关系活动所面向的公众与实际触达的公众并不完全契合,不同媒介渠道背后的公众也是流动的。流动的人通过流动的传播在流动的关系中进行着流动的社会实践,因此公共关系从业者必须理解这种复杂的流动性,才能在不断协调与平衡中建立一段稳固而持续的关系。

3. 互利性

公共关系首先是主客体间的双向信息系统。在长期的实践中,组织以"己"为中心建立公共关系网络,试图通过公共关系活动改变公众的态度和行为。虽然组织会进行前馈或反馈以获取与公众需求有关的信息,但这种双向沟通的影响实际上是不平衡的。1952年,斯科特·卡特里普与艾伦·森特提出了"双向对称"的公共关系模式①,强调组织与公众需要通过交流沟通、平等对话的方式而达成某种认知一致,这意味着平等对话与双向沟通同等重要。公共关系从业者所扮演的角色是促进组织与公众之间相互理解的调节者,公共关系的价值在于对共同价值和利益的关切,因此公共关系需要平视公众,站在公众的立场思考,充分尊重公众的意见和反馈。这种平等的对话不仅可以改变公众,还可以改变组织,使得组织在真诚的沟通互动中做出对主客体双方都有利的决策。总体而言,公共关系是组织与公众之间一种互利互惠的正和博弈,理解公众也是为了更好地谋求自身发展。

4. 整体性

公共关系不同于新闻,它不是单纯地传递信息,同样地,公共关系也区别于广告与市场营销,它不是局部地推销某个人、某个产品或某项服务。一个组织可以在某一方面获得极高的社会评价,但在另一方面获得完全相反的结果,所以公共关系的出发点是让公众全面地了解自

---

① [美]格伦·布鲁姆、艾伦·森特、斯科特·卡特里普:《有效的公共关系》,明安香译,华夏出版社2002年版,第206页。

己,其目的是提升公众的整体性认知,包括形象、声誉、知名度、专业性、服务质量、管理水平、价值观、社会信誉、责任意识、道德水准、综合实力等,这一系列总体特征和实际表现所呈现的社会舆论状态的总和构成了公众对于组织的系统性认知,而公共关系所塑造的整体印象最终可以沉淀为一种无形资产为组织创造价值,因此公共关系在经营管理当中往往处于全局性地位以统筹组织的发展。同时,公共关系的整体性也使得未来组织的行为、企业的产品和服务可以趋向一体化。对于公众而言,整体形象卓越的组织更容易受到公众的支持和青睐。

5. 长期性

从传播周期来看,公共关系是一种以关系管理为目标的长期战略。良好的组织形象的形成不是一蹴而就的,培养企业的声誉不能仅靠一次性的公共关系活动,而是需要组织根据战略目标制订长期计划,策划一系列的公关举措并且持续地触达公众,与公众形成良性有序和长期有效的对话,在日积月累的过程中发挥潜移默化的影响作用,使组织形象深入公众的长期记忆系统。有的企业只在突发危机时做公关,期望可以"一招制敌"地挽回形象,即使一时平息了舆论,也很难修复在公众心目中留下的印记。真正的公共关系所树立的是长期稳定的形象,一旦形成不容易改变。当不良舆论产生时,组织形象并不会立刻变坏,只有当这种不利舆论一直持续下去成为一种稳定倾向,既往的形象才会被彻底覆盖,因此从这个意义上来说,长期的公共关系建设能够有效地抵御风险。

二、作为应用科学的公共关系学

(一) 公共关系学的学科性质

1923年,爱德华·伯奈斯出版了历史上第一部公共关系专著《舆论明鉴》,同年他在纽约大学开设了第一门公共关系课程,使得公共关系学成为一门正式的学科。如今公共关系学已在世界范围内成长为理论成熟、运用广泛、影响深刻的"显学"。由于公共关系兼具传播与管理双重属性的关系本质,因此在学科性质上也有其独特的定位,即公共关系学是研究公共关系客观现象、行为规律及其运作方法的一门应用学科,具有鲜明的应用性、综合性和科学性。

1. 应用性

公共关系学是脱胎于实践而形成概念,从而产生的学科,这是一种历史必然。公共关系既是一种传播活动,又是一种管理职能,其中蕴含着详尽的策略、程序、规则、技术和方法,需要从业人员具备专业的公共关系调查、信息传播、媒介联络、专题策划、危机处理等多项实践能力,其工作性质本身具有很强的应用性。公共关系学研究人员正是以这些丰富的公共关系实践行为作为研究对象进行内在规律性的研究的,既是在实践中提炼理论,也是在实践中验证理论。

2. 综合性

公共关系学是一门新兴的交叉学科,具有很强的跨学科属性,直到今天仍有不少学者在探讨公共关系的学科归属。事实上,任何一个学科都不是凭空产生的,公共关系学以传播学、管理学和组织行为学为内核,以社会学、新闻学、广告学、消费心理学、市场营销学作支撑,在众多学科的滋养下成长为自成体系的独立学科,有专门的研究领域以及区别于任何一门学科的专业理论和实务应用。

3. 科学性

公共关系的跨学科性质决定了它广泛采用交叉学科的研究方法,除了传播学、社会学、管理学等传统社会科学的研究方法之外,公共关系学也在主动借鉴自然科学的研究范式,积极探索行为经济学、神经科学、网络大数据分析等前沿学科的理论和方法,更加规范科学地探索公共关系的内在机制和规律性。而公共关系学科学性的另一个表征则是它具有研究性且可以投入实际应用,任何"关系"都是有方法的,对方法的研究、对理论的深刻认识和现实意义上的运用使它成为一门科学。

(二)公共关系学的研究对象和内容

公共关系的主要研究对象是公共关系三要素,而围绕公共关系形成的公共关系史、公共关系理论和公共关系实务共同构成了公共关系学科的知识体系和逻辑架构,三者分别承载了公共关系研究的具体内容。

1. 公共关系史

公共关系史,顾名思义主要研究公共关系发生、发展、演变的历史,具体而言,一是通过挖掘公共关系产生的背景和条件理解公共关系产生的缘由;二是研究公共关系发展的动力,梳理公共关系发展的阶段和脉络,探索公共关系发展的内在规律;三是进行不同时期、不同地域公共关系思想观念及发展状况的比较研究,寻找差异背后的更深层次的社会影响因素;四是站在历史的经验角度预测公共关系的未来发展趋势。公共关系史作为学科体系中的重要分支,其研究是开拓、创新公共关系学科的基础性工作。斯科特·卡特里普的《公共关系史(17—20世纪)》、余明阳主编的《中国公共关系史(1978—2007)》、何塞·德莱玛(José Carlos del Ama)的《公共关系:历史经典与当代杰作》以及胡百精的《中国公共关系史》都是这一研究领域的杰出著作,它们不仅为公共关系理论的研究奠定了基础,同时也为公共关系的实践与运用提供了经验指导。

2. 公共关系理论

公共关系学的理论研究主要包括公共关系的一般原理和公共关系的实际理论两个层面。公共关系的一般原理是围绕公共关系定义所进行的普遍性研究,揭示公共关系的概念、范畴和本质,研究公共关系的基本特征和主要功能;而公共关系的实际理论又细分为本体理论、建构理论和操作理论[①]。本体理论是公共关系宏观层面的理论,如说服理论、卓越理论、对话理论、积极公关理论、社群主义理论、文化生态学理论、战略传播理论,这些对公共关系的整体研究具有统摄作用。建构理论是公共关系的中层理论,它分为两类:一类是公共关系的核心理论,如关系管理理论、语言修辞理论、整合传播理论、议题管理理论、声誉管理理论、危机传播理论、政府公共管理理论、媒介事件理论、国家形象理论、权利理论等;另一类是多学科的相关理论,如人际传播理论、组织传播理论、认知心理学理论、社会建构理论、社会资本理论、社会网络理论、风险理论、社会责任理论、框架理论等。操作理论则是公共关系的微观理论,其中相当一部分是从实务层面延伸出来的理论,如公共关系实践模型、公关角色理论、社区

---

① 陈先红:《公共关系学的想象:视域、理论与方法》,《现代传播(中国传媒大学学报)》2016年第5期,第27-35页。

理论、新闻价值理论、媒介使用理论、符号理论、情境理论、形象修复理论、冲突协调理论、品牌传播理论等,也有学者将这些理论纳入公共关系学的管理学派、语艺修辞学派和整合营销传播学派之中①。

3. 公共关系实务

公共关系的实务研究是以公共关系的实际操作和案例为主的研究,具有强烈的实用主义色彩,也是公共关系学研究中开展得最如火如荼的领域。公共关系实务探寻公共关系的活动规律,重点研究公共关系的具体形式、基本原则、工作模式、操作规则、专业技巧、职业规范及其在各个领域的应用,并且在长期的发展过程中逐渐形成了两种研究取向。一种是聚焦于公共关系的操作程序,以1963年约翰·马斯顿提出的RACE(research, action, communication, evaluation)"四步工作法"模式为代表,之后又延伸出了R-O-S-I-E(research, objectives, strategies, implementation, evaluation)"五步法"和DCDSCBD(detect, construct, define, select, confirm, behave, detect)"七步法",其中调查、策划、实施、评估这些系统化的操作流程提高了公共关系活动的科学性和严谨性,使得公共关系作为一种职业更加专业化和规范化。另一种取向则是公共关系的专项研究,众多的公共关系学者和从业者根据公共关系在一个组织中所能发挥的职能与作用,提出了一些富有创造性的概念和专项操作领域,如议题管理、危机管理、冲突管理、信誉管理等②。除此之外,一些学者还针对公共关系的对象或是具体的公关需求衍生出了不同的公共关系门类,如品牌公关、国际公关、危机公关等。

(三)公共关系学的研究价值

1. 完善学科体系,加速学科建设

我国对公共关系学的研究起步较晚,至今也不过四十多年的时间,系统的理论体系和实务操作框架仍在不断地建设过程中,公共关系学科同新闻学、广告学一样具有非常强烈的实务需求和理论需求。一个学科缺乏理论就只能依靠经验,但是经验毕竟有局限,一是需要时间积累,二是由于个体样本的经验性差异,对经验的解释不同,其经验的适用性也需要被论证,理论的指导是为了提升人们对类似情境的分析和判断力,并且基于理论做出更为科学的判断,极大降低试错成本。而另一方面,公共关系的各构成要素和所处的环境都在不断的变动当中,在面对新环境、新领域、新问题时旧有的理论难免会有所掣肘,所以需要在实务中优化理论、更新理论,换言之,理论与实务不可分割。在目前人们的认知中,公共关系学仍然是实务性强于理论性的学科,在教育体系当中处于管理学或传播学分支学科中的边缘地带,因此亟需对公共关系学的理论体系进行深入探索,推动公共关系史学研究、理论研究与实务研究的协同发展,在此基础上,尽快明确其学科归属和学科定位,鼓励公共关系学本科教育,大力发展公共关系学研究生教育和职业教育,完善现代公共关系学的学科体系和教育体系。

2. 解决实际问题,适应社会需要

公共关系学是切合社会脉动的前沿学科,公共关系学的研究最终要落地于实际,满足社会发展的需要。第一,新媒体时代涌现了大批新兴的传播技术,改变了组织与公众间的信息传播

---

① 黄懿慧:《西方公共关系理论学派之探讨:90年代理论典范的竞争与辩论》,《深圳大学学报(人文社会科学版)》1999年第3期,第112页。

② 卫五名:《美国公共关系理论研究脉络初探》,《国际安全研究》2002年第3期,第27-33页。

渠道与沟通方式,研究公共关系能够帮助组织更好地理解人类社会交往观念和交往行为的变化,利用创新的传播工具和平台开展公共关系活动。第二,在商品经济蓬勃发展的背景下,企业正面临激烈的市场竞争,研究公共关系能够帮助企业从战略管理层面制订目标和计划,建立和巩固同利益相关者之间的长远关系,帮助企业实现基业长青与可持续发展。第三,社会结构转型与体制机制改革使得社会组织结构和关系状态日趋复杂,结构冲突伴随着利益格局调整,研究公共关系能够加强政府组织的社会协调能力,促进与公众的平等沟通,创造稳定的舆论环境与和谐的社会氛围。第四,随着国家综合实力的提升以及对外开放的进一步扩大,中国不断融入世界,国际交流活动日趋频繁,机会与风险并存,研究公共关系能够充分利用国际公关策略塑造和传播良好的国家形象,推动中国企业和中国品牌实现"走出去"的目标。改革开放四十多年来,无论是国家,还是企业,甚至是个人,始终在面临新的公共关系考验,公共关系学研究的意义就是不断创造新的实践观与方法论,有系统、有理论地解决问题,最终通过公共关系创造巨大的社会价值。

3. 提升公关水平,创新公关能力

长期以来,中国的公共关系一直饱受污名化的困扰,认为公关是拉关系、走后门的"人情公关""面子公关""关系公关",直到近年来,在频繁的危机公关事件中人们又纷纷将公关推向神坛,每一个舆论热点背后都是对公共关系这一职业的争论:公关在背后做了什么?能做什么?应该做什么?不应该做什么?无论是公关的神化,还是污名化,本质都是对公共关系认知的错位。这种错误的认知很大程度上来自公关从业人员的不专业。要将公共关系从通向神坛和污名化的道路上拉回正轨,唯一的方式就是以实际行动为其正名,切实提高公关能力和公关水平。对公共关系学的深入研究正是为了能够准确地回答这些问题,以前沿的理论和丰富的实践为中国的公共关系事业培养一批专业的公共关系人才,从历史中总结经验,从理论中深化认知,从实务中锻炼能力。这种能力既是对传播对象实施认知渗透和改变的能力,也是有效管控分歧、创造共识的能力。这种能力是多元化且与时俱进的,包括但不限于形势分析能力、逻辑思考能力、问题解决能力、语言表达能力、信息传播能力、任务执行能力、战略管理能力、反思复盘能力,而这些能力需要通过研究性总结最终形成职业规范,内化于每一次的公共关系活动中,从而在整体上提升我国的公共关系水平。

第二节 我国公共关系的现状与发展

从我国公共关系发展的纵向过程来看,它既有古老的历史根源,又广受西方思潮的影响,在改革开放四十多年的进程中可谓兼收并蓄、根深叶茂。当前公共关系正面临新媒体环境下的转型,在机遇与挑战并存之际,亟需立足本土化需要,着力建设有中国特色的公共关系。

一、公共关系在中国

(一)公共关系思想的萌芽

倘若将公共关系仅仅视作树立对外形象、建立公众关系的一种朴素的思想观念,那么公共关系的历史可以算得上是源远流长。西方对公共关系史的研究大多将起点置于公元前的古希腊时期,城邦制促进了公民意识与民主政治的发展,通过演讲宣传主张、获取公众支持成为一种风尚。亚里士多德（Aristotle）认为修辞是沟通政治家、艺术家和社会公众相互关系的重要手段和工具，并提出用情感的呼唤获取公众的了解和信任，其著作《修辞学》中由于包含了丰富的公共关系思想，被视为最早探讨公共关系理论的著作；而《高卢战记》则被认为是最早的公共关系实务著作，其中记载了古罗马皇帝凯撒如何通过有意识的宣传和说服艺术争取民众支持而建立统治地位的经历，并留下了一句经典的公关名言——"民众的声音，就是上帝的声音"，成功塑造了凯撒大帝在当时光辉的公众形象。

在我国，公共关系思想的萌芽几乎可以追溯到先秦时期。春秋战国诸子百家争鸣，策士游说之风盛行，其中儒家思想在对关系的处理上见解颇深。"礼之用，和为贵""谨而信，泛爱众""己所不欲，勿施于人""仁者爱人""自古皆有死，民无信不立""天时不如地利，地利不如人和"，无论是孔子对于人际关系协调的重视，抑或是孟子关于仁政、民本的主张，无不将创造良好的沟通环境与社会环境放在首位，反映了公共关系交往中突出诚信、强调礼节、以和为贵的行为准则以及上位者应当重视公众、取信于民的基本观念。

除了中国传统文化价值观中所蕴藏的公共关系思想，类似于公共关系的实践活动在我国历朝历代同样不胜枚举。中国历史上最早的可信且典型的公共关系案例当属《尚书》记载的盘庚迁都①，"视民利用迁""朕及笃敬，恭承民命"的说法表明统治者已经有了重视民意、利用民意的认识；"防民之口甚于防川"意味着早在中国古代就有了危机公关的意识；周代兴起的采诗观风制度与其说是为了体察民情民意，不如说是执政者为了更好地进行社会管理而进行的大型公共关系调查活动；《左传》中"子产不毁乡校"的典故体现了政府与公众的双向沟通；《史记》记载的商鞅变法利用"徙木赏金"来取信于民，称得上是表明改革决心、在民众心中树立公信力而策划的公共关系事件；战国时期苏秦、张仪分别通过"合纵""连横"实现了军事伟业，体现了强大的协调沟通、平衡利益的公共关系能力；张骞出使西域、郑和下西洋更是塑造大国形象，促进中国对外交流，在国家之间建立公共关系的典范。除了统治阶级，一些企业也十分重视品牌形象，例如百年老店同仁堂在寒冬"设施粥铺"，在修理沟渠挖断的道路旁为夜行人悬挂起有同仁堂字样的灯笼，每逢京城会试期间为赶考生赠送牛黄上清丸等降火药物等，充分体现了企业关心公众利益、积极承担社会责任的先进理念。

尽管在历史长河中我国曾经出现过公共关系思想的萌芽，出现了众多具有公共关系色彩的传播活动，但这些思想和行为普遍具有盲目性和自发性，并且大部分是为了适应统治阶级巩固政权的需要，具有明显的依附性，因此只能被认定为"准公共关系"或"类公共关系"，再加上受制于经济发展水平与时代条件的影响，我国并未诞生一个类似"公共关系"的概念，也没有形成一个有意识的、体系化的、得以延续的公共关系思想与实践技能。但值得肯定的是，我国早期公共关系思想萌芽的过程中所诞生的许多见解具有超越历史的普遍意义，与源自西方的现代公共关系思想息息相通，这也为公共关系的本土化发展奠定了基础。

（二）西方公共关系思想的传播

"民主政治"、资本主义商品经济以及现代信息传播技术为现代公共关系在美国的诞生创造了必要条件，而以美国为中心的西方公共关系思想的传播离不开三个重要人物及其所处的时期。

---

① 胡百精：《先秦修辞思想与中国古代公共关系史》，《当代传播》2014年第2期，第11—15页。

1. 巴纳姆时期

现代公共关系活动的前身是19世纪上半叶在美国风行一时的报刊宣传活动。1833年，以美国《纽约太阳报》为首掀起了一场"便士报"的热潮，由于这种报纸只需要买报人支付极其廉价的费用，一时之间成为当时最大众化的信息传播媒介。便士报迅速进入千家万户，为后来的广告业打下了坚实的基础，销量大增导致广告费迅速上涨，一些人为了节省广告费不惜雇佣专人来制造煽动性新闻，借此来宣传产品、扩大影响，而报纸为了迎合下层读者的心理也欣然接受，职业的"新闻代理人"应运而生。菲尼亚斯·巴纳姆（Phineas T. Barnum）正是这一时期的代表，他通过编造160多岁"黑人女奴海斯"的离奇神话引起社会轰动，让不明真相的民众纷纷跑到他的马戏团看热闹，此外他还发明了许多标新立异、哗众取宠的宣传方法，不择手段地愚弄公众，甚至将其称为"皆大欢喜"。这种不顾公众利益，为了宣传而宣传的做法让当时的报刊宣传成为公共关系史上极不光彩的一页，史称"公众该死的时期"，也是自巴纳姆开始，现代公共关系一直面临着是凝结认同，还是操纵公众的伦理困境。但不可否认的是，这一时期的公共关系活动已经具有一定的组织目的性，并且不再局限于政治领域，这也为公共关系在各行业的发展奠定了基础。

2. 艾维·李时期

艾维·李时期被视作是现代公共关系诞生和兴起的时期。1903年，辞去记者工作的艾维·李（Ivy Lee）与乔治·帕克（George Packer）合作开办了第一家正式的"宣传顾问事务所"，为企业或其他组织机构提供传播和宣传服务。他们成为公共关系史上第一代向顾客提供公共关系咨询服务而收取佣金的职业公共关系人员，并由此开启了公共关系职业化的新篇章。1906年，为协助煤矿主应对美国煤矿业的大罢工事件，艾维·李发表了一项"原则宣言"，提出公共关系的职业目标是代表企业和公共机构坦率并且公开地向新闻界和公众提供迅速而准确的信息，后来被认为是现代公共关系真正的开端。艾维·李的公共关系理念是"讲真话"，认为"公众必须迅速被告知"，"凡是有益于公众的事业，最终必将有益于企业和组织"，主张要将与公众利益相关的所有真实情况告诉公众，以此争取公众对组织的信任，如果披露实情对组织不利就应该调整组织行为而不是极力掩盖真相。艾维·李时期是"公众该被告知的时期"，尽管有人认为他从未对公众舆论进行科学调查，而是凭借经验直觉开展工作，但不可否认的是，他为推动公共关系的职业化进程做出了巨大贡献。

3. 伯奈斯时期

继艾维·李之后，20世纪20年代的公共关系在学术领域取得了突破。1923年，爱德华·伯奈斯总结自身十多年的公关实践经验，出版了《舆论明鉴》一书，首次提出了"公共关系咨询"的概念，系统阐述了公共关系的工作原则、操作程序和职业道德等，被誉为公共关系理论发展史上的里程碑；同年他在纽约大学率先开设并主讲了公共关系课程；1952年伯奈斯又出版了教材《公共关系学》。伯奈斯毕生致力于公共关系的科学化建设，出版的公共关系专著多达16部，他对公共关系原理及方法的系统性研究让公共关系理论从新闻传播领域中分离出来，逐渐成长为一门相对独立的新兴学科，因此他被誉为"现代公共关系学之父"。其公共关系思想的核心是"投公众所好"，认为公共关系工作的出发点就是公众的态度，调查研究是公共关系工作的起点；企业不仅要为社会及公众所了解，更重要的是要获得公众的谅解与合作，才能得到稳定、持续的发展。不仅如此，伯奈斯的成功还带动了一大批人加入公共关系行业，例如

1927年希尔(John Hill)和诺尔顿(William Knowlton)创立了伟达公关,1953年夏博新(Harold Burson)创办了博雅公关,由于这一时期公共关系由企业本位向公众本位转移,因此伯奈斯时期又被认为是公共关系"双向理解"的时期的开始。

二战以后,随着世界经济的恢复与发展,公共关系进入了新时代。1952年卡特里普等人出版了《有效的公共关系》,创造了公共关系的双向对称模式;1947年美国公共关系学会成立,促进了公共关系学会和公共关系机构在全世界范围内的建设;1968年杰夫金斯在英国开办了公共关系学校;1985年格鲁尼格开展了"公共关系与沟通管理的卓越研究"项目……至此,公共关系一步步迈向了更为广阔的发展道路。

(三)我国公共关系的兴起与发展

20世纪60年代公共关系传入经济发展迅速的中国香港和台湾地区,20世纪80年代伴随着改革开放的时代浪潮,公共关系从沿海深入内地,在中国社会广泛传播。受西方公共关系思想与中国本土公共关系实践的双重影响,我国的公共关系开启了市场化、专业化、理论化、国际化的光辉历程。

1. 市场化

1980年,内地与香港合资的深圳蛇口华森建筑设计顾问公司率先成为我国第一个具有公共关系性质的专业公司。1982年深圳竹园宾馆设立中国内地第一个公共关系部。1984年被誉为"中国公关元年"[①],位于广州的中国大酒店、花园酒店、白天鹅宾馆、东方宾馆等合资、涉外企业设立了公关部;同年9月,广州白云山制药厂组建了国有企业最早的公共关系部,成为中国公共关系史上具有里程碑意义的事件;10月,第一个进入中国的外国公关公司伟达公关率先在北京设立了办事处。1985年,法国人杜孟在中国创办了第一家中外合资的公关公司——北京中法公共关系有限公司;1986年,新华社与全球最大的公关公司之一的博雅公关合资成立专业公关公司——中国环球公关公司。众多国外知名的公关公司敲开了中国公共关系的大门,奥美、爱德曼、罗德、万博宣伟等相继进入中国市场,公关在中国日益受到重视,市场化进程逐步加深,先后诞生了蓝色光标、嘉利公关、森博等一大批中国本土极具影响力的公关公司并且成为市场格局中的主导力量。调查显示,2021年中国公共关系的产业市场规模已达到745.9亿元人民币[②],公共关系已经由过去的拿来主义时期走向自主发展的成熟期。

2. 专业化

中国公共关系的发展还有赖于专业化、职业化以及规范化水平的提升。1987年6月,第一个全国性行业组织中国公共关系协会(China Public Relations Association,CPRA)在北京成立。1988年由浙江省公共关系协会主办的第一家公共关系专业报纸《公共关系报》问世。1989年《公共关系》杂志创刊,之后《公关世界》《国际公关》等专业期刊相继创刊并且一直延续至今。1991年全国省市公共关系组织第四次联席会议通过了《中国公共关系职业道德准则》,

---

① 胡百精:《新启蒙、现代化与20世纪80年代中国公共关系史纲:中国现代公共关系三十年(上)》,《当代传播》2013年第4期,第4-9页。

② 《CIPRA发布〈中国公共关系业2021年度调查报告〉》,https://www.chinapr.com.cn/260/202206/3293.html,2022年6月7日。

对公共关系从业人员的行为规范和道德标准提出了具体的要求。1999年公共关系被正式列入《中华人民共和国职业分类大典》中,并且《公关员职业培训和鉴定教材》出版;2000年底第一次公关员职业资格考试在全国范围内举行,标志着我国公关也开始走向职业化和行业化的发展道路①。2010年中国国际公共关系协会在北京发布了《网络公关服务规范》(指导意见),首次针对网络公关服务的定义、业务内容、技术应用、工作流程、收费模式制定了明确的标准化规范,行业自律始终在为公共关系的良性发展保驾护航。

3. 理论化

1984年,中国社会科学院明安香教授带领首个"中国公共关系研究课题组"奔赴北京、上海、杭州、深圳、广州、武汉等地开展调研,在《经济日报》发表了《认真研究社会主义公共关系》的社论,1986年出版大陆第一本公共关系理论著作《塑造形象的艺术:公共关系学概论》,1993年,张龙祥主编的大型理论辞书《中国公共关系大辞典》出版。此后国内众多学者出版了一系列公共关系学理论及实务教材,《公共关系学》《有效的公共关系》《公关第一 广告第二》等国外经典公关著作也被陆续翻译出版,与此同时,中国国际公共关系协会自1999年起每年发表《中国公共关系业年度调查报告》,公共关系的研究在学界和业界均取得了丰硕成果。

此外,公共关系的理论化进程还伴随着公共关系教育事业的发展。1985年9月,深圳大学设置了国内第一个大专层次的全日制公共关系专业,1994年中山大学创办了我国第一个公共关系本科专业。进入21世纪,高层次的人才培养建设取得了重大进展,2000年中国传媒大学广告学院设立了公共关系学系,2003年复旦大学新闻学院开设了首个公共关系学硕士点,2013年华中科技大学新闻与信息传播学院设立了首个二级学科公共关系学博士点。在第一代公共关系学者的引领下,中国公共关系领域的前沿理论研究有了飞速的发展,也为本土公关实践输送了大批高质量的人才。

4. 国际化

1991年中国国际公共关系协会成立,标志着中国公共关系事业开始面向世界。2001年中国加入世界贸易组织(WTO),开启了中国的"大公关时代",北京奥运会与上海世博会的成功申办为整个公共关系行业提供了全球化的视野。2003年"非典"推动了我国新闻发言人制度的建立,公共关系被引入国家许多重要职能部门。进入21世纪后,中国公关行业与海外同行之间的交流、合作日益频繁,各大行业协会、高校、公关公司都积极组织或参与了大量交流活动。2005年上海外国语大学在国际关系博士点中设立"国际公关与传播"方向。2008年中国国际公共关系协会承办了第十八届世界公共关系大会,主题是"公共关系:构建全球化时代的和谐社会"。2009年至2011年,中国陆续在美国有线电视新闻网(CNN)、美国时代广场投放了一系列国家形象广告,引起了国际社会的广泛关注,而在近年来的"一带一路"国际合作高峰论坛、北京冬奥会等各大国际赛事和公共外交活动中,我国的公共关系能力已经达到国际一流水准。在如今全球化的数字浪潮下,中国的公共关系正在积极拓展全球资源,在助力国家形象传播、推动中国企业和中国品牌走向世界的过程中发挥着重要作用。

---

① 柳斌杰:《中国公共关系发展报告(2016)》,社会科学文献出版社2016年版,第293页。

二、新媒体环境下的公共关系转型

公共关系在中国发展的同时,互联网、新媒体深刻改变着人们的生活,传统的信息生产机制、社会关系网络被重构,传统的公共关系同样面临着新的生存环境与发展方向。

(一) 全员公关

全员公关并非一个全新的概念,但作为一种意识和方法在新媒体环境下却显得格外重要。互联网的出现使得社会交往的范畴呈几何式扩张,公共关系的领域也随着各种新的社会关系的出现遍布各个行业、各种组织,公共关系整体呈现出明显的泛社会化趋势。随着公共关系在人们的日常交往活动中被使用得愈加频繁,任何一个个体都可以成为公共关系的主体,即使他们不是专门的公共关系从业人员。所谓"全员",意味着既是对外,也是对内,不仅包括公众中每个可能与组织发生直接或间接关联的个人,也包括组织内部作为个体的每个成员。全员公关是现代公共关系形势下对组织决策者提出的新要求,无论是国家,还是企业,组织必须重视内部公关,提高全体人员的公关意识,促使他们更多地关心组织,不断提高公关素养,从个体角色或本职工作出发,将公关工作贯穿于组织的各项工作中,将公关意识嵌入组织惯常的思维模式中,为树立良好的组织形象提供基础性支持,从而能够更好地应对外在环境的变化。

(二) 新兴媒体

新兴媒体的出现意味着传播战场的迁移以及公共关系所建立的场域的变化。当传统公关时代的单向传播转变为多媒体、多平台、多渠道、多介质的双向传播与融合传播时,选择通过何种渠道触达公众,很大程度上决定了传播的具体手段和方法,意味着公共关系既定的调研、策划、实施与评估等各个环节都必须依托新的媒介载体重新调整,这对公共关系人员提出了巨大的挑战。它要求新时期的公共关系从业者必须对层出不穷的媒体渠道给予密切关注,准确把握建立组织与公众关系链接的入口,充分发挥网络新媒体在建立和发展公共关系中的作用。当然新媒体的出现对公共关系而言除了是挑战,更多的是机遇。一方面,新媒体拉近了公众与媒介的距离,实质上也拉进了组织与其公关对象的距离,为更直接的沟通交流提供了广阔的空间,显著提升了公共关系建立与维护的效率,为可评估的公关效果带来了机会。另一方面,新媒体渠道的多元化将推动产品推广、整合传播、口碑营销、事件营销、企业传播、意见领袖(KOL)管理、舆情监测、社区运营、危机处理等众多新媒体业务的快速发展,只有在准确把握新媒体特点的基础上,才能开发出适应不同公关需求的实务组合。

(三) 互联网思维

互联网思维是在技术不断发展的背景下对市场、产品、用户及其整个商业生态进行重新审视的一系列思维方式,广泛应用于现代各种传播活动当中,而将互联网思维创造性地融入公关思维可以说是应对新媒体环境变革的必经之路。具体而言,大数据思维下的公共关系将全面提升公关调查能力与分析能力,更好地理解公众,并且准确定位组织所处的社会舆论环境,有针对性地改善和维护公众关系。流量思维下的公共关系则充分利用互联网的传播特性,促成公关活动、事件、议题在社会化媒体与社交网络中的渗透力。跨界思维下的公共关系将帮助组织打破固有的形象,通过调用、整合各种公关资源、媒介资源以及其他行业资源来服务公众,在寻求突破的过程中生产出好的创意。用户思维下的公共关系将更加重视公众的情感体验,通过强化公众与组织间的沟通、参与、互动来反馈公众的真实态度和诉求,进而形成决策依据。

迭代思维下的公共关系要求紧紧围绕组织目标与公众不断调整公关方式和手段，在循序渐进的持续迭代中优化改善公关策略。总之，在新媒体环境下，过去陈旧的公关思维势必要经过互联网思维的改造升级，才能创造出更加适应互联网传播的公关方案。

（四）差异化传播

组织与外部公众展开对话，需要了解其所对话的对象以确定对话的方式，而受众的选择性接触特征决定了现代公共关系不可能是无差别传播。新媒体的出现打破了公众的地缘区隔，形成了由兴趣偏好、传播议题、产品内容、情感态度聚集起来的人群，人群的差异意味着对媒介的选择、接触和使用，信息的偏好以及接收习惯的差异，由此带来了传播渠道、手段、方式以及语态的差异。即使是面对同一类人群，其认知、情感、态度也存在显著差异，因此面对各种差异化的传播需求，公共关系的最大转变就是采取差异化的公关传播策略，通过差异化的信息供给来提升公关的精确度与资源的利用效率。差异化传播第一个需要考虑的要素是何种组织与公众之间的关系，其次是公共关系的目的及其针对的人群，然后才是根据人群的差异分别选择不同的公关渠道，最终制定差异化的公关信息。只有将公共关系的对象切分得足够细，基于差异化传播的公共关系才可能是互利互惠的。

（五）风险社会

风险社会其实是与进步和繁荣并生的现代性危机，而互联网使原来相对分散的个体能够通过网络的力量迅速集中起来，突破圈层甚至跨越国界。社会风险的增加带来传播风险的增加，具体表现为舆论风险的增加，而一旦风险增多，危机管理就成为一种常态，如何化危机为转机，维护社会关系的稳定是公共关系面临的时代难题。纵观国际，中美贸易摩擦、周边环境安全等问题错综复杂、危机迭起，中国正处于"百年未有之大变局"的时代，亟需塑造一个负责任的大国形象。反观国内，社会进入改革的深水区，社会矛盾的出现和社会问题的频发不可避免造成政府与公众间的信任危机，构建新型的政府公共关系势在必行，即使是企业也面临着更加激烈的市场竞争，随时可能处于舆论的漩涡之中，这也使得今天的中国比以往任何一个时期都更加迫切地需要公共关系的力量。

面对上述新媒体环境下的种种变化，中国公共关系事业已然站上了新的十字路口，公共关系学自身唯有更加积极努力地实现转型，关注行业发展趋势、了解时代动态、把握媒体脉搏、精准研判舆情，在全面迎接数字化公关时代到来的过程中，以高效率、高质量的公关方式服务于组织的长远发展。

三、建设有中国特色的公共关系

（一）加快构建具有中国特色的公共关系理论

建设有中国特色的公共关系，首先要形成具有中国特色的公共关系理论。自公共关系引入以来，我国主要的公共关系理论皆来自西方，文化语境的差异以及本土理论的缺乏造成许多现象难以用西方理论很好地诠释，却也找不到现实的理论依托，而在技术引发的剧烈的传媒变革下，已有的公关理论似乎又显得有些裹足不前。

事实上，现代公关思想虽然起源于西方，但它的终极指向似乎离东方哲学更近，对社会人格与和谐关系的强调与我国传统文化所提倡的精神内涵是一致的。今天的中国既有悠久的历史文化资源为公共关系研究提供丰富且宝贵的经验资料，又具有足够的政治、经济和技术条件，完全有理由构建出切合中华民族思维方式和价值追求的公共关系理论,来解决西方公关理论的适用性与中国社会实践之间的矛盾,弥补早期公关思想萌芽与现代公共关系实践之间的断层。

中国本土公关理论的研究并不是要排斥西方公共关系理论,而是要对其进行重新评估,做出符合自身发展需要的合理扬弃,同时深入分析和观察新的历史时期所存在的中国公关现象及典型案例,立足中国文化、坚守中国立场、构建具有本土特色与全球视野的学术理念,完善公共关系学的理论体系,为公关实践提供有效的理论指导。

(二)推动公共关系研究、实践同中国社会发展相结合

建设有中国特色的公共关系,最重要的是符合社会发展与国情的需要,向内凝聚社会共识,推动社会进步与繁荣发展。为此,新时代的中国公共关系要充分整合公共关系实践经验和创新理论,积极研究公共行为、服务公共利益、监督公共权力、规范社会组织、化解公共危机、培养公共意志。

公共关系要为中国民族企业和品牌的发展创造有利的社会营商环境,实现企业品牌的社会价值和经济价值;要积极推动政府组织信息公开、政务舆情回应以及新闻发言人制度的完善;要注重民主协商、社会协同、公众参与,通过各种公共关系行为与公众建立良好的关系,塑造正面的政府形象,减少社会矛盾;要满足人民对美好生活的需要,以及在民主、法治、公平、正义等方面日益增长的需求;要在个性化与多元化的利益需求下,巩固中国特色社会主义的思想基础,进一步凝聚社会共识。同时,在此基础上建立一批具有中国特色的公共关系社会组织,完善一套具有中国特色的公共关系制度,培养一群具有中国特色的公共关系专业人才。

(三)利用公共关系塑造国家形象与增进国际共识

建设有中国特色的公共关系,还应该把对外传播国家形象、促进国际共识的形成作为长期目标而为之不懈奋斗。全球化趋势下,未来越来越多的中国公关企业将走出国门,在国际市场上同全球公关公司展开竞争与合作,中国也将站在世界舞台的中央,以负责任的姿态承担更多的国际事务,为此,公共关系应该肩负起塑造优质的国家形象和中国品牌的历史重任,广泛开展国际交流,讲好中国故事,树立和展示大国形象。一是要树立"全民外宣"意识,充分调动和引导各方力量参与到树立国家形象的事业之中,构建全方位的国际公关体系。二是要弘扬璀璨的中华文化,以创新的传播形式以及本土化的语言和方式去更好地讲述中国故事。三是要构建中国特色对话体系,把握传播契机,推动"合作共赢""构建人类命运共同体"的中国理念成为富有中国特色与时代精神的国际共识,通过公关的力量在国际舞台中塑造中国形象,让更多的人认识中国、了解中国、认同中国、拥抱中国。

【案例 1-1】　　　　　　　　百年品牌"同仁堂"的形象公关之路①

同仁堂始创于 1669 年(清康熙八年),距今已有 350 余年的历史,作为一个备受赞誉的老字号品牌,同仁堂自古就十分注重开展各种公关活动来树立乐善好施的企业形象。

---

① 参见陆建国、张景云:《善处"义"与"利":同仁堂近代公共关系案例及评析》,《公关世界》2021 年第 3 期,第 49-52 页;张景云、张颖璐:《北京同仁堂品牌的海外传播策略》,《青年记者》2016 年第 6 期,第 94-95 页;王利:《对话同仁堂知嘛健康:中医养生走向"好玩"|老字号新生 vol.2》,https://baijiahao.baidu.com/s?id=172609554748 5002845&wfr=spider&for=pc,2022 年 3 月 1 日。

在古代，科举制度是人才选拔的一项重要措施，每逢京师会试期间，远道而来的书生进京赶考，常常因水土不服或疲劳紧张而生病误考，甚至因此影响一生的功名。于是每当会考来临之际，同仁堂都会根据需要将牛黄清心丸、羚翘解毒丸等应时药品放入精美的药盒里并工整记上考生的名字，由伙计送到各会馆应考举子的手中，不少考生在会试后亲自登门道谢，口口相传，同仁堂的名声很快不胫而走。

到了每年春天，北京城内开挖污水沟，在没有月光的夜晚，路人出行一不小心就会跌倒，弄得满身污秽不堪。同仁堂的掌柜深知百姓之苦，特在污水沟旁树立"沟灯"，印有"同仁堂"三个字的大红灯笼不仅在夜里照亮了过路的行人，也将品牌的信息深深印在行人的脑海里。而每年冬天，同仁堂都要开办粥厂，使那些饥寒交迫的贫民勉强能够糊口，还要施舍棉衣给那些衣不蔽体的穷人。同仁堂举办的这些慈善举动，皆从药店经营的利润中提取，据说能占到利润的三分之一。"义"字当头，"益"在其中成为同仁堂塑造品牌形象、扩大品牌影响力的重要举措。

1992年北京同仁堂集团正式成立，很快便开启了海外拓展的道路，并且从传承中医药文化入手开展品牌跨文化传播。例如在马来西亚，凡顾客购买金额达到一定数值就赠送《大宅门》《大清药王》等电视剧的VCD来向外国友人介绍中医药历史，产品推广与文化推广双管齐下。此外，同仁堂还通过举办各种健康咨询讲座、赠医施药、在店铺内设医生坐堂为海外消费者提供专业的服药指导和医疗服务，用医疗效果创造良好口碑，为同仁堂的海外拓展奠定了基石。

而如今当越来越多的年轻人成为消费的主体，同仁堂也开始以创新的品牌形象面向公众。2020年同仁堂推出了"知嘛健康"生活方式体验店，由"知嘛健康"一手打造的"同仁堂咖啡"推出了包括枸杞拿铁、肉桂拿铁、罗汉果美式等含有中药养生成分的咖啡饮品，同时还提供养生购物、中医理疗等多样化服务，吸引了众多年轻人前去探店打卡，在B站、抖音、小红书等各大社交网站获得热烈反响。

目前北京的三家体验店无论是在选址、功能区布置，还是在提供的服务及理念上都各具特色，为消费者带来了不一样的体验互动。大兴店融合了"象食养医"的特色理念，汇集丰富的产品和多元的服务；双井店主打社区场景，集咖啡烘焙、养生购物超市和中医理疗为一体；骏豪店则主打抗衰老解决方案，为消费者提供健康饮食、社交区域和美颜、运动等方面的建议，并在二层设有抗衰老中心。同仁堂这个有着350多年历史的老字号品牌重新焕发了光彩，年轻化的国潮形象渐渐深入人心。

第二章 公共关系的职能和原则

新媒体时代媒体技术的不断革新与发展,不仅打破了时空界限,创造了互动传播新格局,也使公众的话语权不断提升。同时,传播环境也发生了深刻的变化,舆论场域趋向多元化、复杂化,这就对公共关系从业人员的能力和素质提出了更高的要求。传统的公共关系理念已经不再适应公共关系实践发展的需要,亟需创新发展。本章将重点阐述新媒体环境下公共关系的主要职能和基本原则。

第一节 公共关系的主要职能

公共关系是一门集传播学、管理学、市场营销学、社会学、心理学等于一体的综合性的应用科学,其直接目的在于提升组织形象,并与内外部公众之间建立并维护良好的关系。本节中,作者就公共关系活动在组织当中所发挥的特定作用与功能以及如何发挥作用等问题进行了深入探究,归纳出了公共关系的五大基本职能,分别是:采集信息,监测环境;增进交流,塑造形象;咨询决策,提供建议;传播沟通,协调内外;应对突发,化解危机。

一、采集信息,监测环境

信息是制定公共关系决策的前提和基础,采集信息是公共关系的基本职能之一,其目的是准确、及时、全面地反映组织所处环境的现状和发展趋势,在为公共关系战略的规划和制定提供科学依据和数据支持的同时,在事前对可能发生的意外和风险进行预估和准确研判,提示组织提前采取行动予以防范。

组织的生存、发展和所处的环境休戚相关、密不可分,因此组织需要对复杂多变的环境时刻保持高度关注,其中环境又可以分为外部环境和内部环境两大类。组织广泛收集影响自身生存和发展的各种信息,大致可以分为组织信息、公众信息和社会环境信息。组织信息主要包括组织经营状况、组织资源、组织能力、组织文化和组织优势等,反映了组织的实际情况和综合能力。公众信息则主要由公众的基本构成情况和公众对组织产品、服务、管理水平和人员素质等各方面的评价和反馈这两大部分构成。社会环境信息可以分为政治信息、法律信息、经济信息、文化信息、科技信息、市场信息以及竞争对手信息等。

与此同时,还需要综合运用科学的方法,有目的、有计划、系统地收集各种信息与资料。常见的信息收集方法主要包括现存资料分析法、观察法、访谈法、问卷调查法、实验法、大数据挖掘与分析法等。调查方法多种多样,形式也层出不穷,在实际应用当中,公共关系人员应根据具体情况和研究目的,选择合适的方法进行调查。

目前正处在一个信息爆炸的时代,周围充斥着大量碎片化的信息,这就要求公共关系人员不仅要有敏锐的信息洞察能力,还要具备信息的提炼和分析能力,才能够在纷繁复杂的信息中精准抓取到最重要、最核心的信息,向内和向外不断地传播有价值的内容。通过将获取到的数据信息进行进一步的加工和处理,对环境进行监视并对未来发展做出预测和判断,使组织面对或将可能发生的变化,及时做好应对准备,不至于束手无策,避免陷入被动的局面。

【案例 2-1】　　奈雪的茶:秋天的第一杯奶茶,如何将造节公关玩出新花样①

2020 年 9 月 23 日,微博、微信朋友圈、小红书以及抖音等各大社交媒体平台都被"秋天的第一杯奶茶"疯狂刷屏,相关话题热度直线飙升,迅速霸占了各大平台的热搜榜。同时,话题累计阅读量突破了 23 亿次,讨论次数超过了 100 万,成为年度现象级话题,入选 2020 年度十大流行语。

该话题的起因来自一位女生在社交媒体上分享其收到了来自男友给她发的用于购买秋天第一杯奶茶的 52 元红包。此举引发了不少网民的跟风效仿,纷纷向身边的人讨要奶茶,并借此机会在社交媒体晒图秀恩爱、秀感情。由此基于社交关系网络形成了裂变传播,引发话题持续发酵。随着讨论愈演愈烈,甚至衍生出了"秋天的第一支口红""秋天的第一个包包"等系列话题,再次强势破圈。

话题成功掀起了一股全民奶茶热,包括喜茶、一点点、奈雪的茶、蜜雪冰城等在内的各大奶茶品牌线下门店的业务量纷纷爆单,订单量较平时增长了 30%。线上,借着"秋天的第一杯奶茶"的热度,各大品牌迅速做出反应,第一时间在品牌官方微博发起话题抽奖活动,请粉丝们喝秋天的第一杯奶茶,实力宠粉,再次收割了一波热度。

新式茶饮品牌奈雪的茶凭借敏锐的品牌营销嗅觉,借势推出了"奈雪 923 奶茶节",寻找 100 位"地表最强奶茶王者锦鲤",霸气派送 10000 杯宝藏鲜奶茶,成功引爆了消费者的热情,进一步扩大了品牌的影响力和知名度。同时,还在其官方微博积极和快手、德芙、大龙燚火锅以及农夫山泉等品牌频频互动,成功实现精准吸粉引流。

奈雪的茶通过此次的造节公关,为消费者营造了良好的消费体验,拉近了品牌和消费者之间的距离,顺利跻身茶饮顶流行列,并以此为契机,将品牌与秋天的第一杯奶茶进行深度绑定,使得消费者在今后一提到秋天的第一杯奶茶就会自然联想到奈雪的茶,把品牌成功打入消费者的心智中,更高效地实现与消费者的双向互动连接。

当前,媒介传播环境发生了深刻的变化,传统的营销策划模式在新时代下已经不再完全适用。这就要求品牌需要对消费者的需求保持高度的关注,实时监测市场环境和行业动态,才能更好地应对复杂多变的外部环境与挑战。

二、增进交流,塑造形象

组织形象是指社会公众和组织内部成员对组织的总体印象和综合评价,能够较为直观地反映出组织的管理水平和精神风貌。组织形象是组织宝贵的无形资产,良好的组织形象对组织的生存和发展具有非常重要的意义,主要表现在对内激励组织成员的士气,增强组织的凝聚力;对外有利于招揽优秀人才,同时提升投资者的信心,吸引资金投资,还能提高组织信用,增加外部合作机会,帮助组织提高竞争力。

组织形象的好坏可以通过知名度和美誉度这两个综合指标来进行评估和衡量。知名度即

---

① 左宇坤:《4 天卖出 11 亿单!秋天的第一杯奶茶,能火到冬天吗?》,https://www.chinanews.com.cn/cj/2020/10-13/9311236.shtml,2020 年 10 月 13 日。

公众对组织的知晓和了解程度,体现了组织的社会影响力大小;美誉度则代表公众对组织的认可和信任程度,反映了组织社会声誉的好坏。因此,组织要加强与公众互动沟通,积极创造正面的组织形象,提高组织的知名度和美誉度,不断完善组织在公众心目中的形象。

公共关系部门被称作是组织的"形象设计师",通过调查、策划、实施和评估等一系列活动与公众进行深层次的沟通和交流,将组织的方针、理念和目标,真实又准确、及时又高效地传达给公众,努力消除误解与分歧,增进彼此之间的理解互信,目的在于与公众建立并维持良好的关系,让公众对组织产生正面的评价,持续提升组织形象。组织形象由组织内外部不同的形象要素共同组成,其中内部形象包括领导形象和员工形象,外部形象则由产品形象、品牌形象、经营管理形象等构成。需要注意的是,组织形象是一个有机整体,任何一部分的形象都不是孤立存在的。这就要求组织必须树立全局观念,在开展公共关系活动时注重每一部分形象要素的塑造和维护,任何一部分形象的受损或崩塌都有可能导致组织的整体形象一落千丈,造成不可挽回的损失和影响。由于组织形象的形成是公众经过对组织反复、长期的接触、了解和交往后而产生的全面而深刻的印象和评价,因此塑造组织形象也是一项长期性的任务,讲求日常积累,不能急于求成,需要公共关系人员制订长期、系统的战略规划,持之以恒地推进。

【案例 2-2】　　　　　老国货品牌年轻化,大白兔的重塑与创新①

近年来,品牌竞争日趋激烈,随着千禧一代和 Z 世代成为主要消费群体,布局品牌年轻化已然成为众多老字号国货品牌面临的必然选择。以诞生于 1959 年的大白兔为例,作为曾经备受追捧的国民奶糖,21 世纪以来发展却一直不温不火,逐渐淡出市场,面临转型生存危机。

面对品牌老化危机问题,近年来大白兔开始积极转型,特别是从 2015 年开始,大白兔频频与其他品牌开展跨界合作,主动寻求破局。2018 年,国民老字号糖果品牌大白兔联合美加净,推出"时刻"润唇系列的限量款——大白兔奶糖味润唇膏。两大国货品牌的合作联姻,引发了消费者的广泛关注和热烈讨论。产品在线上一经发售,不到两秒便宣布售罄,实现了口碑与销量双丰收。

此外,大白兔还和包括气味图书馆、快乐柠檬、光明乳业、乐町、国家博物馆等在内的十余家品牌或单位展开跨界合作,覆盖美妆、餐饮、文创、服饰、电竞等多个消费领域,满足了年轻消费者多元化的需求,以年轻化的形象成功圈粉新一代消费者。此举不仅扩大了品牌的知名度,带动产品销量稳步提升,还成功抢占了年轻消费者的眼球,成功重塑了品牌年轻化形象,延伸了品牌生命力,让品牌重新焕发生机。中华老字号品牌大白兔正在以年轻化的崭新形象,走进新一代消费者的心中。

三、咨询决策,提供建议

公共关系的咨询建议是指公共关系部门或公共关系人员向组织的决策层提供公共关系建设方面的可靠情况说明和意见咨询,实现组织决策的科学化和高效化。

不同于组织内的技术、财务、人力资源或其他业务部门,公共关系人员主要立足于组织形象、社会公众以及方针决策等角度,为组织决策者提供咨询服务,具体表现为以下三个方面。

---

① 《"大白兔"和"美加净"造了个"大白兔奶糖味润唇膏"!》,https://baijiahao.baidu.com/s? id=1611286612394964397&wfr=spider&for=pc,2018 年 9 月 11 日。

一是对优化和提升组织形象提供咨询意见。组织在内部公众和外部公众心目当中的形象和组织自我预期形象之间往往会存在较大的差距，因此公共关系人员需要运用科学的调查方法，对组织的知名度和美誉度进行综合、客观、准确的比较和评估，帮助组织对形象进行准确定位，同时为组织形象的塑造提供合理化的建议，不断调整和完善组织形象。

二是了解公众的情况。信息收集是提供决策建议的前提和基础，公共关系人员不仅要掌握公众的基本构成，如数量规模、地域分布、职业类型以及文化程度等，还要把握公众的心理状态和变化，实际上公众的心理状态并不是一成不变的，而是会随着社会环境的变化而发生波动和改变。因此，作为沟通组织与公众关系的桥梁，公共关系部门需要打通不同渠道，尽可能多地收集、整理来自公众的反馈，如内部成员对组织的认同和归属、公众对产品和服务的评价，以及对组织方针政策的了解和知晓程度等，才能全面、真实地了解和挖掘公众的需求，在为决策提供科学依据和重要参考的同时，保障组织决策的民主化。

三是广泛参与组织决策，为组织决策提供科学全面的指导。参与组织决策的方式主要包括协助组织确立决策目标、为决策提供有效的信息支撑、设计决策方案以及推动决策方案落地等。公共关系人员能够基于公众的立场，对项目方案的合理性、可行性进行全面的审核和评估，并预测可能会影响方案实施的任何障碍或风险，从而保证决策得以顺利实施，在一定程度上避免了组织决策违背公共利益、丧失公共精神的情况发生，使得决策方案具有较强的社会适应性，并为社会公众广泛理解和接受。

【案例 2-3】　　　　　　五菱：人民需要什么，五菱就造什么①

长久以来，在公众的认知当中，五菱一直都是"高性价比"和"皮实耐用"的代名词。近年来，五菱一直在尝试突破，不断探索品牌的年轻化转型，通过深入洞察消费者的需求，陆续推出了五菱牌口罩、联名螺蛳粉、地摊神车、"人民的代步车"宏光 MINI EV，并借助一系列创意营销玩法频频出圈，成功打破了人们对五菱品牌的固有认知，进一步树立了"人民需要什么，五菱就造什么"的品牌形象。

2020 年新冠疫情暴发以后，全国民众对口罩等防疫物资的需求激增，一度出现了"一罩难求"的困局。上汽通用五菱在第一时间改造生产线，跨界转产口罩抗击疫情，并提出了"人民需要什么，五菱就造什么"的口号。从三天完成第一批口罩下线到 76 小时实现首台全自动化口罩机的研发落地，再到短短 7 天时间完成 100 万只口罩交付，真正诠释了什么叫"五菱速度"。五菱用实际行动展现了企业的责任与担当，有效缓解了口罩紧缺的燃眉之急，赢得了消费者的广泛关注和好评，这也让消费者重新认识了五菱。

2020 年 6 月，国内掀起了一股地摊经济浪潮，五菱迅速推出了被网友调侃为"地摊神车"的五菱荣光翼开启售货车。凭借着强大的创新能力和灵活的应变能力，五菱成功爆火出圈。同时，五菱还积极顺应新能源汽车的发展潮流和广大消费者的出行代步需求，全新打造了"人民的代步车"宏光 MINI EV。作为一款现象级产品，一经推出随即引爆了市场，连续 14 个月蝉联中国新能源汽车销量冠军，妥妥的"人气王"。

---

① 《人民想吃的螺蛳粉，五菱汽车造出来了！》，https://www.digitaling.com/articles/315636.html#comment，2020 年 7 月 6 日。

不止于此，在2020年上半年，全民居家防疫的背景之下催生出了新的"宅经济"形态，使得螺蛳粉受到追捧，销量也是直线攀升，一度卖到脱销，全民呼唤"螺蛳粉自由"。五菱精准捕捉消费者的需求，顺势推出了五菱牌螺蛳粉，这也是继五菱牌口罩、地摊神车和"人民的代步车"之后，五菱品牌进行的又一次跨界尝试。为品牌带来巨大曝光量成功"出圈"的同时，在公众的心智层面成功打造"万物皆可五菱"的品牌记忆点，五菱也借此彻底摘去了"土气"的标签，成功实现转型升级。

综合而言，无论是五菱牌口罩，还是地摊神车，抑或是"人民的代步车"、五菱牌螺蛳粉，其核心的公关和营销逻辑都在向消费者传递"人民需要什么，五菱就造什么"的品牌价值观，五菱充分尊重消费者，以消费者的需求作为其创新驱动力，努力将自己打造成为最懂中国消费者的国民品牌。五菱实现成功转型的背后同样离不开内部公关团队敏锐的市场洞察能力和快速反应能力，以消费者的需求为导向，为其公关和营销策略的制定、产品设计的迭代优化提供科学的参考依据。至此，五菱成功以全新的形象走进消费者的心中。

四、传播沟通，协调内外

英国公共关系学者弗兰克·杰夫金斯认为："公共关系是由为达到与相互理解有关的特定目标而进行的各种有计划的沟通联络所组成的，这种沟通联络处于组织与公众之间，既是向内的，也是向外的。"[①]任何组织在其运行过程当中必然会产生不同程度的摩擦和冲突，作为公共关系部门，其重要职责就是协调各方之间的关系，化解各种摩擦和冲突，避免矛盾再次发生，实现"内求团结，外求发展"的目标，构建起良性的公共关系生态。

公共关系协调沟通的对象主要分为内部公众和外部公众，其中组织内部关系协调的主体主要包括领导者、部门、员工以及股东。一方面，公共关系部门要做好上传下达的工作，向领导者及时反映员工的意见、情绪和要求，并提供针对性的改进建议，以此来调动员工的积极性和创造性。同时也要积极向员工介绍、传达组织的管理理念、决策方针和宗旨纲领，改正认知偏差，使其更好地了解并主动配合组织的相关决定，并增强其集体荣誉感，提高对组织的忠诚度和归属感。另一方面，公共关系部门应积极发挥"粘合剂"的作用，努力化解各方纠纷和矛盾冲突，通过增进彼此之间的共识，形成良好的组织向心力和凝聚力，使得组织内部全体成员朝向共同的方向和目标前进。除此之外，还要妥善处理好和股东之间的关系，加强组织与股东之间的沟通和交流，搭建与股东的沟通渠道，及时向股东通报组织的经营状况和投资效益，争取股东的支持，与股东建立和谐稳定的关系。组织与其所处的社会环境之间是相互影响、相互制约的，组织的生存和发展离不开社会各方面的理解、配合和支持。因此，需要协调好组织与外部公众之间的关系，才能为组织的发展创设良好的环境和条件。外部公共关系的沟通对象，根据其属性不同，主要可以分为消费者、媒介、政府、社区、中间商以及社会名流等。面对不同类型的公众群体，需要采取不同的传播策略，提高公共关系活动计划的针对性、精准度，才能有的放矢地开展公关工作，以建立起相互信任、互利共赢的合作关系。

---

① 熊源伟：《公共关系学》，安徽人民出版社1990年版，第2页。

【案例 2-4】　　　　　　　　老乡鸡董事长手撕员工联名信①

　　2020年2月8日,在元宵节之际,中式快餐品牌老乡鸡发布了一则关于董事长束从轩手撕员工联名信的视频,在微信朋友圈以及各大社交媒体平台上刷屏,引发了众多网友的热议。

　　在视频中,老乡鸡董事长束从轩亲自出镜,与观众进行面对面交流,讲述因疫情影响,老乡鸡保守估计至少有五个亿的损失,但始终把顾客和员工的安全放在首位,并为餐饮同行的老板们和上千家合作伙伴隔空鼓劲,表示疫情结束以后,有的是生意做。束从轩还为所有坚守在岗位上的同事,特别是湖北子公司的总经理李超和他的小伙伴们点赞,对他们为疫情防控工作所做出的贡献表示肯定和赞扬。最后,束从轩手撕员工联名信,驳回了员工在疫情期间不要工资的请求,并喊话老乡鸡的16328名员工"哪怕是卖房子、卖车子,我们也要千方百计地确保你们有饭吃、有班上",向全体员工传递温暖和关怀。

　　此外,视频中还引用了非常多的网络流行语,包括"我太难了,老铁,最近压力很大""宝藏男孩,宝藏女孩""防控千万条,隔离是第一条"等,极大地拉近了和年轻受众之间的距离,束从轩随和幽默的态度也增加了受众对其的好感度,塑造了该企业亲民、接地气的形象,妥妥地圈了一波粉。

　　短短五分多钟的视频,既有对业界同行和合作伙伴的加油打气,又有对全体员工的感谢和激励,还有对广大消费者的关心关怀以及对医务工作者的赞美和致敬。这对于老乡鸡来说,对内有利于增强员工的凝聚力,提高认同感和归属感,激发员工的积极性;对外有利于持续扩大品牌声量,在广大消费者心中树立起有责任、有担当的企业形象,有效提升了品牌的认知度和好感度。就在视频发布后,有多家银行主动找到老乡鸡并表示支持贷款,还有社会各界力量为老乡鸡提供各种类型的援助和支持,帮助老乡鸡逐步走出困境。

五、应对突发,化解危机

　　所谓危机公关,是指组织面临突发危机事件时,为了尽可能地减少损失,维护和扭转组织形象所进行的公关应对,并有针对性地开展一系列控制行为,也包括公关危机预防措施。危机公关旨在争取得到公众的谅解和信任,并重塑组织形象。

　　公共关系危机可以分为内部危机和外部危机,这类危机事件往往具有突发性强、破坏力大、波及范围广以及扩散速度快等特点,如若处理不当,不仅会使组织的声誉和形象受损,甚至会危及组织的生存、发展。特别是在当前新媒体环境下,媒介技术蓬勃发展,舆论格局和传播方式都发生了深刻的变化,这也给组织的危机公关带来了全新的严峻挑战。

　　英国著名的危机公关专家迈克尔·里杰斯特(Michael Regester)指出:"现代组织处在一个其活动透明度日益增大的时代里。若一个组织不能就其发生的危机与公众进行合适的沟通,不能告诉社会它面对灾难局面正在采取什么补救措施,不能很好地表现它对所发生事故的态度,这无疑将会给组织的信誉带来致命的损害,甚至有可能导致组织的消亡。"②因

---

①　马越:《"手撕员工联名信"的老乡鸡董事长:就算卖房卖车也要发工资》,https://www.jiemian.com/article/3962618.html,2020年2月9日。
②　[英]迈克尔·里杰斯特:《危机公关》,陈向阳、陈宁译,复旦大学出版社1995年版,第5页。

此,在新媒体环境下,组织如何应对危机事件,开展危机公关工作,应遵循以下四项原则:一是做到快速响应,考虑到信息裂变式的传播速度,为了以最小的成本实现最佳的控制效果,在危机事件发酵的早期阶段,组织必须迅速采取行动,在第一时间做出反应,将危机扼杀在萌芽状态,避免危机进一步扩散和升级。二是坚持公开透明,谣言止于公开,组织应主动回应社会关切,及时公布事件真相。信息透明不仅可以满足公众的知情权,还能有力遏制谣言的传播,提高组织的公信力。三是勇于承担责任,面对突发事件,组织应本着负责任和实事求是的态度,把公众利益放在首位。如果危机事件确实是因为组织内部原因引起的,组织应主动承担损失和责任,及时向公众承认错误并积极予以补救,争取得到公众的原谅,而不是一味地进行推脱或辩解。如果危机事件和组织并无直接关联,组织也需要与公众进行真诚、耐心的沟通,及时澄清正名,这样才能让组织立足于社会,获得长足发展。四是建立完善的危机预防和应对机制,危机公关根本在于预防而非善后补救和应急,组织可以利用大数据和人工智能技术,对涉及组织的负面信息进行严密监控,有助于提前发现、消除风险隐患,并及时改进,预防此类问题发生。

【案例 2-5】　　　　　　钉钉:《钉钉本钉,在线求饶》[①]

　　2020年,在新冠疫情的影响下,全国各大高校、中小学积极响应教育部"停课不停教,停课不停学"的号召,组织开展线上教学活动。钉钉作为教育部官方指定的中小学生网络学习平台,在各大应用市场下载量飙升,一度突破了11亿。被网课"支配"的"学生党"在听闻低于一星的应用将会被强制下架后,组团给钉钉怒刷"一星好评",使得钉钉的整体评分一落千丈,硬生生从4.9分跌倒了1.3分,评论区也彻底沦陷。

　　2月14日,钉钉在微博上发布了一张自黑表情包求放过,"相识是一场缘,不爱请别伤害""我还是个5岁的孩子,求求手下留情""讨个生活而已,少侠手下留星",并联合包括淘宝、天猫、支付宝和盒马等在内的阿里系品牌共同宣传推广,为话题预热造势。

　　2月16日,钉钉在B站发布了一支鬼畜视频《钉钉本钉,在线求饶》,向恶意刷一星的用户"跪求"好评。在视频中,钉钉的品牌IP钉三多流泪下跪,从"少侠们请你们饶命吧,大家都是我爸爸""此生无悔入钉钉,五星求一次付清"等歌词中可以感受到钉钉的无奈和满满的求生欲。生动的表情、鬼畜的配乐搭配上魔性的文案,使得该视频一经发布,便迅速引爆网络,播放量节节攀高,达到了2000多万,钉钉的总体评分也回升至了2.5分。

　　面对此次危机事件,钉钉通过自黑式公关营销,博得了用户的同情,缓和了与用户之间的关系,巧妙地化解了这场危机。而对于此次危机公关的目标群体,钉钉没有选择与小学生争辩对错,而是主动放低姿态,通过在线求饶的方式,消解了小学生的怨气,拉近了和用户的距离,赢得了理解与支持。在提升品牌好感度的同时,还增加了品牌曝光度,塑造了良好的品牌形象。

---

　　① 李东阳:《被小学生组团打一星,钉钉的这波公关操作堪称典范!》,https://mp.weixin.qq.com/s/jqapqbKwoQTOklzfr9EyaA,2020年2月18日。

第二节 公共关系的基本原则

公共关系的基本原则是公共关系工作的指导思想和行为规范,也是组织处理公共关系问题时所要依据的准绳。本节通过盘点近年来优秀的公共关系案例,总结了组织在开展公共关系活动过程中应当遵循的基本原则。

一、互利互惠,合作共赢

所谓互利互惠的原则,是指组织开展公共关系活动,在维护组织自身利益的同时,还要兼顾社会公众的整体利益,积极寻求组织与公众之间的利益平衡点,促进双方利益最大化,实现共同发展。

利益是维系公共关系双方的重要纽带,任何公共关系的建立和发展都是以利益为基础的。其中,利益不单单指金钱和物质上的往来,还需要从社会整体效益的角度来进行衡量。如何实现互利互惠、共赢发展,组织可以从以下两个方面入手开展工作。

(一)满足公众的合理需求

企业应树立互利共赢的公共关系意识,学会用"利他"的方式达到"利己"的目的。企业必须清楚地认识到,社会群体当中的每一位成员都有各自特定的利益诉求,要想实现特定的目标,就必须和公共关系客体,即公众进行利益互换。因此,组织要以公众的利益、公众的需求作为组织公共关系工作的根本出发点,倾听公众的呼声,多站在公众的立场上考虑问题,为公众尽可能提供更多的利益和好处,让他们感受到真诚和用心,进而争取得到公众的信任和支持。若一旦发生损害社会利益或公众利益的行为,组织应第一时间纠正错误,及时止损。

(二)重视长远发展和整体利益

实际上,公共关系活动的影响更多是作用在公众的心智层面,即赢得公众的好感、信任和支持,从而提升组织的知名度和美誉度,然而其效果和影响不容易被量化和评估。可能有的公共关系活动在短期内并不会带来特别显著的回报和收益,需要循序渐进、徐徐图之,但是从战略的角度来看,是具有长远价值和发展前景的。因此,组织要立足长远,培养大局意识和全局观念,在制订公共关系战略时要从组织的长远利益出发,摒弃短视行为,不能只顾眼前利益,要把公众的利益放在第一位,优先考虑整体利益,最后再考虑自己的得失。如果为了自身的利益,完全放弃了底线,甚至不择手段,损人利己,最终因此失去了民心,必将导致自身的利益受损,得不偿失。

【案例2-6】 字节跳动与欢喜传媒达成合作,请全国人民免费看《囧妈》①

2020年1月23日,由于受到新冠疫情的影响,为降低疫情扩散风险,包括《唐人街探案3》《夺冠》《囧妈》《姜子牙》《紧急救援》等在内的7部春节档热门影片纷纷宣布撤档并择日再映,网上关于"春节档电影能否在线付费观看"的声音也多了起来。

1月24日,今日头条官方发文宣布,1月25日(大年初一)0点起,用户可以通过抖音、今

---

① 楼纯:《〈囧妈〉春节网络首映,字节跳动6.3亿请大家看电影》,https://baijiahao.baidu.com/s?id=1656611787588991385&wfr=spider&for=pc,2020年1月24日。

日头条、西瓜视频、抖音火山版以及欢喜首映中任意一款 App，或者在智能电视上打开华数鲜时光免费观看《囧妈》全片，同时《囧妈》也成为历史上首部网络在线免费首播的春节档电影。此外欢喜传媒发布公告显示，公司全资附属公司欢欢喜喜和字节跳动将于在线视频相关的多个领域展开合作，字节跳动将向欢欢喜喜最少支付人民币 6.3 亿元作为代价。

消息一出，相关话题迅速登上了微博热搜，在广大网民中产生了强烈的反响，纷纷为出品方和字节跳动点赞。电影《囧妈》上线三天总播放量突破 6 亿，总观看人次达到了 1.8 亿，满足了全国人民庞大的观影需求。对于欢喜传媒来说，不仅收回了成本，还赢得了广大网民的认可和好感，赚足了口碑。欢喜传媒的股价也直线拉升，大涨 43%，市值迅速上涨了 18.6 亿港元。同时，此举不仅为字节跳动带来了新的流量入口，旗下产品如抖音、西瓜视频等下载量飙升，用户活跃度得到了显著提升，还为其布局长视频领域打开了新局面。

综合而言，此次合作既讨好了观众，又收获了流量，可谓天时地利人和，实现了收益的最大化，促成了多方共赢。

二、真实真诚，实事求是

诚信是组织立身之本，良好公共关系的建立、发展与维护是以相互尊重和信任为基础的。这就要求在开展公共关系活动的过程中做到实事求是，不能传播含有误导性、虚假性或者夸大性的信息，否则会对组织形象造成严重甚至是不可逆的负面影响。只有真实坦诚，才能赢得公众的信任和支持，从而提升美誉度，塑造良好的组织形象。在公共关系具体实践中，为了准确把握真实性这一原则，需要从以下三个方面开展工作。

（一）传播信息坚持求真务实

组织在公共关系工作中必须坚持实事求是，不能违背基本的客观事实，更不能任意虚构或编造。应坚持"诚信第一"，本着客观公正的态度，向公众全面、真实地提供信息。而对于欺骗公众的行为，组织不能抱有侥幸心理，真相一旦暴露，会导致组织的声誉一落千丈。其中，欺骗行为一般是指在开展公共关系活动的过程中违反真实性原则，故意告知公众虚假情况、虚构事实或者隐瞒事实真相。因此，组织要有责任和担当，真正践行诚信规范，对公众负责，才能令公众信服，取信于公众。

（二）深入实际进行调查研究

开展公共关系工作的重要前提是通过搜集信息进行调查研究，而组织如果摆出高高在上的姿态，就会脱离公众、脱离实际，无法满足公众的真实需求。因此，组织要贴近公众，与公众密切联系，开展工作时要努力做到信息真实、态度真诚。同时还要有"绝知此事要躬行"的实践精神，通过实际调查和现场采集的方法，倾听并了解公众的真实想法，获取准确、可靠、真实的数据信息，包括政治信息、市场信息和舆情信息等，从而为公共关系策略的制定提供科学的依据。

（三）培育以诚信为本的文化

组织应从思想观念入手，加强以诚信为核心价值观的组织文化建设，可以使组织的全体成员在潜移默化中接受诚信文化的熏陶，不断提高诚信意识，努力让求真务实成为组织上下的共同信念和行动准则，提升诚信建设质效，这对于组织的生存与发展具有重要意义。

【案例 2-7】 SK-Ⅱ：无底妆素颜拍摄挑战，发现本真之美①

2018年6月，高端护肤品牌SK-Ⅱ在全球范围内启动BareSkinProject我行我素品牌营销活动，联合国际知名摄影经纪公司玛格南图片社，并邀请了六位女明星汤唯、倪妮、春夏、有村架纯、Chloe Moretz、松冈茉优合作拍摄无底妆大片，在镜头前呈现真实素颜的状态，尽显裸肌之美。

荧幕前光鲜亮丽的女明星们褪去精致的妆容，身着简洁的服饰，展现出最自然和本真的状态，使得该挑战一经推出便自带话题热度，在网络上掀起了巨大的讨论热潮，甚至一度冲上热搜。数据显示，"BareSkinProject"和"SK-Ⅱ我行我素"这两个话题仅在微博平台就创造了累计4.7亿的话题阅读量，讨论声量更是接近20万次，实现了惊人的传播效果。网民们也纷纷主动参与转发，成功引发二次传播。

除了拍摄平面大片之外，品牌还以纪录片的形式，真实呈现了代言人在参与无底妆大片拍摄挑战以来的心路变化历程，即从接受拍摄任务时的兴奋期待，到担心焦虑个人皮肤状态，再到使用产品后自信、从容地应对拍摄以及看到成片以后满满的喜悦和成就感。品牌也借此向消费者传递自信勇敢、我行我素的人生态度，鼓励消费者大胆展现肌肤的自然之美，获得了消费者的情感共鸣和心智认同，提升了品牌的价值。

近年来，越来越多的护肤品牌在广告内容表现方面一味追求突出惊艳甚至近乎完美的护肤效果，在一定程度上引起了消费者的认知疲劳，导致消费者对整个行业的信任度普遍较低。这也造成了绝大部分品牌的营销案例效果平平，没能达到预期的效果。然而，SK-Ⅱ并没有选择随波逐流，而是敢于另辟蹊径，用真实的态度与消费者进行深度对话，无论是从传播内容，还是从营销方式，都在努力地还原真实。通过展现肌肤的纯粹之美，诠释品牌的核心价值观，重新定义什么是美，可以说是护肤界的一股清流。同时，也正是因为这份坦诚与真实，提升了消费者对品牌的信任感和好感度，赢得了消费者的广泛认可。

三、双向互动，平等沟通

组织开展公共关系活动主要是为了通过双向信息传播沟通，在组织与内外部公众之间建立起相互理解、相互认同和相互依存的关系，从而达成共识、信任和支持。具体来说，从组织内部来看，以公共关系作为纽带，协调上级领导和员工之间的关系，努力消除分歧，化解矛盾，增进彼此理解，在协调沟通中加深信任，在支持配合中凝聚合力，使组织系统由无序走向有序，在组织内部构建起和谐的环境。否则，会由于信息不畅而引起组织队伍涣散、工作懈怠、效率降低等诸多问题。在对外交往方面，采集信息作为公共关系的重要职能，能够帮助组织对外部环境进行实时监测和分析，从而使组织能够针对包括市场环境、政策环境、舆论环境等在内的外部客观环境的不断变化，及时做出正确的应对和调整。

因此，开展公共关系工作需要遵循双向沟通的原则。一方面，综合运用多样化的对外传播渠道，将信息有效地传递给公众，使公众认识并了解组织；另一方面，公共关系活动并不是线性的单向传播，而是双向互动的过程，组织通过反馈机制吸收公众意见，使决策在施行过程中不

---

① 《SK-Ⅱ开启#BareSkinProject#我行我素品牌活动 首次携手全球代言人自然展现裸肌之美》，https://baijiahao.baidu.com/s?id=1603252709934044679&wfr=spider&for=pc，2018年6月14日。

断进行修正和调整。为及时、准确、真实地完成信息传递,做好信息的上传下达,应重点做好以下两个方面的工作。

(一)树立主客平等的观念

实现双向互动的前提,是与公众平等对话,即充分考虑公共关系主体和客体之间的平等地位,无论是以员工、股东为代表的内部公众,还是消费者、媒介、政府、社区等外部公众。公共关系人员应杜绝自我中心主义,充分尊重并重视公众的作用,将公众提升到与组织平等的沟通地位,保障公众的话语权,为公众提供一个平等开放的表达平台,通过两者之间对话式的相互作用,积极建立有效的沟通机制。

(二)畅通信息传播的渠道

基于双向传播,组织向公众实时传达组织的方针、政策和各项决议,充分听取公众的意见和建议,并根据反馈对决策进行适应性调整,使组织的决策更加科学化。公共关系的主体和客体在收集信息、传递信息、反馈信息的过程中相互作用和影响,角色也在不断发生变化,在此过程中,提高沟通效率显得尤为重要。因此,需要强化沟通协调保障,努力搭建信息沟通的平台,打破内、外部沟通壁垒,保持信息传播渠道畅通,努力实现信息"纵向贯通,横向互通"。

【案例 2-8】　　蜂花正茂:全民共创纪念款,老牌国货的翻红之路①

2021 年 11 月,创立于 1984 年的老牌国货品牌蜂花意外翻红出圈,网友们纷纷冲进直播间野性消费。由于担心蜂花破产倒闭,不少网友积极出谋划策,自发为其设计外包装和品牌 LOGO。

事件的起因是有网友发现线下商超已经很难找到蜂花的产品,出于对良心国货品牌破产的担忧,纷纷向品牌官方留言求证,一时间在网络上引起了广泛的讨论,低调的国民品牌就这样因为"要倒闭"意外登上了热搜。广大热心网友主动投入这场"拯救国货"的行动当中,踊跃下单购买蜂花的产品,以实际行动支持品牌。根据品牌公布的销量数据显示,蜂花在一天之内成交了两万单,相当于往常一个月的销量。网友们还为其品牌的建设和发展建言献策。有网友建议其参加全国大学生广告艺术大赛来提高品牌知名度,没想到得到的却是"这个要花钱吧"这样的心酸回复。还有网友评价产品的透明包装显得有点廉价,蜂花则坦然承认"我们其实本来就很廉价"。此外,面对不少网友吐槽包装设计太土、难看,蜂花却大方自嘲"用心做产品,用脚做设计"。如此有梗又心酸的评论互动让网友们"破防",蜂花也成功凭借哭穷式营销博取了海量的关注和流量,实现爆红破圈。

11 月 16 日,蜂花官方在其直播间就倒闭传言及时做出回应,称请大家放心,不会倒闭,还表示蜂花 10 年仅涨 2 元,未来也不会因为火了就涨价。一时间,"蜂花回应倒闭传闻""为了蜂花不倒闭也是拼了"等多个相关话题冲上热搜,使得蜂花在获得广泛关注的同时不断收获品牌声量。还有眼尖的网友发现,蜂花成立 36 年以来,没有任何行政处罚记录,这也进一步提高了公众对品牌的好感度和信任度。

面对网友们高涨的热情,蜂花除了在直播间和评论区与网友进行积极互动外,董事长更是主动下场为品牌应援,通过发布视频及时回应网友关切,还就网友们反映的包装设计问题,顺

---

① 崔晓萌:《国货蜂花"哭穷"冲上热搜!网友下单支持、一天卖出一个月的量》,https://baijiahao.baidu.com/s?id=1716667983790367727&wfr=spider&for=pc,2021 年 11 月 17 日。

势发起了"蜂花向全抖音征集新设计"的话题挑战,邀请全民共创设计纪念版新包装。该活动一经推出就引起了强烈反响,迅速点燃了网友们的创作热情,纷纷踊跃参赛投稿,成功实现破圈层病毒式裂变传播的效果。

蜂花成功走红的背后,是品牌能够真正做到尊重消费者的意愿和诉求,虚心听取消费者的意见建议和市场反馈,特别是通过向全民征集设计稿,推出合作共创的纪念款,构建起品牌与消费者之间的平等对话。此外,蜂花还积极通过新媒体平台与消费者进行双向互动,持续、认真打磨产品和服务。传统国货品牌蜂花也借此成功回归大众视线,实现强势崛起。

四、透明公开,坦诚相待

公共关系作为组织工作的重要组成部分,其本质属性是传播沟通,即通过组织和公众之间的交流互动,不断增进双方的相互了解,从而获取公众的信任度和忠诚度,目的在于塑造良好的组织形象,提升组织信誉度和公信力。

信息公开在组织公信力建设中具有不可忽视的重要作用,一方面能够让公众及时了解组织机构的运行发展情况和运营流程,保障公众的知情权,提高组织的透明度和公信力;另一方面,信息公开也是保障公众参与权和监督权的重要途径,这不仅有利于培养公众的主人翁意识,充分调动公众对公共关系活动的参与积极性,同时,通过引导公众主动参与公共关系活动的全流程,包括决策内容的提出、制定到最终的落地执行,可帮助组织更加高效、正确地进行决策并推动决策落实。如何将透明公开的理念贯彻落实到具体工作实践当中,需要着重做好以下两个方面工作。

(一)打造开放型组织

组织应遵循开放、透明的原则,主动拆除"围墙",增加工作运作的公开性和透明度,包括组织的基本职能、部门机构设置、经营管理模式和运作流程等。通过信息公开、透明决策和畅通渠道等方式,切实保障公众的知情权和监督权,在打造阳光型、透明型、开放型组织的同时,拉近与公众之间的距离,增进共识,化解分歧,实现合作共赢。

(二)发展参与式决策

组织应着力构建参与式决策共同体,即积极开门纳谏,让公众充分参与,通过多种形式广泛收集公众的意见建议,最大限度反映公众意志,这是组织与公众利益一致性的重要体现。在有效提升决策效率的同时,增强了决策的科学性,同时还可以大大提升公众对决策的可接受程度并争取公众的理解、支持和配合,有利于决策顺利推进并实施,做到公关活动效果最大化。

五、保持联系,持之以恒

对于组织来说,公共关系的目标是为组织塑造良好的形象,提升组织的知名度和美誉度,并协调组织与公众之间的互动关系。实际上,良好公共关系的形成是一个长期的、循序渐进的过程,需要投入大量的时间、精力等资源,并不是一蹴而就的。同时,任何关系的建立也都不是一劳永逸的,而是需要在平时用心去经营和维护。因此,组织的领导者要正确地认识公共关系的变与不变,持之以恒保持好组织同公众的联系。

组织在公共关系活动中应主动避免"平时不烧香,临时抱佛脚"、临阵磨枪等行为,必须在平时下功夫,重视日积月累,才能防患于未然。组织可以通过以下途径与公众之间建立起长期、稳定和良好的关系。

（一）久久为功，制订长远规划

组织的领导者要克服急功近利的心态，不能一味追求立竿见影的短期效果，应从长远的角度出发，制订长期的公共关系活动策略和规划，有计划、有组织、有步骤地开展公共关系工作，并为公众提供全方位、全周期的服务。

（二）普遍联系，满足多元需求

公共关系的对象具有广泛性，主要包括消费者、媒体、政府以及内部员工等。组织不能厚此薄彼，对待各类公众对象应一视同仁，通过广泛沟通，不断密切与公众之间的联系。与此同时，还要兼顾不同公众群体多元化的需求，做到有的放矢。

（三）相辅相成，实现共赢发展

公共关系的主体和客体，即组织和公众之间的关系是相辅相成、不可分割的。组织要以公众利益为优先，满足公众个性化的需要，并为公众提供服务，争取获得公众对组织的认同和支持，从而营造有利于组织生存和发展的社会舆论环境，实现互利共赢。

（四）灵活创新，丰富活动形式

公共关系活动的效果如何直接影响着公众的反馈和评价，因此，公关工作人员在策划公共关系活动的过程中要发散思维，不断丰富公共关系活动的组织形式，例如开展赞助活动、新闻发布会、庆典活动以及展览展销活动等，努力提升公众的体验感和满意度。

【案例 2-9】　　　　网易云音乐：持续深耕音乐社区，玩转乐评公关[①]

作为全球领先的音乐社区，乐评功能一直是网易云音乐区别于其他同类产品最具标志性的标签之一。从 2017 年开始，品牌就一直以"乐评"为核心开展了一系列经典的公关营销活动，持续深耕"音乐社交"领域，积极向用户传递"音乐的力量"，不断增强用户对品牌的情感认同。

2017 年 3 月，网易云音乐联合杭港地铁共同推出了"乐评专列：看见音乐的力量"，在 4 亿条乐评当中精选出了 85 条优质乐评，并将其印刷在地铁列车上，如"最怕一生碌碌无为，还说平凡难能可贵""多少人以朋友的名义默默地爱着"等。除了强烈的视觉冲击外，走心的文案也引起了用户广泛的共鸣，吸引了不少年轻人前往打卡拍照。网易云音乐通过乐评与用户进行情感对话，不仅拉近了品牌与用户之间的情感距离，还快速抢占了用户的心智，成功在用户的心中构建起"乐评＝网易云音乐"的品牌联想。

2017 年 8 月，网易云音乐携手农夫山泉推出 30 款限量版农夫山泉"乐瓶"。在瓶身包装中结合了网易云音乐黑胶唱片和农夫山泉经典的山水元素，搭配上"人这辈子，最害怕突然把某一首歌听懂了""祝你们幸福是假的，祝你幸福是真的""任他们多漂亮，未及你矜贵"等 30 条用户原创乐评文案，深受消费者的喜爱和追捧。此次跨界合作不仅获得了良好的市场反响，而且激发了消费者的认同感和归属感，品牌形象也得到了进一步的巩固与提升。

与此同时，网易云音乐还通过 IP 授权合作的方式赋能线下场景，积极拓展场景边界。例

---

① 参见王雷柏：《营销观察｜用评论击碎万颗心，这是网易云音乐独享的胜利》，https://www.36kr.com/p/1721431212033，2017 年 3 月 22 日；王雷柏：《营销观察｜网易云音乐为乐评找到了新媒介，这次是在农夫山泉瓶上》，https://www.36kr.com/p/1721741737985，2017 年 8 月 8 日。

如2018年4月,网易云音乐和亚朵联合推出了"网易云音乐·亚朵轻居"酒店;2018年5月,网易云音乐和屈臣氏在会员业务、渠道渗透、联合营销以及新消费业务等多方面展开跨界深度合作,还联合发布了六款音乐主题妆容,在广州共同打造了音乐主题线下门店;2019年8月,网易云音乐和瑞幸咖啡联名开了一家"樂岛"音乐主题咖啡店等。

延续相同的创意思路,网易云音乐先后在2021年的毕业季和开学季,联合复旦大学推出了"云村乐评路灯"策划,把乐评和校园路灯相结合,成为校园网红打卡点,刷屏高校朋友圈。2021年9月,网易云音乐又在郑州的"连心里"街道,用乐评汇编了一本《爱情词典》……

纵观上述列举的公关营销案例,从"乐评专列"到"乐瓶",再到"乐评路灯"和《爱情词典》,不难发现,在富有创意的策划活动背后,其创意逻辑是一脉相承的,都是围绕着"乐评公关营销"这一核心理念展开的。网易云音乐成功将乐评打造成了具有辨识度的品牌IP,并通过持续性运营不断进行打磨和优化,给用户创造更多惊喜,与用户建立起情感连接,有效增强了用户黏性,强化了用户对品牌的认知度。

六、协同一致,全员公关

全员公关原则的基本内容是指组织的公关活动开展不仅要依靠专业公共关系机构、公共关系部门和公共关系人员的辛勤付出和大力支持,更离不开全体员工的共同努力与相互配合。因此,组织中的全体人员要不断增强公共关系意识,提高全员公关的自觉性,积极关注并投入到公共关系活动中来,使组织内部实现上下一心、团结一致,努力打造"公关共同体"。

组织形象作为组织的无形资产,是组织价值理念的集中体现。而良好的组织形象是需要全体成员共同来打造和维护的,否则就容易出现"前边唱戏,后边拆台"的问题。实现全员公关主要有以下三种途径。

(一)组织高层领导的支持

首先,组织的高层管理者要努力提高自身的管理素质和公关修养,把对公共关系形象的塑造作为组织的优先课题,从战略高度深刻认识和把握公共关系建设的重要性。其次,要在实际的公共关系工作中提供指导和有力支持,重视组织内部优秀公共关系人才的培养,建立、健全员工激励机制,推动组织的公关理念深入人心,共同达成组织目标。除此之外,还要在组织内部建立起合理的组织架构和科学严谨的监督管理制度,为全员公关提供组织和制度保障。

(二)全体部门员工的配合

组织形象是组织内部各个成员形象的综合体现,成员的个人行为会直接影响组织形象的塑造。因此,组织当中的每位成员都应积极地配合组织制定的公共关系目标,在对外交往的过程中要时刻注意个人形象,不断强化责任意识,全面提高公关交际的能力和水平。在另一方面,组织也要努力为公共关系工作的开展畅通渠道,构建高效的内部传播体系,将公共关系战略与核心目标及时传达给全体成员,激发员工的参与热情。

(三)内部公关氛围的建设

良好的组织文化氛围有利于增强组织的凝聚力和向心力,提高员工的集体荣誉感。因此,组织要进一步加强组织文化的建设和公关氛围的营造,将企业的公共关系理念和核心价值观潜移默化地渗透进组织成员的行为和思想中,增进员工对组织的认同感和自豪感,从而调动员工参与公共关系活动的积极性,这也有利于公共关系活动的高效开展。

【案例 2-10】 鸿星尔克捐赠 5000 万元物资驰援河南成功出圈[①]

2021 年 7 月 20 日,河南郑州遭遇特大暴雨,灾情引发社会广泛关注,社会各界爱心人士积极捐款捐物,共克时艰。

21 日,鸿星尔克通过微博发布消息称,鸿星尔克通过郑州慈善总会、壹基金紧急捐赠 5000 万元物资,驰援河南灾区。鸿星尔克总裁吴荣照的个人微博也进行了转发。对于此次捐款,鸿星尔克并没有进行大肆的宣传。

有网民发现鸿星尔克在公司业绩亏损的情况下,关键时刻挺身而出,依然捐出巨额善款,纷纷表示又感动又心疼,调侃其为"破产式捐款","感觉你都要倒闭了还捐了这么多""怎么宣传下啊,我都替你着急"。"鸿星尔克的微博评论好心酸""鸿星尔克捐 5000 万驰援河南"等话题随即引发舆论热议,登上包括微博、抖音、头条等在内的各大平台的热搜榜。

不少网民自发给鸿星尔克官方微博账号充值,将会员时限充到了 2140 年。不仅如此,网民们更是用实际行动支持鸿星尔克,纷纷涌入鸿星尔克的直播间激情下单。据数据统计,截至 24 日傍晚,鸿星尔克的抖音直播间销售额已经超过了 1 亿元,累计观看数达 1.48 亿人次。与此同时,鸿星尔克的全国线下门店也遭到了消费者的疯狂抢购。

面对爆发式增长的市场需求,除了线上线下共同发力以外,鸿星尔克总裁吴荣照在这次事件当中也积极为品牌站台,不仅深夜骑着共享单车到总部直播间和广大网友亲切互动,在向网友表达感谢之余不忘呼吁大家理性消费,还通过微博就破产传言和诈捐质疑先后做出了全面澄清。此外,吴荣照还在微博中与网民积极交流互动,认真倾听并接受消费者的建议和反馈,展现了一个接地气、负责任的企业家形象,得到了网民的认可和支持。其个人抖音账号粉丝在一夜之间涨粉千万,企业家吴荣照也带领着他的鸿星尔克,重新走进了消费者的视野当中。

七、与时俱进,不断创新

树立开拓创新的理念,就是要求公共关系人员破除落后的思维模式和固定老套的战略思想,在具体的公共关系工作中立足于新形势,充分发挥其主观能动性,探索新路径,灵活地解决新问题。面对不断变化的社会环境,公共关系工作如果不能及时调整并适应这种变化,仍然一味地重复过去的老套路,照搬老方法,最终自然也难以取得理想的效果,甚至容易引起公众的反感和抵触情绪。

因此,公共关系人员应树立创新发展的观念,培养反其道而行之的逆向思维。在组织开展公共关系活动的过程中,敢于突破陈旧的思维定式,在实践中大胆尝试创新的方式和方法。具体而言,可以从以下两个方面寻求创新。

(一)制定公共关系策略要独辟蹊径

当前,越来越多的企业意识到公共关系的重要性,开展各种公关活动来提高组织的知名度,塑造组织形象。然而,高度同质化的公关活动难免会造成公众的视觉和审美疲劳,没有创意,也难以给公众留下深刻的印象。那么,如何才能让企业的公共关系活动更具独创性,从而

[①] 贾璇:《野性消费!鸿星尔克低调捐 5000 万物资被"心疼",直播间销售额破 1100 万》,https://view.inews.qq.com/a/20210723A087WE00,2021 年 7 月 23 日。

脱颖而出呢？独特的个性是形成印象的关键，这就要求企业在公共关系活动的策划阶段要做到大胆开拓思路，在塑造差异上下功夫，在与众不同上做文章，争做第一个吃螃蟹的人。其中，主要有以下几种常见的创新模式可供借鉴，包括开拓式创新、差异化创新、移植式创新、组合式创新、破坏式创新等。

（二）实施公共关系计划要因地制宜

市场环境瞬息万变，多种环境要素之间相互联系、相互影响，任何突发情况的发生都会不同程度地影响活动的有效执行，甚至会给组织带来负面的效果。凡事预则立，不预则废，面对市场的诸多不确定性，公共关系人员要超前掌握各类市场需求，及时分析研判市场走势并提前制定应急预案，做好充分的准备来应对随时可能发生的变化。具体来说，公共关系人员要不断更新观念，学会在变化的形势中捕捉和把握机遇，在实施公共关系计划的过程中及时根据环境、条件的变化适时适度地调整公共关系策略和手段，讲究因地制宜和对症下药，不能过于僵化、教条。

八、合乎伦理，遵守规范

目前，各种社会组织在开展公共关系活动的过程中伦理失范现象时有发生，不断引发社会舆论的广泛关注和法律争议，已成为组织建设发展的掣肘。所谓遵守伦理规范，其核心内容就是要求组织在公共关系实践活动中必须以坚守伦理底线为前提，积极践行社会责任，注重社会效益，特别是公共关系组织机构和人员应当充分认识并自觉遵守道德原则和法律规范。

伦理道德作为组织公共关系行为运行的基本要素，是开展公共关系活动需要遵循的价值观念和行为规范，如何加强公关伦理治理应注意以下几个方面。

（一）法律法规和监督管理双管齐下，健全和完善法律监督体系

首先，应建立和完善法律法规体系，通过法律手段达到规范公共关系行为的目的，使公共关系伦理建设有法可依，有章可循。其次，也需要社会大众的广泛参与，公众监督作为社会监督系统中不可或缺的重要组成部分，是制约公共关系行为失范的有效手段。因此，需要不断加强和完善公众监督，形成强大治理合力。

（二）加强组织文化建设，制定和完善伦理规范和标准，构建行业自律体系

企业在从事经济活动中追求利益最大化，但不能忽视其作为社会主体的责任。企业应当切实履行社会责任，坚持把社会效益放在首位，追求社会效益和经济效益相统一。与此同时，企业在塑造企业文化的过程中应积极推进伦理道德建设，搭建符合伦理原则的制度体系，在组织内部营造良好的道德环境，实现由依靠"他律"向主动"自律"的转变。

（三）不断提升公共关系人员的文化道德修养和专业素质

公共关系人员作为公共关系活动的具体执行者，在公关伦理治理中发挥着重要作用。因此，要以教育培训作为重要抓手，大力开展伦理教育和宣传，着力培养公共关系工作者高尚的职业道德，鼓励其提升自身道德修养。积极引导公共关系人员树立伦理意识，践行伦理原则，强化自我约束并自觉遵守社会伦理道德。

第三章 公共关系的组织机构和人员

公共关系的组织机构和人员是公共关系的主体,是公共关系的发起者、策划者、行动实施者,在公共关系活动中处于主导地位,对公共关系有着巨大的影响。公共关系的组织机构是负责公共关系工作的专业职能机构,既包括社会组织内部设置的公共关系部,也包括专业的公共关系公司。公共关系人员则包括公共关系从业人员以及开展公共关系相关研究的专家学者。此外,公共关系协会作为行业约束力量,也会对公共关系产生一定的影响。本章重点探讨公共关系部、公共关系公司、公共关系人员和公共关系协会,解析推动公共关系运作的背后主体,揭示公共关系主体运作的规律和理论知识。

第一节 公共关系部:组织内部的公共关系机构

随着社会组织的日益壮大,组织内部分工日趋明确,组织内专门从事公共关系工作、执行公共关系任务、实施公共关系功能的专业化部门——公共关系部应运而生。当前,在全球各组织形象竞争愈发激烈、公共关系操作愈发专业化的背景下,公共关系部成为许多组织不可或缺的重要职能部门。

一、公共关系部的概念和性质

1889年,美国发明家乔治·威斯汀豪斯(George Westinghouse)为了向公众介绍其新成立的推广交流电的公司,对抗提倡使用直流电的人,雇用了一名匹兹堡的记者海恩里希(Heinrich)为其作宣传,斯科特·卡特里普认为,这是为企业从事现代公共关系活动的先例。自此,企业内部设置专门的组织机构来从事公共关系工作日益成为标配。

我国现代第一个企业公共关系部是广州白云山制药厂的公关部。1984年,广州白云山制药厂组建了我国第一个企业公关部,每年拿出1‰的营业额进行"形象投资"。新兴的公关现象引起了中国社会科学院新闻研究所的注意,该所成立了国内第一个公关研究课题组。课题组负责人明安香在调研白云山制药厂后,写下了通讯《如虎添翼——记广州白云山制药厂的公共关系工作》。《经济日报》发表了这篇通讯,并配发了社论《认真研究社会主义公共关系》[①]。之后随着我国市场经济的持续发展和信息技术的进步,公共关系活动越来越社会化、职能化、专业化,具有一定规模的大中型企业纷纷设置专门的部门处理公共关系事务,公共关系部门的职能也由最初的处理对外公共关系扩展到处理内部各部门的沟通协调问题,我国不少企业的公共关系部门虽名称各异(如腾讯等公司就直接设置"市场与公关部",而有些企业的公共关系部门则叫"对外联络部""公共及政府事务部"等),但基本上承担的职能都是处理公共关系事务。

总体来说,企业社会组织内部的公共关系部是由专职人所组成的,贯彻社会组织的公共关

---

① 胡百精:《中国公共关系30年的理论建设与思想遗产》,《国际新闻界》2014年第2期,第27-41页。

系思想,开展公共关系活动的管理职能部门,是组织为处理、协调、发展本组织与社会公众和组织内部公众关系而设立的专门职能机构。企业内部的公共关系部门一般会被设置在企业发展这个大的业务架构群之下。

从工作性质上来看,公关部是传播性、沟通性的部门。公关部在企业内部管理中发挥着沟通协调的作用,在企业外部经营中发挥着对外宣传、品牌形象塑造等功能,即对内处理员工关系、部门关系、股东关系,对外处理政府、社会、媒介、顾客关系等。

【案例 3 - 1】　　　　早期白云山制药厂公共关系部的工作及效果[①]

白云山制药厂公共关系部作为我国企业公共关系部的先行者,是20世纪80年代全国经济领域关注的焦点之一,对后来中国各企业公共关系部的工作内容有着深刻的影响。本书截取一篇1986年初的调查报道,来展示白云山制药厂公共关系部成立之初的工作及其效果。

第一,接待来访参观的国内外各界人士。白云山制药厂小有名气之后,国内外各界人士纷纷前来参观访问,其中有来自三十多个国家和地区的政府及民间代表团,联合国也曾派代表团前来参观。公关部成立前,厂领导每天都要为应酬、接待花去大量时间。公关部成立以后,由公关人员承担各种接待任务,使厂领导及有关负责人从繁忙的社会应酬中解脱出来,有更多时间去考虑生产及其他工作。从1984年7月至1985年8月公关部成立一年多来,该厂共接待全国各地的党政机关、群众团体,以及学术、体育、文艺及新闻界来访参观人员19119人次。公关部的工作不仅使厂领导摆脱了忙于应酬的局面,且为工厂建立了良好的社会联系,使社会加深了对白云山制药厂的了解。

第二,利用一切机会对外进行宣传。公关部接待参观者时,向参观者播放介绍工厂情况的录像片,收到了较好的宣传效果。1984年10月,日本东海大学教授来该厂参观,接待同志向他介绍了工厂提倡的"白云山人精神",日本朋友对此十分钦佩。此外,该厂还利用厂庆、专题摄影比赛、产品鉴定会等一切机会对外宣传。有些活动虽非公关部直接组织,但公关部同志都积极予以配合。白云山制药厂还主动把新闻界人士请进来,提供情况,通过新闻传播媒介,及时向外界广泛宣传,收到了良好效果。他们还利用上级公司所办的《白云山人》报纸及自办的《白云医药信息》刊物,大量向外界传递报道工厂的生产情况、商品信息、新产品信息、新技术信息等,公开报道该厂在改革开放中的情况及做法。该厂还十分重视本厂情况的内部交流,使广大职工了解和关心工厂的生产,增强职工的责任心及主人翁感。

第三,及时向工厂管理部门反映外界意见和建议,促使企业生产、经营、管理不断改善。公关人员在接待工作中认真听取外界人士对该厂提出的宝贵意见,并及时向厂领导反映,供厂领导今后制订政策和规划时参考。

第四,开展社会公益赞助。白云山制药厂对社会做了许多赞助工作,如向敬老院、少年宫剧场、环境市容建设等单位和项目赞助经费,向一些出国演出单位,如广州杂技团等赠送药品等。该厂成立的白云山文化体育发展公司,决定将该公司三年内所得的利润全部用于发展广州市的体育事业。这些活动既有利于社会,有利于群众,还起到了对外宣传,建立良好的公共关系,树立企业形象的作用。

[①]　陈瑜、东新:《白云山制药厂搞好公关工作的调查》,《南方经济》1986年第3期,第45-46页。

二、公共关系部的职能和作用

在现代企业中,随着信息技术的发展,互联网深刻地改变着人们的生活和市场环境,企业公共关系活动也日趋社会化、职能化、专业化、日常化。越来越多的企业意识到了公共关系的重要性,纷纷提升公共关系部的地位,让公共关系部发挥更重要的作用。具体来说,公共关系部的职能包括以下四个方面。

(一)外部信息监测

外部信息监测是当代公共关系部的一项基本职能,企业的生存发展离不开对外界环境的准确洞察,任何关系组织生存发展的信息都不容忽视。作为从事公共关系活动的专业部门,它通过其建立的信息网络,广泛地搜集关系组织生存和发展的信息,然后对这些信息进行甄别、归类、分析,从而使组织了解内外部环境动向,据此调整组织决策。公共关系部搜集的信息主要有以下方面。

(1)社会信息。主要是可能影响到本组织生存发展的政治、经济、社会、文化、科技等方面的信息和动向。

(2)行业信息。主要是组织所处的行业发展业态以及主要竞争对手的状况。

(3)组织形象。主要包括外部对本组织的整体形象、市场行为的综合评价。

(4)产品形象。主要包括外部,特别是市场对于本组织旗下产品的质量、功能、款式、价格等方面的评价、意见和建议。

(二)内部出谋划策

诺贝尔经济学奖获得者赫伯特·亚历山大·西蒙(Herbert Alexander Simon)提出"管理就是决策"的观点,他认为,管理的重心在经营,经营的重心在决策。决策正确,企业的生产经营活动才能顺利发展;决策失误,企业的生产经营活动就会遇到挫折,甚至失败。公共关系部对内出谋划策的职能对于组织的经营管理十分重要。公共关系部通过对组织外部信息进行监测、收集和整理,为组织的经营发展提供决策依据,有时也会在呈递信息时直接附上公共关系部的相关建议,进而直接影响组织的决策。具体来说,公共关系部这方面的工作包括:分析各种决策的得失利弊;预测组织的政策和行为的预期后果;为协调组织与外部环境的关系制定可供选择的执行方案;在组织制定即将实行的决策时提供意见建议等。

詹姆斯·格鲁尼格曾说:"凡卓越的公共关系部,它必须在组织里发挥着战略管理的作用或具有这样的地位。"目前随着信息技术的发展,信息传递渠道的极大丰富,信息传递前所未有的频繁,组织及其内部人员的任何行为都有可能引发全社会热议,这些热议会极大影响组织后续的生存发展。公共关系部的日常工作也绝不仅仅限于过去简简单单地处理事务性公共关系,其越来越深入地参与到组织的各级经营管理决策之中。

【案例3-2】　　准确的市场调查助力老品牌百雀羚焕发新的生机[①]

2004年,市场表现不佳的国货老品牌百雀羚决定要做一个变革——品牌重塑。百雀羚内部首先在全国30多个城市展开了一次市场调研,结果显示:消费者信赖百雀羚的品质,但同时觉得它过时了。

针对这个市场调研结果,百雀羚首先更新了产品定位。新产品定位最终被表述为:为年轻女性做草本类的天然配方护肤品,产品功能专注于保湿。同时,针对过时了的市场认知,百雀羚聘请世界顶尖的设计公司制定产品包装,让产品的包装美观、高端、清丽脱俗。

2008年,百雀羚推出了全新的"草本护肤"系列产品,以"天然无刺激"为亮点,满足了消费者对安全的需求。这次升级之后,百雀羚的单品扩展到上百个,完成了经典、草本、水嫩三个系列的梯级设置。原有的老产品被定位为经典系列,外观、价格、品质等全都不变。草本系列产品的定价在18~80元,其中高端产品价位在200元左右。

这种价格梯度的设计,让低端产品的固有消费者不会因为有价格高的产品望而却步,会继续购买经典产品,但同时也会因为新产品的上市而产生好奇购买。新的消费群体在购买草本系列产品的同时也会尝试经典产品,毕竟价格便宜,于是高端和低端产品便能相互渗透,不会出现价格打架的情况。同时高价产品也为未来进军专柜留下了利润空间。

全新升级的百雀羚市场份额也从2010年0.2%上涨到了2015年的3.2%,仅次于玫琳凯、巴黎欧莱雅、玉兰油3个外资品牌,排在行业第四位,这个曾经在市场上濒临消失的国货老品牌重新焕发了生机。由此可见,公共关系部和市场部门针对组织、产品形象的准确调研,能够为企业的生存发展提供大力支持。

(三)对外形象宣传

自公共关系部诞生之日起,其最基本的功能就是维护组织与外界的良好关系,主动向外界传递组织信息。公共关系部通过对外宣传组织近期行动、优秀产品、经营理念、核心价值观、正面事迹等来让外界更好地了解组织本身,促进组织长期目标的达成和实现。此外,有时公共关系部在危机事件中的积极应对也能成为宣传组织的一种方式。2021年6月14日在欧洲杯国际足球比赛赛前新闻发布会上,葡萄牙球星克里斯蒂亚诺·罗纳尔多将自己面前的可口可乐移开,随后举起水瓶说:"要喝水,不要可口可乐"[②],由此引发了一场巨大的舆论风暴。可口可乐的市值当天从2420亿美元跌到了2380亿美元,损失达40亿美元。随后可口可乐公司回应称,"每个人都有权利选择自己喜欢的饮料"。可口可乐公司在回应中还强调,他们为球员提供多种饮品,除可口可乐与无糖可乐外,也有水。这波回应使得可口可乐公司在舆论场的形象从"不健康饮料"转变成"包容多元价值观""产品线多元",成功化解了突如其来的危机。

[①] 应琛:《百雀羚:老品牌的焕新记》,《人民周刊》2018年第14期,第2页。
[②] 吕克:《C罗"喝水",可口可乐一天损失40亿美元》,https://3w.huanqiu.com/a/de583b/43ZE70e1XLD? agt=29,2021年6月17日。

随着信息技术的发展,公共关系部对外宣传的途径由过去的发布广告、召开新闻发布会、发表新闻通稿、策划公关事件、编制各种宣传资料等扩展到了利用公司网站、网络社交平台、组织社交媒体账号持续对外宣传,微信、微博和抖音等的出现,使得越来越多的组织利用微信、微博、抖音等平台向公众传递组织信息。有时一些社交媒体热点信息也能促进品牌形象的传播,而且这种传播方式比通过媒体更为有效。

【案例3-3】　　　　　经营多年,美团外卖的"袋鼠耳朵"终成爆点①

以往,外卖骑手在大众心中总是一抹来去匆匆的身影,为解决配送最后一公里的问题,小哥们将"快"作为第一要义,与消费者的联系也仅在交付餐品的一两秒钟。2020年初,一张美团外卖小哥被麦当劳小哥捏耳朵的动图在微博出现,曝光量窜至千万,一举把美团捧上热搜榜。面对这双饱满Q弹的双耳,网友也集体发出了想捏、想揪、想薅的热烈呼声。此后,多地头戴袋鼠耳朵的美团外卖员在网络上爆火,一时间全国网友的关注聚焦到了外卖骑手身上,对于美团外卖"黄皮肤""袋鼠"的形象进一步加深。

袋鼠耳朵话题的火爆,对美团来说既是偶然,也是必然。2015年末,美团外卖宣布品牌升级,并将美团外卖的图标从"一碗饭"变成了一只袋鼠。为了拉近用户和骑手的距离,增强外卖平台的区分度和识别性,美团公关部开始着手研发"袋鼠耳朵"。从2016年开始,美团骑手们便陆续有机会获得袋鼠耳朵头盔。回头来看中国外卖市场目前的两位赢家——饿了么和美团,可以发现其组织形象的宣传都是深入人心的,饿了么是身穿蓝色衣服的蓝骑士,美团则是身穿黄色衣服的"袋鼠",这些都离不开各自公司公关部长期的活动策划和推广。

(四)对内教育、沟通引导

在互联网这个"人人都有麦克风"的时代,员工的日常言谈举止、文化素质、思想意识等对组织的形象都可能有着深刻的影响。公共关系部也肩负着对组织内部人员进行公共关系意识、公共关系目标、公共关系知识技能的普及教育职能。通过公共关系部的教育引导,组织内部员工可以自觉在日常工作生活中形成公关意识,无形中提高组织的知名度和美誉度,组织也能有效减少因员工原因产生的公关危机。除了对员工进行公共关系知识培训,大部分企业还会对员工进行组织文化的引导教育,这些引导教育不仅能够强化组织内部的认同感,还能促进员工自发对组织进行宣传,成为组织形象的对外传播者。

不同的组织由于其发展阶段、发展目标的不同,其公共关系部的教育引导侧重点也不同,但是其核心和出发点都是追求在公众心中塑造良好的组织形象,提升组织凝聚力,这也是公共关系部开展各种教育引导的根本出发点。

【案例3-4】　　　　　　《华为的100张面孔》系列纪录片

《华为的100张面孔》是2021年由日本导演竹内亮执导的纪录片,试图通过拍摄100位华为员工的方式,探寻最真实的华为。涉及的员工从基层员工到高层领导,不分岗位、不分部门。纪录片内容真实客观,拍摄内容十分广泛,向华为提出了公众的质疑和问题,并且从多个方面

---

① 《专访美团项目负责人:全网都想薅的袋鼠耳朵,为何又火出圈了?》,https://www.digitaling.com/articles/325373.html,2020年8月10日。

回应了公众的关切。

在华为遭受美国制裁的背景下,不仅仅是企业外部对华为是否能生存下来存疑,企业内部的许多员工或多或少也会受影响。华为的这一部纪录片既是面向外部的公关,也是面向内部的公关。纪录片不仅展示了华为能够存活下来的决心,还通过对华为员工的拍摄展示了华为内部的团结一致,以及员工对公司的信心和高度认可。同时对于华为公司环境、员工待遇的拍摄,也打破了社会舆论对于华为苛待员工的谣言。企业内部的标语、员工的思想觉悟等充分体现了华为的企业文化:狼性文化,创新文化,员工与企业密切联系,利益共存。

从《华为的100张面孔》系列纪录片播出的效果来看,其让公众更加了解华为,拉近了和公众的距离,消除了许多误解,也展示了企业的文化,凝聚了企业的人心,让企业员工更加了解自身所在的公司、部门。

二、公共关系部的设置形式

由于组织规模大小不同,其公共关系部的设置也有不同的模式。从公共关系部在组织中的地位和自身的结构看,可将公共关系部的设置模式按隶属关系和结构类型划分。

(一)按隶属关系划分

1. 直属型

在这种模式下,公共关系部直接接受组织最高层领导的直接管理并对最高决策层和管理层负责,如图3-1所示。这种类型的公关部有着较大的沟通权限,可以直接与最高层领导沟通,直接参与决策,能够全面地、有针对性地协调全组织的资源开展公共关系工作。这类模式多存在于快销品公司等公共关系在组织内部地位较高、对组织生存发展有巨大影响的组织中,当然一些职能部门分工细、层次多的大中型企业也会设立此类公共关系部。

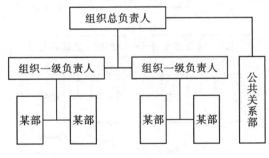

图3-1 直属型

2. 部门并列型

在这种模式下,公共关系部与组织内部其他二级职能部门平行,公共关系部负责人与其他职能部门负责人处于平等地位,如图3-2所示。此种类型的公共关系部在组织中的地位和权力不如直属型公共关系部,但是也能协调利用许多资源。这类模式多存在于中小型组织内部,由于其部门负责人一般是二级职能部门负责人,相对来说其权力也比较大,对组织的决策发展能够产生一定的影响。

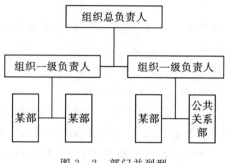

图 3-2　部门并列型

3. 部门隶属型

在这种模式下,公共关系部一般隶属于组织内某职能部门,比如隶属于宣传部、广告部、外事接待部、新闻部等,如图3-3所示。此类公共关系部较前两种类型的公共关系部级别更低,因为其受某一具体部门的直接管辖,所以日常职能常要为所在职能部门服务,影响其对组织整体决策建议和整体公关资源协调能力的发挥。例如,若某组织内公共关系部隶属于新闻部,那很有可能该公共关系部日常工作就偏向于媒体事务维护,而对员工公关培训、企业形象宣传等方面的工作可能就很少。这类模式多存在于互联网公司等部门分工较细的组织。常见的部门隶属有以下类型。①隶属于经营部门,强调公共关系在整个经营活动中的特定管理的功能。②隶属于销售部门,偏重公共关系的促销功能。③隶属于外事接待部门,强调公共关系的社会交往功能。④隶属于办公室,以便于对公共关系的灵活掌握和管理。⑤隶属于广告宣传部门,强调公共关系的传播功能①。

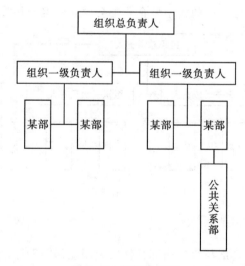

图 3-3　部门隶属型

---

①　陈先红:《公共关系学原理》,武汉大学出版社2007年版,第123页。

(二)按结构类型划分

1.对象型

如图3-4所示,这种类型的公共关系部是按公共关系工作中不同关系种类而设置内部组织结构的。这种类型的优点是各职能科室专业化分工,对公关对象进行细分有助于根据公关对象特质开展针对性活动。

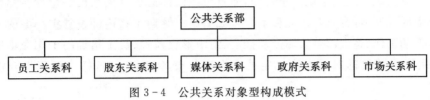

图3-4 公共关系对象型构成模式

2.职能型

如图3-5所示,这种类型的公共关系部是按公共关系职能分类而设置内部组织结构的。这种类型的优点是按照专项业务划分部门工作,可以将各类公共关系活动整合起来集中研究,为组织长期发展决策提供整体的信息支持,从而适应复杂的环境和满足大型组织管理的需要。

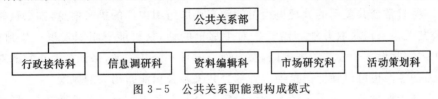

图3-5 公共关系职能型构成模式

3.过程型

如图3-6所示,这种类型的公共关系部是按公共关系工作过程来设置内部组织结构的。这种类型的优点是各职能科室在公共关系活动中分工明确,工作范围集中,有利于优化组织公共关系活动的效率和各个过程的专业性,提高单次公共关系活动的效果。

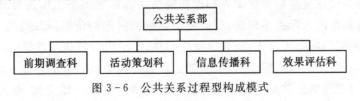

图3-6 公共关系过程型构成模式

4.综合型

如图3-7所示,这种类型是根据实际工作需要将前面提到的几种类型整合在一起,组成综合型的结构,但是这种综合型的结构容易出现下属科室之间工作重合的问题。

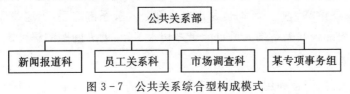

图3-7 公共关系综合型构成模式

公共关系部自身结构设置没有固定的模式,同一个组织在不同发展阶段,其公共关系部也处于动态调整的过程中。各种类型的公共关系部都有自己的优缺点,无论组织内部如何设置公共关系部,都应以实现当前阶段公共关系目标为主,根据自身实际工作需要选择合适的设置类型。

随着时代的发展和营销传播行业的变革,公共关系相关知识更新换代加速,长期维持一定规模的公共关系团队会耗费组织大量资源,而且组织内部的公共关系员工也存在知识技能更新换代跟不上时代发展的问题,因此目前一些大型组织倾向于在内部设置中小型的公共关系部以维护日常的工作,将大部分实际产品推广、组织形象建设、员工培训的工作交给专业公关公司来做,组织在需要的时候投入一定的资金进行市场化购买,这样有利于提升资金利用效率。

三、设置公共关系部的优劣势和原则

(一)设置公共关系部的优劣势

1. 公共关系部的优势

第一,安全性高。任何一家组织的发展壮大都会产生许多事关组织后续生存发展的机密信息,而对一些日常公共关系的处理也很可能频繁调取组织内部的机密信息,如果这些信息不慎被外部公共关系公司获取并泄露给竞争对手那里的话,很可能对组织发展产生致命打击。因此在组织内部常设一个公共关系部门,一方面应付日常公共关系,保证企业正常的对外公共关系处理,另一方面也可以降低信息经由外部公共关系公司泄露出去的风险。

第二,有利于保障公共关系工作的持续稳定。公共关系工作是一个长期持续进行的工作,也是一个受公共关系人员个人性格特质影响的工作,无论是外聘公关人员,还是购买外部公共关系公司的服务,都可能由于费用和聘期,还有对方公司人员流动等问题使得组织公共关系工作缺乏人员稳定性和工作连续性。所以组织内部设置公共关系部有利于公共关系工作持续稳定开展,也可以将公共关系人员的流动尽可能掌握在自己手中,避免公共关系工作缺乏连续性。

第三,内部协调关系更流畅。组织内部设置的公共关系部由于工作人员属于企业内部人员,在组织内部有熟悉的人际关系网络,他们更了解组织内部的价值观和行为方式,更熟悉组织关系网络和职能部门的分工协作,而且更重要的是,组织内部公共关系部的部门领导很可能是管理层的一员,在组织内部有影响力,这些都是外部公共关系公司无法做到的。这就使得组织内部公共关系部在应对公共关系工作时能更顺畅地协调组织内部资源、平衡组织内部利益关系,推动公共关系活动顺利进行。

第四,熟悉内部情况,能够及早发现问题。组织内部的公共关系部成员由于长期在组织工作和是内部员工的原因,能够接触到更多本组织的信息,对本组织的历史、现状和面临的问题比较了解,他们感知到问题时更容易发现存在问题的环节、部门,帮助组织快速作出决策,同时由于很多组织的发展策略和业务咨询也是出自内部公共关系部之手,当这些环节运行、新政策实施出现问题时,内部公共关系部人员也能更好切入工作,助力问题的解决。

2. 公共关系部的劣势

第一,费用投入高,资金利用率低。由于组织内部的公共关系部是一个常设部门,需要占用一定的编制,还需购置大量用于公共关系工作的专业设备,这都是一笔不小的投入。当面临

复杂的公共关系工作时,组织内部公共关系部由于人员能力不足、社会资源不够丰富等原因往往仍需要借助外部专业公司或者专家顾问的力量来解决问题。

第二,容易受到利益制约。组织内设的公共关系部由于员工本身还是属于组织内部的原因,导致开展工作难免会受到组织内部力量的制约,甚至可能会牵扯组织内部的利益斗争,特别是当需要权衡组织利益与公共利益、领导利益与员工利益、自身利益与其他部门利益、经济利益与社会利益时,组织内部公共关系部很可能受多种因素制约和利益诱惑,做出并非是最佳解决方案的选择或意见建议。

第三,公共关系专业知识和能力容易落伍。组织对外的公共关系处理除了需要协调组织内部资源外,更重要的是需要外界的政府、媒体、专家关系资源,这一点在组织遇到重大公共关系事件时尤为重要。而相比于专业公共关系公司来说,组织内部的公共关系部显然不足。此外,由于外部公共关系公司的员工经常处理社会不同行业的公共关系,其人员的公关调研、策划、活动执行、效果监测等基础公共关系能力很可能比组织内部公共关系人员更强,同时其接受新事物、新技术的机会更多,因此公共关系知识也比组织内部公共关系人员更新换代速度快。

第四,职责不清,容易忽视本职工作。组织管理者本身也清楚面临复杂的、大型的公共关系事件时,内部的公共关系部应对能力可能不足,到头来还是得寻求外部协助,花费巨额公关费用。所以很多组织为了提高资源利用效率,往往给公共关系部的定位是处理日常公共关系,并为其安排了许多可能本属于其他部门的工作,例如不属于公共关系范畴的沟通协调或者一些临时性的突发任务等工作,这就导致许多公共关系部员工忙于应付日常事务性工作,而忽视了本身的公共关系工作,进而导致其公共关系属性持续下降,长此以往产生恶性循环,公共关系部逐渐沦为普通行政部门。

(二)设置公共关系部的原则

根据组织的规模和发展阶段,公共关系部的设置侧重会有所不同,但任何一个组织设置公共关系部时,基本都需遵循以下四个原则以保证公共关系部的正常运行。

1. 专业权威原则

公共关系部最基本的工作是开展公共关系,它的本职工作还是以处理公共关系为基础,因此无论是其部门设置,还是人员招聘,都应该突出正规性和专业性。公共关系部的专业权威主要体现在两个方面:首先是公共关系工作专业化,公共关系部需牢记集中力量实现公共关系目标是自己的本职工作,不能因其他与公共关系事务无关的工作耽误公共关系工作;其次是公共关系人员的专业化,公共关系人员必须有相关专业能力和水准,同时还应定期接受培训以跟上外部环境的变化。

2. 整体协调原则

公共关系部开展工作时不仅需要本部门成员的积极努力,也需要组织内部所有人员的配合,所以设置公共关系部时,应该从保证与其他部门的方便合作出发,注意协调多方面的关系,安排合适的负责人,以保证在处理公共关系时,公共关系部能最大限度地发挥组织、沟通、协调功能来实现公共关系目标。

3. 精简高效原则

效率是衡量一个组织管理水平的重要标准,一个组织效率越高,说明组织机构越合理,越完善。公共关系部作为组织内部的机构,设立时需配备精干成员,设置高效的工作程序和组织机构。考虑到大型公共关系事件可能仍需借助外部力量,设置组织内部的公共关系部时应控制好人员规模并设置与之匹配的任务量,且明确内部分工,提升工作效率。

4. 权责对等原则

权力和责任是对立统一的,权力是责任的保障,责任是权力的基础。组织的公共关系对组织长远发展有着深远影响,甚至在某些行业里组织公共关系的好坏直接事关组织的生死存亡,而公共关系部又是组织内部负责处理公共关系这一重要关系的具体部门,可谓责任重大。既然责任重大,那么也需被赋予对等的权力,使其具有相当的权威性,比如将公共关系部设在组织内较高的层次,允许公共关系部领导参与最高决策,在关键时刻赋予公共关系部充分的权力以助其协调组织内部资源处理公共关系等,这样才能更好地发挥公共关系部的作用,取得最佳效果。

第二节 公共关系公司:专业公共关系机构

一、公共关系公司的概念和基本类型

(一)公共关系公司的概念

自 1903 年艾维·李与乔治·帕克合作创办"宣传顾问事务所"这一现代公共关系公司的雏形以来,全球各地的公共关系公司伴随着市场经济在全球范围内的普及而快速发展,公共关系公司对世界的发展影响重大。在我国,随着改革开放和社会主义市场经济的确立,公共关系公司也得到迅猛发展。截至 2021 年,我国注册资本在 1000 万元以上的从事公共关系业务的企业数量超过 3.9 万家[①]。公共关系行业竞争激烈,各行各业的发展也离不开公共关系公司的服务与助推。

公共关系公司是由职业公共关系专家和各类公共关系专业人员组成,是专门为社会组织提供公共关系咨询或受理委托为客户开展公共关系活动的信息型、智力型、传播型、组织型的服务性机构。它涉及人际关系、公共传播、传播管理、组织行为、市场营销等诸多领域,并拥有自己独特的知识体系,因此,公关顾问需要掌握大量的知识,包括政治学、社会学、传播学、心理学、管理学、市场营销学等理论原理,还需掌握 RACE 工作法、项目管理、流程管理、企业媒体声望指数(MI)评估方法等技术方法,以及媒介关系、公关调查等专业技能。一个成功的公共关系人员必须具备良好的耐性和警觉性,表述能力要强并善于写作。

(二)公共关系公司的基本类型

对公共关系公司类型的划分有许多种不同方式。例如:按经营方式可划分为中外合资公共关系公司、中外合作公共关系公司、民办和私营公共关系公司等;按规模可划分为单一型公共关系公司和集团型公共关系公司;按服务范围可划分为区域性公共关系公司、全国性公共关系公司和国际性公共关系公司等。本书从工作性质角度将公共关系公司分为以下类型。

1. 顾问型公共关系公司

顾问型公共关系公司是专门为客户提供咨询业务的顾问型公司,它所开展的服务一般仅

---

① 《2022 年中国公共关系服务市场竞争格局分析 国内本土企业竞争力仍然弱于外企》,https://baijiahao.baidu.com/s?id=1715303868870344997&wfr=spider&for=pc,2021 年 11 月 2 日。

限于对客户的公共关系战略、危机管理及其他公共关系事务提出意见或建议,这些意见或建议很多时候能够帮助客户成功实现公共关系目标。但是,顾问型公共关系公司一般不会直接执行某些具体的公共关系项目和活动。

【案例 3-5】　　　　　　　北京奥运中的公共关系公司力量

2001年,北京申请奥运会举办资格时,聘请国际知名公关公司万博宣伟作为公关战略顾问,万博宣伟为北京奥申委制订了四大公关策略。

第一步,将国际间对中国的政治争议及北京申奥分隔开来;

第二步,重点强调北京胜利申办后社会的正面改变;

第三步,转移中国及世界人民注意的集中点;

第四步,通过影响第三方人士及国际力量树立北京的国际名誉。

围绕这些策略,北京申奥委员会执行了一系列公关项目,包含组织外国媒体采访中国,邀请知名运动员作为北京申奥的海外舆论代表,举行"世界三大男高音紫禁城广场音乐会",采取发送多媒体电子邮件的方式向舆论领袖、媒体和有影响的体育界人士通报最新情形等,最终北京成功如愿拿到2008年举办夏季奥运会的资格。2008年中国成功举办夏季奥运会也极大提升了中国的国家形象,达到了让世界更加了解中国、了解中华文化的公共关系目标。这些目标的实现除了有北京奥组委背后的专业团队的努力之外,也与万博宣伟公共关系公司、伟达公共关系顾问公司(2008年北京奥运会公共关系签约合作伙伴)提供的正确公关战略密不可分。

2.专业型公共关系公司

专业型公共关系公司,可以分为为客户提供某个方面服务的专项服务型公司和为特定行业提供服务的专门业务服务型公司。

专项服务型公司是专门为客户提供特定项目服务的公共关系公司,其服务项目一般仅限于一种,如专为客户进行市场调查,或专为客户策划,或实施某项大型专题活动,或专为客户达成某一短期公共关系目标等。这类公司的人员一般都是某一领域的专家,在该工作领域有着广泛的信息资源和丰富的经验。例如,AC尼尔森(AC Nielsen)就是全球著名的市场调研公司,专注于市场调研,根据客户的具体需求来定制调查方案。

专门业务服务型公司是为特定行业提供公共关系服务的公司,比如为客户专门单独提供形象调查服务、专业维护客户关系、专门提供客户体验管理(CEM)技术支持等。这类公司一般规模较小,以初创公司为主,许多近年来刚成立的智能营销传播公司就属于这一类型。卓思天成就是一家专注于CEM市场的公司。2019年,卓思天成为拜耳旗下首个To C品牌"虫虫拜拜"重新划分产品类别及服务模式,优化营销投放策略,帮助"虫虫拜拜"提升了600%的营销投放ROI,平均客单价提高2倍,线下服务团队的工程师每天的服务客户量提升近2倍,实现了体验管理和企业经营的双效提升[①]。

---

① 晓曦:《千亿CEM市场,谁将成为第一家跑出的独角兽?》,http://36kr.com/p/dp1579404466375433,2022年1月21日。

【案例3-6】　　　　　　　BBDO广告公司与百事可乐的合作[①]

由于第二次世界大战的影响,可口可乐在全球范围内成为了可乐的代名词,百事可乐等公司生产的可乐销量惨淡,百事可乐公司还因为业绩不佳经历了破产、被收购。1960年,百事开始与BBDO广告公司合作,此后BBDO广告公司与百事领导层合力将百事最终打造成为能和可口可乐公司相提并论的"世界饮料帝国"。

BBDO广告公司于1962年协助百事推出"来吧,你就属于百事一代"(Come alive, you are in the Pepsi generation)系列广告。同时,百事公司将新设计的锯齿状圆形瓶盖图形商标标识推向市场,"Pepsi-Cola"改为"PEPSI",显得更加简洁、富有朝气。

1963年,唐纳德·肯德尔担任百事公司总裁一职,由于他本人忙于重大事务,BBDO享有了早期广告代理所没有的对广告内容及风格的决策权,百事进入了黄金时代。经过严格市场调查之后提出的"百事一代"广告主题不但切中当时美国社会的要害,而且创立了一种生活方式广告的风格——抬高顾客的地位,着力于终端消费者,而不是吹捧产品的好处。"对二氧化碳、水、糖以及柠檬酸的解释毕竟有限。过去可口可乐曾尝试将自己的产品同国家、国旗和阳光联系起来——'可口可乐给你一个真实世界'。百事可乐公司则瞄准年轻一代,标榜自己为'百事一代',以此迎合60和70年代名噪一时的自由思想和新生活概念。"此后数年,百事一直以"百事一代"作为广告主题,凭借出色的广告战略,百事成功地在公众心目中树立起勇于进取、敢于冒险、充满乐观主义的公司形象,1969年底,百事与可口可乐在美国的市场份额之比由1959年的1∶3变为2∶3。

此后BBDO还策划拉开了"百事挑战"盲眼品尝测试广告战,签约摇滚巨星迈克尔·杰克逊,推出"百事,新一代的选择"等新广告语,持续与百事公司合作。

3.综合型公共关系公司

综合型公共关系公司往往拥有多领域公共关系专家和公共关系技术专家,经济实力较为雄厚,业务范围广泛,拥有先进的信息收集系统和信息储存与分析系统。在互联网时代,它们还拥有强大的信息技术力量。这些公司能在短时间内收集各国的政治、经济、法律、社会、政策、风俗习惯及市场动态等多方面信息,为客户提供全方位、多方面的服务。这类公司一般具有一定规模,实力雄厚,可为不同类型的客户提供多种形式的服务。

【案例3-7】　　　　　　　　　海澜之家品牌升级行动

2016年琥珀传播将多年来服务国际品牌的经验,运用于帮助海澜之家进行品牌升级,协助海澜之家开启布局一二线,乃至国际市场的品牌战略规划。此前,海澜之家一直深耕于三四线市场,品牌定位与品牌形象与一二线城市市场格格不入。琥珀传播帮助海澜之家开启"XANDER ZHOU+HLA限量合作系列"营销战役,邀请中国知名男装设计师,第一位登上伦敦时装周官方日程表的华人设计师Xander Zhou与海澜之家联名推出设计师合作系列,以此提升品牌形象。为配合这一营销活动,琥珀传播在合作限量款开售前制作时尚概

---

① 朱庆华:《青年亚文化与百事品牌传播研究》,硕士学位论文,苏州大学,2012年,第19—20页。

念广告《"XANDER ZHOU＋HLA 限量合作系列"新品发布》，打破固有品牌形象。该片一经上线就打破潮流达人对海澜之家的固有印象并取得破百万的播放量，琥珀传播后续还利用自己的媒体资源使得该广告被媒体大量转发，成功使广告片破圈。随后正式产品上线之时也被抢购一空，最终海澜之家在许多年轻消费者眼里的形象成功获得了提升。

二、公共关系公司的机构设置和工作原则

（一）机构设置

公共关系公司的内部机构设置，一般是根据公司规模和性质决定的，一般小型公共关系公司机构设置相对简单，大中型公共关系公司机构设置相对复杂。主要来讲，公共关系公司主要有以下部门。

(1) 行政部门。主要负责行政事务，如制定和实施为客户服务的公共关系项目，负责市场合作洽谈等，一般由总经理或副总经理直接负责。

(2) 审计部门。主要是对公司财务进行管理和规划，审查各项目内部的财务风险并及时提供意见建议，保证项目如期按质量完成。

(3) 业务部门。这是公共关系公司的核心部门，通常汇聚了公司的业务精英，这些精英会根据专长被分在不同的下属部门或小组，如媒体关系部、形象服务部、产品宣传部、政府关系部等。

（二）工作原则

一般来讲，公共关系公司的工作原则主要有：遵守所在地法律法规，遵守职业道德和社会公德；保护委托客户组织和个人的利益及秘密；专业独立地为客户提供服务；站在客户立场上考虑问题，尽量精简项目经费，减少资金浪费。

三、公共关系公司的业务程序和业务范围

（一）业务程序

一般来说，公共关系公司的业务程序为以下六个步骤。

(1) 与客户签订协议书。协议书的签订表明合作关系正式开始，双方的目标以及权责在此刻正式确定。

(2) 调查研究与分析。针对客户的公共关系目标，对公共关系现状和影响公共关系目标实现的因素（比如当地文化、政策法律法规、行业背景等）进行调查分析。

(3) 撰写项目方案。根据调查研究的结果，向客户提交开展公共关系的详细方案计划。

(4) 进行可行性论证。主要是和客户方一起对方案是否能达到预期目标以及是否具备实施的条件进行论证。可行性论证若未通过则需返回到第二步，重新从调查研究开始，并重新撰写项目方案。

(5) 实施工作计划。在这个过程中，公共关系公司一方面要确保方案的严格执行，另一方面要及时监测方案运行情况，针对新出现的问题或新环境变化及时作出修正方案并与客户一起讨论修正方案是否可行、何时执行等。

(6) 效果评估复盘。针对项目进行复盘分析，包括预期指标是否达成等，很多时候效果评估的结果会直接影响到公共关系公司最终获得的酬劳数额。

(二)业务范围

公共关系公司的日常业务主要是帮助客户全面规划、实施公共关系工作,包括为客户提供全方位或单项服务,对客户的公共关系工作进行指导、监督,帮助客户进行公共关系策划和活动执行等。其业务可以分为具体业务和专项业务两类。

1. 具体业务

公共关系公司的具体业务主要是指针对公共关系具体环节的业务,主要包括:确立公共关系目标;帮助客户制订公共关系计划并实施效果评估;组织公共关系人员培训;协助客户开展内部公共关系工作;协助客户处理突发事件。

2. 专项业务

公共关系公司的专项业务是具体业务的打包集合,针对公共关系活动的某些具体板块进行的服务主要包括:提供咨询诊断,包括从市场调查研究到为客户进行公共关系问题分析等一整套服务;提供技术支持,包括为客户提供公共关系传播产品的设计制作技术、客户信息管理技术、发布会直播技术等服务;培训服务,不同于具体服务里谈到的对客户的公共关系部员工进行培训,公共关系公司还可以对客户的员工整体普及公共关系知识,提升客户公司员工整体的公共关系素养。

四、公共关系公司的收费方式和优劣势分析

(一)收费方式

公共关系公司的收费方式主要是以下四种。

1. 项目收费

很多时候公共关系公司对客户收费时会将项目工作过程进行分解,分成各个方面内容,其开支情况单独计费,最后再进行汇总。这些费用包括:项目劳务费,即项目工作人员的工资以及专家咨询费;行政管理费,包括项目执行期间的行政管理和办公经费,即交通差旅费、通信费等;活动执行经费,即执行公共关系活动所需的经费,一般是专款专用。

2. 计时收费

计时收费是指按照参与此项目工作人员的水平、服务项目难易度等,确定单位时间的开支标准,以完成项目所需时间计费。

3. 综合收费

综合收费是指业务双方先协商一个总金额,一次性付费,将整个项目全权交给公共关系公司处理、执行。

4. 分成收费

分成收费是指公共关系公司与客户共同承担风险、共享收益的模式,当项目取得最终利益时,双方按比例分成,这种模式一般在快消领域比较常见。

(二)优劣势分析

与公共关系部比较,公共关系公司胜在其专业性、独立性和资金利用的高效性,而缺点则是连续性、适应性、协调性不足。详细的公共关系部与公共关系公司的优劣势分析见第三章第

一节。正因为组织内部设置公共关系部和外部购买公共关系公司的服务各有利弊,所以基本上现在的大中型企业处理公共关系时会结合两种方式的特点,扬长避短,趋利避害,日常设置一个符合自身发展需要的公共关系部门,而遇到突发性公共关系事件或企业转型升级的重大时刻则购买公共关系公司的服务,最大限度地发挥两者的长处。

第三节 公共关系人员:公共关系活动的具体执行者

一、公共关系人员的概念与分类

在欧美国家,对公共关系人员的称呼有 PR practitioner(公共关系从业人员)、PR man(公关人员)、PR officer(公关官员),指的是以从事公共关系理论研究、教学活动和实践工作为职业的人员。中国国内学者习惯把这些人员统称为公共关系工作者。按照日常的工作性质、范围、职能的不同,这些公共关系人员可大致分为以下类型。

(一)专家型人员

专家型人员包括公共关系顾问与公共关系学者。专家型人员以其专业的理论知识和丰富的经验成为公共关系领域的专家,为公共关系公司、企业客户提供优质的公共关系服务。一般这类人员的能力强、水平高,能够在关键时刻力挽狂澜,但相应的服务费用也比较高。

(二)领导型人员

这类人员一般是指在公共关系组织或者相关组织中担任职务的领导者,是组织的核心和大脑,他们主要的职责是带领公共关系组织或者相关组织稳步向前发展,维护组织正常运行。

(三)技术型人员

这类人员一般是公共关系计划与目标的具体执行者,他们以各自的专业技术专长进入公共关系领域。一般来说,他们的工作水平是公共关系组织服务质量的直接体现。

(四)事务型人员

这类人员是指在公共关系组织中专门负责行政事务的人员,如日常办公人员、部门秘书等。他们的主要工作是对内协调组织内部各部门或小组,保证公共关系组织的正常运营,对外沟通接待组织外部的客户、领导、合作伙伴等。事务型人员是公共关系组织内部的"枢纽"。

二、公共关系人员的基本素养

由于公共关系活动的复杂性、广泛性、创造性和灵活性,需要公共关系人员具有良好的素养。作为公共关系活动的具体执行者,公共关系人员素养的好坏与能力的高低直接影响公共关系活动的效果。公共关系人员需要具备良好的道德修养和专业的知识素养。

(一)道德修养

公共关系人员往往代表组织处理协调与外部的关系,很多时候其一言一行都代表着组织形象,这就要求公共关系人员具备良好的道德品质,既包括实事求是、客观公正、平等待人的职业道德修养,也包括克己奉公、不以权谋私等个人品德素养。根据劳动和社会保障部(现人力资源和社会保障部)2000年颁布的《公关员国家职业标准》,我国公共关系人员基本的职业准则为：①奉公守法，遵守公德；②敬业爱岗，忠于职责；③坚持原则，处事公正；④求真务实，高效勤奋；⑤顾全大局，严守机密；⑥维护信誉，诚实有信；⑦服务公众，贡献社会；⑧精研业务，锐意创新。

（二）知识素养

公共关系人员要熟练掌握公共关系专业的基础理论知识和实践方法，其专业性是自身在行业的立足之本。公共关系人员除了需掌握公共关系知识、大政方针政策知识、市场专业知识、广告知识等公共关系专业的基础理论知识外，还需根据行业变化和服务客户需要，掌握其他领域的相关知识，如行为学类、心理学类、社会学类、某具体行业的知识等。公共关系人员既要精通本专业知识，也要涉猎广泛、多才多艺，这样服务不同客户、面对不同的突发性公共关系问题时才能得心应手。

三、公共关系人员的基本能力

公共关系工作是一种复杂的综合型工作，公共关系组织要以整个社会作为自己的活动舞台，需要和各种各样的公共关系对象打交道，组织内的公共关系人员没有良好的个人能力是无法胜任公共关系工作的，因此公共关系人员需具备以下基本能力。

（一）信息处理能力

公共关系工作的重要内容之一就是协助组织监测内外部环境，环境的变动往往能够通过一些细小的信息传递出来。公共关系人员要做的就是利用各种工具及时准确地采集组织内外部信息并及时发现变动，帮助组织管理者更好地了解组织内外部信息，并针对变动提供有效的意见和建议。

（二）组织协调能力

组织协调能力是公共关系人员从事公共关系活动的重要保证。完整的公共关系活动很多时候需要多方配合，这都需要公共关系人员在活动开始前制订周密的计划并进行充足的准备，在活动运行过程中协调内外部资源保证活动顺利进行，在活动结束后利用各种渠道将活动宣传到公众那里。所以只有具备良好的组织协调能力，才能做好公共关系工作，完成既定公共关系目标。

（三）宣传表达能力

具体来说，公共关系人员需要能说会写。组织内部的信息如何有效传递到外部？组织外部环境变动如何被组织内部人员准确理解？这些都需要公共关系人员利用自己的宣传表达能力来做好工作。公共关系人员的宣传表达能力主要包括口头表达、书面写作、常用媒介工具使用方面的能力。

（四）社会交往能力

组织内部的沟通协调和对外交往，以及人与人的交流沟通是公共关系活动的基本场景和单位，公共关系人员的很多活动是以代表组织"形象大使"的角色进行的，一个缺乏社会交往能力的人往往会让他人对自己以及自己代表的组织产生距离感，从而让他人很难相信自己和自己代表的组织。所以公共关系人员必须具备较强的社交能力，要善于建立亲密的人际关系，懂得各种社交礼节，善于适时主动推销自己以及自己的组织，这样才能为组织做好公共关系工作打下基础。

(五)临场应变能力

公共关系的处理过程往往伴随着复杂的环境变动,有些变化是提前能够预知的,而更多时候一些变化是出人意料的,这时如果不及时采取相应的措施,组织的形象可能会受损,严重时甚至可能会威胁组织的生存发展。这就要求当遇到各种突发情况时,公共关系人员需要有比其他人更强的应变能力,遇事不慌,从容镇定,处理果断。此外,公共关系人员在解决问题时,也要善于用自然、轻松、幽默的方式解除尴尬,缓解气氛,有时候这种方式往往能收获良好的效果。

(六)创新能力

公共关系工作是一项极富挑战性和创造性的工作,公共关系人员很多时候面临的问题是从未遇见的新问题。无论是处理突发事件,还是策划主动性的公共关系活动,目的都是改变现有公共关系,塑造新的公共关系,这都没有现成的固定模式可以搬来套用,需要公共关系人员发挥自身创造性,用创新的以及超越平常模式的方式来解决问题,打破常规,敢为人先,这样才能收获意想不到的效果。

公共关系是一门专业化程度较高的职业,公共关系人员除了需要掌握上述信息处理能力、组织协调能力、宣传表达能力、社会交往能力、临场应变能力、创新能力这些基本能力之外,还需要持续深挖其中的一项或多项能力。在实际的公共关系操作过程中,随着组织规模的不断扩大,公共关系工作环节也在不断被细分拆解,单个的公共关系人员不一定会参与到整个公共关系活动的每一个环节中去,这时,在基本能力合格的前提下,拥有一两方面的专长能力会让公共关系人员在行业中拥有较强的竞争力。

第四节 公共关系协会:公共关系行业发展促进者

一、公共关系协会的起源与发展

协会是指由个人、单个组织为达到某种目标,通过签署协议,自愿组成的团体或组织。与其他行业一样,公共关系行业也成立了许多行业团体或组织。公共关系协会诞生于第二次世界大战之后的美国。战后的美国经济进入了快速恢复和繁荣发展阶段,经济的快速发展又推动着公共关系行业的快速发展,美国全国性的公共关系行业协会由此成立。1947年,美国公共关系理事会和全国公共关系理事会合并,成立了美国公共关系协会(Public Relations Society of America,PRSA)[①],此后各国公共关系协会也纷纷成立。

1955年5月1日,国际公共关系协会(International Public Relations Association,IPRA)在伦敦成立,全球性的公共关系协会由此诞生。国际公共关系协会的宗旨是为从事公共关系事务的工作者提供交流观点和经验的渠道,提高公共关系人员的素质,在各国尤其在国际性的地区培训具有国际水平的公共关系人才,并通过在本职业内部普及公共关系知识和解释公共关系目标与方法来提高公共关系的价值和影响力,出版有关刊物,传播公共关系信息,推动公共关系事务在全世界的发展。该协会会员1000多人,来自60多个国家(地区),经费主要来自

---

① 美国公共关系协会(PRSA),https://www.prsa.org/about/75th-anniversary,2022年3月30日。

会员交的会费,组织机构有理事会、董事会、常务委员会,出版物有《国际公共关系协会评论》(季刊)、《会议纪事》等。

中国公共关系协会(China Public Relations Association,CPRA)成立于1987年,是由公共关系领域相关的企事业单位、社会团体及个人自愿参加、组成,是我国最早成立的全国性公共关系行业社会团体,是经民政部核准登记,具有社会团体法人资格的非营利性社会组织。业务主管单位是中共中央宣传部(国务院新闻办公室)①。

除了国际性、全国性的公共关系行业协会之外,还有许多区域性、学术性、专一行业类的公共关系协会,这些协会规模不一,影响力水平也不同,但都在汇集公共关系行业力量,推动公共关系行业的发展。

二、公共关系协会的主要特点

公共关系协会作为由会员自发成立的、会员制的组织,主要有以下五个方面的特点。

(一)成员来源广泛

公共关系行业协会的组建以公共关系行业为基础,不受部门、地区和组织性质等因素的限制,也不受所有制的限制。一般公共关系协会的成员会遍及行业,既包括行业代表性的公共关系公司、媒体和高校等组织,也包括企业、相关政府部门的个人。这些成员虽与公共关系行业相关,但由于从事不同职业、来自不同区域等原因,彼此之间可能存在很大差异。

(二)组织结构松散

公共关系协会是由会员按照一定章程自发组织起来的组织,结构上具有明显的松散性,而且组织内部之间也没有隶属关系。公共关系协会的许多成员之间在业务上也存在相互竞争的关系,成员与协会之间、成员与成员之间的连接关系较为脆弱。而且由于协会的性质原因,对于成员也没有强制性的约束力,因此从整体上讲,公共关系协会的组织结构是一种比较松散的状态。

(三)管理手段民主

公共关系协会不属于政府机构,也不是一个强有力的组织机构,不具备行政管理的权限。这就导致公共关系协会日常的管理决策多是通过民主协商、沟通协商做出的,目的也是为推动整个公共关系行业的整体发展。它们的规定多是以倡议的方式提出,并不具备强制干预能力。

(四)服务行业为主

服务是公共关系协会的宗旨之一,各协会诞生的愿景都是促进整个行业的健康发展。公共关系协会的一切活动都是为实现行业发展的目标服务的,这些服务既包括对协会内部提供行业发展的信息咨询服务,也包括为外界公众展示公共关系行业发展,增进社会对本行业了解,从而更好地为行业争取社会利益的服务。

---

① 中国公共关系协会(CPRA),http://www.cpra.org.cn/2020-08/04/content_41244686.html,2022年3月30日。

（五）非营利性组织

公共关系协会本身不是经济实体，不以营利为目的。它们自成立之初起的使命就是推动整个行业健康发展，为本行业的共同利益服务。协会为行业服务的同时，获得成员及行业对其存在的认同，从而获得社会捐赠和成员会费缴纳收入。协会的这些捐赠收入和会费收入一般只用于维持本组织日常运转。除了为行业发展提供服务以外，许多知名的公共关系协会还会开展公益行动，利用自身专业的知识和经费来帮助贫困落后地区发展，帮助不同区域之间的人们打破文化隔阂。例如，1993年《奥斯陆协议》签订后，双方民众一直对这份试图促成以色列与巴勒斯坦解放组织之间和平的协议持怀疑态度。甚至在协议签署后两年，拉宾遭以色列极端分子刺杀，其后巴勒斯坦极端势力亦连续发动针对以色列的袭击事件，街头冲突逐渐演变成双方武装对抗，《奥斯陆协议》的执行遭无限期搁置。此时，需要以色列和巴勒斯坦媒体的宣传报道来帮助双方人民了解这份协议的真实目的。在1998年7月，在国际公共关系协会（IPRA）的助力下，大约100名以色列和巴勒斯坦记者聚集一堂，开展友好对话，用自己的力量推动该地区早日实现和平。

三、公共关系协会的主要职能

如前文所说，公共关系协会本身不是经济实体，不以营利为目的。它们自成立之初起的使命就是推动整个行业健康发展，为本行业的共同利益服务。其主要职能也是围绕推动行业发展的目标进行的，具体来讲，主要有以下基本职能。

（一）促进成员互相交流、协调与合作

公共关系协会成立前的雏形就是各地区自发成立的行业交流团体，为成员之间的交流协作提供平台是公共关系协会的基本功能之一。协会通过组织召开各种专业会议，邀请成员参加研讨活动，分享公共关系事务经验，促进成员学习成长。公共关系协会还会通过建立和发展本行业国内外同行之间的联系与合作，促进成员开拓视野，学习优秀公共关系经验。此外，公共关系协会还会利用自身多方面的社会资源优势，在企业之间、行业之间牵线搭桥，沟通联系，甚至为企业之间互通信息情报，发展横向优势，促进专业化协作分工，共同壮大本协会内部的成员力量。

（二）维护行业从业者的基本权利和利益

公共关系协会不仅仅是本组织成员的代表，对于大型公共关系协会来说，其更是整个行业的代表，因此，维护本行业的愿望和要求也是公共关系协会的基本职能之一。各协会可以通过信息网络、社会调查、专题会议、代表大会等，了解本行业发展现状、成员困难和要求，进行充分协商和研讨后，就业界所反映的问题向政府建言献策，使政府在制定政策时充分考虑业界实际情况和意愿，或者根据行业发展面临的问题及时调整政策。例如，在1998年之前，由于公共关系行业对于我国来说还是一种新事物，所以"公关员"一直不是国家承认的正式职业，行业内希望将"公关员"定位为国家规定职业的呼声巨大。针对这种情况，国家设立全国公共关系职业审定委员会，由时任中国国际公共关系协会（CIPRA）会长的柴泽民任主任委员，协调国内十多位公共关系专家和学者，就公共关系职业的名称、定义、工作描述、技能标准及监督规范等进行确定。1999年5月，国家劳动和社会保障部正式将"公关员"作为一种新职业列入《中华人民共和国职业分类大典》，从此公共关系从业者的职业身份问题得到了解决。

(三)规范本行业的职业道德和行为准则,维护本行业的形象和声誉

保证市场的有序运作,必须要有相应的行业规范约束市场主体的行为。对于细分市场来说,国家统一的市场法律法规往往不够详细,任由市场自由发展难免会导致诸多问题。所以在公共关系发展相对成熟的英国、美国等国家纷纷由行业协会牵头制订了明确的公共关系行业规范,这些行业协会会员大多数是本国有影响力的企业、单位、个人,行业协会本身的权威性也较强,所以其制定的行业规范对整个公共关系市场主体起着巨大作用,有效地推动了公共关系行业有序发展。公共关系行业规范,一般都包含三个基础部分。

1.职业道德标准

通过制定公共关系从业人员的道德标准来规范从业人员的行为,避免因个别负面案例影响整个行业利益,甚至损害社会公共利益。1961,国际公共关系协会制定了《国际公共关系协会行为准则》,1965年又在雅典通过了《国际公共关系道德准则》。这两个准则对国际公共关系从业人员的行为规范提出了一些原则性的要求,逐渐成为全球公共关系工作者都遵守的基础职业道德准则。

2.职业标准

许多公共关系协会也会协助本地区、本国政府制定从业人员的职业标准,从而推动公共关系从业者的权益保护和行业发展。

3.技术标准

公共关系协会通过制定有关技术标准,从规范公共关系行业定义到规范公共关系行业具体业务流程标准,再到规范公共关系公司的管理与发展等方方面面,使得行业发展更加规范化、科学化、健康化。

【案例3-8】 《〈中国公共关系职业道德准则〉草拟及实施方案》[①]

1989年,我国公共关系协会发布了《〈中国公共关系职业道德准则〉草拟及实施方案》。该职业道德准则正文包括总则和10个条款,对公共关系职业道德进行了全面规范,促进了我国公共关系事业的发展。

总则:中国公共关系事业的发展,是中国改革开放的必然趋势。它以新型的管理科学,协调社会各方面关系,密切党和广大人民群众的联系,调动各种积极因素,维护安定团结,促进社会主义建设。因此,公共关系工作者肩负着时代的使命,公共关系工作者必须具有高尚的职业道德作为完善自身形象的行为准则。

具体条款如下。

(1)公共关系工作者应当坚持社会主义方向,自觉地遵守我国的宪法、法律和社会道德规范。

(2)公共关系工作者开展公关活动首先要注重社会效益,努力维护公关职业的整体形象。

(3)公共关系工作者在公共关系活动中,应当力求真实、准确、公正和对公众负责。

(4)公共关系工作者应努力提高自己的政治水平、文化修养和公关的专业技能。

---

① 蒋楠:《公共关系原理与实务》,科学出版社2011年版,第76页。

(5)公共关系工作者应当将公关理论联系中国的实际,以严肃、认真、诚实的态度来从事公共关系学教育。

(6)公共关系工作者应当注意传播信息的真实性和准确性,防止和避免使人误解的信息。

(7)公共关系工作者不能有意损害其他公关工作者的信誉和公关事务。对不道德、不守法的公关组织及个人予以制止并通过有关组织采取相应的措施。

(8)公共关系工作者不得借用公关名义从事任何有损公关信誉的活动。

(9)公共关系工作者应当对公关事业具有高度的责任感。不得利用贿赂或其他不正当手段影响传播媒介人员进行真实、客观的报道。

(10)公共关系工作者在国内外公共关系事务中应该严守国家和各自组织的有关机密。

(四)培养和训练公共关系人员

为推动整个行业的发展,需要公共关系人员提高整体素质和专业素养。目前公共关系协会主要通过编写出版专业教材、创办专业学校或短期培训班和对专业培训进行认证的方式来提高公共关系人员的专业素养。

1991年,美国公共关系协会开启了一个认证维护项目,要求已经认证的会员仍然要积极参加继续教育和公共服务,即经过认证的会员必须接受教育、进行专业发展和公共服务活动,这些认证是一种专业成就和义务的标志。因此,美国各类组织在聘请公关人员时,都很在意应聘者是否为美国公共关系协会的成员,是否已经有美国公共关系协会颁发的公共关系人员资格认证。

在国内,中国国际公共关系协会于1998年与劳动和社会保障部合作拍摄了10集公共关系教学录像片《现代企业公关》,这是国内首部用于公共关系教学的录像片,对企业公共关系人员提高专业水平起到了重要的作用[①]。2009年,该协会还开展了"中国公关人才实习基地"的项目并一直延续至今,为我国的公共关系人才培养贡献了力量。

(五)编辑出版刊物,普及公共关系知识

随着时代的不断发展和市场的更新换代,公共关系人员也需要不断更新自己的知识储备来应对新的市场变化。公共关系协会利用组织内部的专家、学者资源,出版公共关系的刊物和学术性的著作,为公共关系人员提供了一个持续学习、交流借鉴的平台。在这一方面,美国的公共关系行业组织工作做得较为出色,既有主要提供实操技巧和最新咨询的刊物《公共关系策略》,也有致力于探讨公共关系人员和企业家感兴趣的问题和发展趋势的刊物《公共关系战略家》等。我国目前影响力较大的有《公关世界》和《国际公关》杂志。《公关世界》杂志创刊于1993年,为宣传普及和发展公共关系发挥了重要作用。《国际公关》杂志创刊于2005年,由外交部主管,中国国际公共关系协会主办,对促进中外公共关系行业及专业交流做出了重要贡献。

除了向公共关系人员普及新的行业知识以外,公共关系协会还会利用各种媒介向公众宣传和介绍公共关系知识,使公众树立公共关系的意识,以推动社会公共关系事业的发展。例如,1995年3月,由中国国际公共关系协会拍摄制作的《中外优秀公关案例精选》十集电视系列片在北京电视台连续播出,引起社会的广泛关注和兴趣,让许多人第一次知道了"公关"这一概念,也掀起了从事公共关系的职业热潮。此外,公共关系协会还举办诸如中国大学生公共关

---

① 余明阳:《公共关系学》,北京师范大学出版社2006年版,第169页。

系策划创业大赛之类的赛事，在大学生等不同群体中普及公共关系知识、培养公共关系兴趣，推动公共关系在全社会的普及。

(六)提供咨询服务

公共关系协会一般聚集了许多行业专家和学者，有丰富的公共关系经验和专业的公共关系知识，利用协会内的专家为政府、大型企业及社会解决疑难问题，推动政治、经济、文化和社会的发展，有助于国家政治的进步、经济的繁荣、文化的发展、社会的稳定和整个行业地位的提高。许多国内知名的公共关系协会都设有专门的常设机构提供咨询服务。例如，中国公共关系协会(CPRA)的常设机构就有专家咨询委员会、新技术委员会、文化大数据产业委员会等。

具体来说，公共关系协会所提供的咨询服务一般是：分析国家重大战略、政策对某行业产生的影响，帮助政府、行业、企业组织等制定相关发展战略；应社会组织要求进行实地调查，并提供意见建议；为企业或地区提供对外贸易、经济合作咨询，或向外国政府、团体及企业提供中国政策的咨询服务等。

(七)承担政务委托办理的各种事务

公共关系协会在政府和社会组织之间起着桥梁和纽带的作用。它除了反映社会组织的意见和愿望、传递政府的政策意图外，还可承办政府部门简政放权之后不该管或不便管的一些事务，例如：公共关系行业信息的统计、收集、分析以及发布工作；组织人才交流，开展技术、职业培训；组织制定行业行规行约，规范行业行为，维护公平竞争；参与修订国家标准和行业标准，组织贯彻实施并进行监督；参与行业经营许可证发放的有关工作和资格审查以及委托的其他任务。

第四章 对象型公共关系的运作策略

公共关系面向的对象具有多样性和复杂性,由于公共关系对象的身份地位、教育背景、个人经历、所处环境等不相同,组织所采取的公共关系策略也不相同。根据公共关系对象与公共关系主体的关系,本章将对象型公共关系的运作策略分为内部公众公共关系运作策略和外部公众公共关系运作策略,并分别进行阐述。

第一节 内部公众公共关系运作策略

任何组织都由一定数量的内部成员构成,内部成员的分工合作、各司其职是维持组织健康、有序发展的重要保障。新媒体时代,组织成员能更高效、更频繁地参与到有关组织信息的传播过程中来,除了组织通过官方渠道正式对外发声外,内部成员作为组织的构成部分也可以对外传递信息,当声量足够大时也能产生不容忽视的效果。因此,组织要"内外兼修",重视内部公众公共关系,争取做到"全员公关"。组织的内部公众公共关系主要包括员工公共关系和股东公共关系。

一、员工公共关系策略

(一)员工公共关系的重要性

员工公共关系是指组织在运行管理过程中形成的人事关系的总和[①],是内部公众公共关系的重要内容。一方面,良好的员工公共关系是组织发展的动力源泉。组织的发展离不开员工,组织的核心竞争力就包括人力资源的竞争力。员工用智慧和辛勤劳动为组织创造了价值,他们是支撑组织发展的重要力量。如果把组织比作一个运作良好的有机体,那么员工就是维持这个有机体正常工作运转的细胞。每个细胞在自己的工位上勤勤恳恳,彼此之间相互协作,才能为有机体的发展贡献不竭动力。因此,维持好员工公共关系具有重要意义,当所有员工"心往一处想,劲往一处使"时,组织的运作效率就会大大提升。

另一方面,和谐的员工公共关系有助于树立良好的组织形象。这其中有两层含义。首先,员工形象在一定程度上代表着组织形象,员工的言谈举止是外部公众评价一个组织的标准之一。组织和员工之间的关系是彼此成就的关系,实力强劲的组织可以增加员工的自豪感、荣誉感;成绩卓越的员工也可以为组织带来良好的口碑,帮助组织获得外界的信任和认可。其次,员工通过在社交媒体上发布与组织相关的内容,会塑造组织形象。社交媒体为每一位公众提供了与他人对话的渠道,员工除了可以在社交媒体上发布组织相关的内容,譬如主动在微信朋友圈、微博、抖音等社交媒体转载与组织相关的信息外,还可以就社交媒体上大家对组织的提问进行回答。例如,在知乎、贴吧、小红书等平台上有不少"经验贴",类似"在某某公司工作是

---

① 王光娟、赵悦:《公共关系学(第 2 版)》,上海财经大学出版社 2016 年版,第 89 页。

一种怎样的体验""入职某某公司,我后悔了吗?""在某某公司工作我得到了什么",阅读这些"经验贴"成为外部公众了解组织的一个重要途径。因此,员工对组织的认同变得十分重要,当员工认同组织的价值观,并且拥有较好的工作体验、足够的成长空间时,就会主动去输出积极面的信息,去维护组织的形象。在组织遇到危机时,也能挺身而出,以主人公的姿态去传递一些正面的信息,和组织一起共渡难关。

(二)员工公共关系的运作策略

1. 营造良好的办公环境,重视员工工作体验

办公环境是员工衡量组织实力的重要标准之一,舒适的工作环境能够使人的心情变得愉悦,激发员工的创造力。工作环境可以简单地分为自然环境和人文环境两部分:自然环境指建筑设计、布局、绿化、办公设施等;人文环境指办公氛围,如组织文化、人际关系等。当下组织越来越重视对办公环境的打造,茶水间、休息室、健身房等成为越来越多的组织标配。以马蜂窝旅游网为例,马蜂窝旅游网北京总部的建筑结构、设计布局、绿化、主题会议室等都别具匠心,一度成为了网红打卡景点。舒适宜人的办公环境提高了员工对组织的认同感和归属感,一些员工会主动在社交媒体平台上分享组织内部环境照片,通过人际传播、群体传播等方式,为马蜂窝旅游网积攒了良好的口碑。

2. 建立和完善规章制度,保障员工各项权利

员工是与组织建立了劳动合同关系的劳动者,依照《中华人民共和国劳动法》(2018 年修正)第三条规定:"劳动者享有平等就业和选择职业的权利、取得劳动报酬的权利、休息休假的权利、获得劳动安全卫生保护的权利、接受职业技能培训的权利、享受社会保险和福利的权利、提请劳动争议处理的权利以及法律规定的其他劳动权利。"组织要依法保障员工的各项权利,积极主动承担各项义务。除了法律规定的组织的义务外,组织还应该具备人文关怀,关心员工的生存质量。让员工切实地感受到组织的关怀,能够增强员工对组织的归属感,推动员工将个人的利益与组织的利益结合起来,增强员工的主人翁意识。以中式快餐品牌老乡鸡为例,2020年,老乡鸡的董事长束从轩"手撕员工联名信"的视频在网络上走红,起因是受疫情影响,老乡鸡预计损失惨重,在这种情况下员工联名写信主动要求降薪来帮助公司渡过难关。身为董事长的束从轩撕掉了员工的联名信,并表示哪怕卖房子也会保证员工有饭吃、有班上,这份企业担当感动了消费者,提升了老乡鸡的品牌美誉度。

3. 建立有效的学习机制,关注员工个人成长

好的组织也是一所"大学",员工在为组织贡献自身价值的同时,个人才能也得到充分发展,这是一个双赢的过程。因而组织要善于激发员工的才能,为员工学习专业技能提供有力支撑。组织可以采取给员工培训的方式,帮助员工掌握过硬的专业本领,提高员工综合素养。具体来说,组织内部可以针对新入职员工、技术性员工等进行专项培训,各部门也可以根据各自的情况展开部门培训。组织还可以结合外部资源,邀请行业内的优秀人才、培训师来分享经验;鼓励员工去学习与一些专业技术相关的课程,获取相关的专业技术资格证书。人才培养是一个长期的过程,组织要建立和完善员工个人成长发展机制,提高员工的学习能力。特别是在互联网快速发展的今天,新事物层出不穷,机遇和挑战并存,将员工的学习能力转化成为组织的学习能力,建立"学习型"组织,才能保持长期发展。

4. 提供畅通的沟通渠道，保障员工信息共享

组织内部要做好信息的交流、共享，及时向员工传达组织相关信息、近期动态、决策措施等，尤其是与员工切身利益相关的信息。当员工对组织文化、决策、最新动态知之甚少时，很难与组织的步调保持一致，在对外传递信息时也无法确保信息的准确性，可能会给组织带来一些不必要的麻烦。当员工不了解与自身利益切实相关的信息时，可能会对组织产生误解与隔阂，降低工作的积极性。因此，组织内部要搭建信息交流通道，确保信息及时、准确地触达员工。可以通过召开员工大会、部门周会，发布组织内部刊物，利用新媒体推送相关信息，进行问卷调研等方式，向员工展示组织最新发展状况，消除员工与组织之间的信息壁垒。

【案例 4-1】　　　　　　员工英勇救人，海尔豪气送房①

2020 年 5 月 21 日，四川省富顺县，海尔智家股份有限公司的服务工程师胡云川在去服务的途中看见一名 5 岁的小女孩挂在六楼窗户外随时有掉下楼的危险，胡云川意识到事态的紧急后徒手从 5 楼阳台爬上 6 楼成功解救了小女孩。事后，胡云川救小女孩的视频被网友传到网络平台，在微信朋友圈、微博、抖音等平台流传开来，网友们纷纷点赞，夸赞胡云川见义勇为的行为。

海尔集团内部在得知了胡云川的英勇事迹后，第二日便在海尔官方微博账号上宣布给胡云川颁发"人单合一见义勇为奖"和一套价值 60 万元的房产奖励，并称："企业即人，人是企业最宝贵的资产。我们不希望看到危险的事情发生，但社会有需要时，希望每一位海尔人都能挺身而出！"海尔这份"沉甸甸"的奖励引发了网友们的热烈讨论，《北京青年报》《工人日报》《环球时报》等媒体都对这一事件进行了转发报道，一时间"海尔小哥救人"刷屏了网络。值得一提的是，这件事后续还有发展，几天后海尔官方发布了给胡云川选房的消息，并就网友们关心的房子的产权问题做了解答，表明"产权百分之百属于胡云川"。之后胡云川入选了中央文明办主办的"中国好人榜"，媒体就此再次进行了报道。

海尔针对这一事件采取的公关举措也获得了业内人士的称赞。首先，海尔对员工的事迹进行公开表扬，肯定员工的救人行为，并赠送了丰厚的奖励，海尔此举对内部员工有激励作用，能够向员工传递积极的信号，提升员工对公司的认同与信赖。其次，海尔及时地对外宣传，强化了胡云川作为"海尔员工"的身份，将胡云川个人的英雄事迹变成了整个企业的荣誉，树立了良好的企业形象，获得了大众的认可，为企业赢得了口碑。最后，企业"一掷千金"赠送员工房产的行为，除了向社会大众传递出企业的社会责任与担当外，还很好地制造了话题，进一步推动了"海尔小哥救人"的传播，扩大了事件的传播力和影响力，吸引了大量的关注，进而提升了企业声誉，可谓一举多得。

二、股东公共关系策略

（一）股东公共关系的重要性

"东"在汉语中有"主人"的意思，"股东"意指持股的主人，是股份制公司的出资人或投资人。根据《中华人民共和国公司法》（2018 年修正）第四条规定："公司股东依法享有资产收益、

---

① 袁伟、杨灵：《独家专访｜爬楼救女童被奖一套房，"海尔小哥"这一年：从爆红到平静，拒绝自媒体包装》，https://baijiahao.baidu.com/s? id＝1717120511953926468&wfr＝spider&for＝pc，2021 年 11 月 12 日。

参与重大决策和选择管理者等权利。"

股东公共关系是指企业与投资者之间的关系,建立良好的股东公共关系的目的是为了获得股东的信任,稳定现有的股东团队,营造良好的企业口碑和投资环境,从而吸引更多的投资者①。一方面,股东是企业的投资人,为企业的发展提供了坚实的经济基础。企业每一次发展变革都需要有足够的资金保障,处理好股东关系相当于保障了重要的经济来源。此外,股东作为企业的投资者,在具有雄厚资金的同时往往也具有宽广的人脉,通过股东的社交关系网络,可以帮助企业吸引到更多实力强劲的投资伙伴。另一方面,法律赋予了股东参与重大决策和选择管理者的权利,股东通过行使职权能够决定企业的发展方向,譬如:修改公司章程;决定公司的经营方针和投资计划;选举董事;对公司增加或减少注册资本作出决议;对公司合并、分立、解散、清算或变更公司形式作出决议等。如果说企业是一艘在辽阔海面上航行的帆船,那么股东就是掌舵人,决定帆船的前进路线和帆船的最终命运。

(二)股东公共关系的运作策略

1. 保障落实股东的各项权益

企业要切实保障股东的各项权益,特别是股东的经济权益。股东与企业之间的关系主要是靠"资金"联系起来的,"投资要有回报",股东作为公司的投资者,其主要目的是要获得真实的经济效益。因此,企业要保障和落实股东的各项权益,及时地向股东报告公司的经营状况、财务盈亏和其他有关股东利益的信息,并按时向股东发放股金红利,为股东创造经济价值。当股东获得的经济价值等于或者超出预期时,股东才会对企业保持积极的态度;而当股东始终看好企业时,才愿意提供资金帮助,坚定成为企业背后的强有力支撑者。

2. 关注中小股东的利益

按照对企业出资或认购股份的多少,可以简单地将股东分为大股东和中小股东。一般来说,中小股东虽然不直接参与企业的经营管理,但他们或多或少也持有企业的股份,企业的经营状况与他们的利益息息相关。目前,随着人们生活水平的提高、移动互联网技术和金融科技的快速发展,投资者可以通过线上方式更加便捷地进行开户交易,越来越多的"散户"进入股票市场。据中国证券登记结算有限责任公司发布消息称,截至2022年2月25日,国内投资者数量正式突破2亿大关,在过去6年的时间里投资者数量翻了一倍,且新股民群体趋于年轻化②。因此企业要提高对中小投资者的关注,切实保障中小投资者的利益,尊重每一位投资者,从而形成良好的企业口碑,营造良好的市场投资环境。

3. 促进信息双向流通

企业要打造畅通的信息交流渠道,促进企业与股东之间的双向沟通。企业要主动向股东汇报公司的发展状况、重大决策、重要人事变动、最新成果等,让股东感受到企业对其的重视,激发股东的"自家人"心态。企业与股东的联系方式除了传统的股东会议、年度报告、寄送相关材料等,还可以充分利用新媒体,丰富信息的传播手段与呈现形式,可促进信息及时共通共享。

---

① 居延安:《公共关系学(第5版)》,复旦大学出版社2013年版,第128-129页。
② 《6年新增1亿股民画像:新股民群体趋于年轻化,对风险类资产的接受程度更高,交易占比却持续下降!》,https://baijiahao.baidu.com/s?id=1726743537643820832&wfr=spider&for=pc,2022年3月8日。

同时，企业还要积极主动地去了解股东对企业的看法与态度，认真对待股东的意见与建议，让股东感受到企业的真诚，从而增强股东与企业的凝聚力，双方合力为公司谋求更好的发展。例如，从1997年开始，亚马逊CEO杰夫·贝索斯(Jeff Bezos)在任期间，每年都会发布一封致股东的信来阐释企业的经营理念和发展愿景，并感谢股东们的支持和鼓励。贝佐斯的致股东信态度诚恳，情真意切，受到了业内外人士的赞赏。

【案例4-2】　　　　丁磊发布致股东信：相信热爱的力量①

2020年5月29日，网易二次上市聆讯后资料获香港交易所正式披露，随后网易创始人、CEO丁磊发布了网易在纳斯达克上市20年来的首封致全体股东信《相信热爱的力量》。

丁磊在信中从"网易的战略""网易的速度""网易的边界"三个方面阐述了网易的发展理念，表示网易"相信人的力量""相信时间的力量""相信信念的力量"。他明确了网易未来的四个方向：一是建立一个有自我进化能力的组织，永远保持29岁；二是继续网易一贯的精品战略，做更多让团队骄傲的产品；三是立足中国，坚定地推进全球化战略，与世界同步；四是推动资源更普惠，给予微观个体更大能量、更多支持。

丁磊在信中写道："我们不是一家只想着赚钱的公司，请所有投资人理解并支持这一点。""感谢所有长久陪伴网易成长的同事和用户，感谢我们的投资人。信的最后，我想以2003年在大学母校说过的一句话来结尾：到今天为止，我们还没有成功，我们还在成长。"丁磊的这封致股东信在社交平台上被大量转发，获得了每日经济新闻、澎湃新闻客户端、杭州网、界面新闻等多家媒体的报道，一时间成为了网友们讨论的焦点。

丁磊的这封致股东信打破了过去大家对致股东信的刻板印象，认为致股东信晦涩难懂，内容大而空。《相信热爱的力量》全文感情真挚，内容通俗易懂，充满"少年感"，很容易拉近与读信者之间的距离，获得了股东的好感与信赖。丁磊的这封信被看作是致股东信的范本，一方面为网易赴港上市造势，吸引了更多的关注，尤其是投资者的关注；另一方面也为丁磊本人以及网易树立了"不褪少年锐气，不沾老年暮气"的形象，为网易赢得了一批忠实的用户。

第二节　外部公众公共关系运作策略

组织的外部公共关系可以分为消费者公共关系、媒介公共关系、政府公共关系、社区公共关系、中间商公共关系、社会名流公共关系和同业公众公共关系。针对各个群体的不同特征，组织在发展公共关系时采取的策略也会有所侧重。但"万变不离其宗"，保持真诚、加强沟通、增进理解、维护好双方共同利益，是组织开展公共关系活动的基本要求。

一、消费者公共关系策略

（一）消费者公共关系的重要性

消费者是为了达到个人消费目的购买某项产品或服务的人。消费者公共关系是企业外部

---

① 《丁磊发布20年来首封致股东信：网易正在准备赴港二次上市》，https://baijiahao.baidu.com/s? id=16680028258236181638&wfr=spider&for=pc，2020年5月29日。

公共关系的重要内容，因为消费者是为企业的生产活动最终买单的人，如果没有消费者，没有发生购买行为，那么企业就失去了存在价值和意义。消费者的消费行为直接影响着企业的经济效益，可以说消费者是企业的"衣食父母"。

建立良好的消费者公共关系的目的在于促进消费者对企业以及企业提供的产品或服务形成良好的印象，提升企业品牌知名度，扩大企业的市场影响力和号召力，进而争取更多的消费者，抢占更大的市场份额。简单来说，企业的一切营销活动都是为了吸引更多的消费者，促进消费行为的产生，从而获得盈利。

(二)消费者公共关系的运作策略

1. 以消费者为中心

企业要将"以消费者为中心"贯穿到企业的各项经营活动当中。早在20世纪80年代中期就出现了以"顾客满意"为主要内容的CS(customer satisfaction)经营战略，即企业的经营活动要以顾客满意度为指导，要从顾客的角度、用顾客的观点，而不是从企业自身的利益和观点来分析考虑顾客的需求，企业要尊重和维护顾客的利益。当时西方绝大多数行业已经处于买方市场之下，如果不能使顾客满意，即使再好的商品也会卖不出去。而经济发展到了今天，市场更加饱和，各类产品和服务层出不穷、迭代加快，市场竞争愈发激烈，企业只有秉持"消费者至上"的观念，坚持维护消费者的利益，才能获得消费者的青睐，获得立身的根本。

"以消费者为中心"要求做到以下几点。首先，企业要洞察消费者的真实需求。企业要事先做好市场调研，了解消费者的需求所在，企业提供的产品或服务要能切实解决消费者的痛点，为消费者创造价值，这样才能打开市场。其次，企业要提升消费者的购物体验。企业要尽可能地为消费者提供便捷、畅通的消费渠道，当消费者对产品或服务不清楚时，要及时地为消费者答疑解惑。最后，要为消费者提供周到的售后服务。企业要加强与消费者的沟通，了解消费者的产品使用情况，当消费者对产品或服务不满意进行投诉时，要认真聆听消费者的建议与意见，耐心地为消费者解决问题。

2. 与消费者友好互动

企业要加强与消费者之间的联系，使双方建立忠实可靠的关系。由于社交媒体赋能，企业通过建立社交媒体账号，可以直接与消费者进行沟通，从而缩短了企业和消费者之间的距离。企业要充分利用社交媒体渠道，聆听消费者的真实看法，对产品进行迭代升级，提高产品的核心竞争力。此外，企业可以适当地面向消费者开展一些福利活动，回馈消费者。通过福利活动，企业不仅可以增进与既有消费者之间的关系，还可以吸引更多的潜在消费者，通过网友们转发活动信息，为企业的社交媒体账号吸引流量，最终达到流量变现的目的。

例如，旺旺集团就十分重视与消费者之间的友好互动。旺旺给旗下的多个子品牌，如旺仔、浪味仙等都设立了社交媒体账号，彼此互动串联形成了一个庞大的"旺旺家族"。旺旺充分利用了这些社交媒体账号和粉丝互动，给粉丝送福利，还会在发布新品时邀请粉丝试吃提供意见。旺旺很注重粉丝的情感表达，主动响应粉丝的需求，而喜爱旺旺的消费者作为回馈也会主动为"旺仔"制作条漫、表情包等。旺旺与消费者之间的这种双向互动，增强了消费者黏性，从而使旺旺拥有了大批忠实消费者。

3. 承担社会责任

企业要用实际行动践行社会责任担当，提升消费者对企业的好感。消费者是企业外部数量最多、分布最广的公众，从某种角度来说，企业为社会服务也就是在为消费者服务。因此，企业要积极投身公益事业，让渡一部分利益回馈社会。通过做慈善，可以为企业树立负责任的社会形象，帮助企业获得公众的好感，提升企业的知名度和美誉度。而且，社交媒体时代不再是"好事不出门，坏事传千里"，如今做好事也可以通过网络被更多的人知晓，有时候一个善举可能会为企业带来意想不到的收获。

例如，2021年河南暴雨引发洪涝灾害，鸿星尔克官方微博发布消息称企业通过郑州慈善总会、壹基金紧急捐赠5000万元物资，驰援河南灾区。消息一出引发了网友们的关注，有细心的网友注意到鸿星尔克2020年财报还处于严重亏损状态，于是大家一边叫嚷着"你自己都快倒闭了还捐这么多"，一边冲进鸿星尔克直播间进行"野性消费"。由于鸿星尔克积极主动承担社会责任，该企业的情怀与担当感动了消费者，消费者也对此进行了回馈。短短几天时间，鸿星尔克"起死回生"，焕发出新的活力。

【案例4-3】　　　　　　　　小米：100个梦想的赞助商①

小米科技有限责任公司成立于2010年，一直以来小米与用户之间的紧密联系都是网友们津津乐道的话题。小米的产品理念是"为发烧而生"，坚信用户就是驱动力。

2012年4月6日，小米在北京798艺术区举办了第一届"米粉节"，和小米的忠实用户们进行互动。一晃十年过去了，在2022年4月6日，第十一届"米粉节"，也即小米12岁生日这天，小米CEO雷军在个人微博账号上发表了一封致米粉的信，他在信中写道："先有'米粉'，才有'米粉节'。书写在一起的故事，记录共同的记忆，才是纪念日的意义。'米粉节'就是我们共同的纪念日。我相信，我们在一起，就有更多动人的故事，就有值得全力奔赴的更美好的未来。"他同时宣布，"在'米粉节'同步开启了'米粉公益月'活动，希望通过小米公益平台，和热心公益的米粉朋友们一起支持公益项目，去帮助更多对美好未来充满向往的人们，让这个世界因为我们一起的努力，更美好一点。"

多年来，小米一直深入贯彻"用户至上"的理念。2010年MIUI第一版内测的用户仅100人，小米把这100位最先支持小米的用户称为"100个梦想的赞助商"，并把这100位用户的名字印在微电影《100个梦想的赞助商》的汽车模型上。这份真诚打动了消费者，也为创业初期的小米树立了良好的口碑，增强了粉丝黏性，进而吸引了越来越多的人成为小米的忠实用户。2021年11月23日，小米公布的2021年第三季度财报显示，MIUI全球月活用户突破了5亿②。从最初的100人到如今的5亿多用户，这个奇迹属于小米，也属于"米粉"。

---

① 《小米12岁生日！雷军致"米粉"一封信："我们在一起，就有更多动人的故事"》，https://baijiahao.baidu.com/s?id=17293325043427l9694&wfr=spider&for=pc，2022年4月6日。
② 陈婕：《小米2021年第三季度财报：MIUI全球月活用户破5亿》，https://baijiahao.baidu.com/s?id=1717269879073657529&wfr=spider&for=pc，2021年11月24日。

二、媒介公共关系策略

(一)媒介公共关系的重要性

媒介广义上是指连接人与人、人与物、物与物之间的中间物质。在传播学中一般是指新闻媒介,包括报纸、杂志、广播、电视、新闻网站等。媒介公共关系,是指组织与新闻传播机构以及新闻从业者之间的关系。在新媒体语境下,组织要处理好媒介公共关系,不仅包括和传统新闻媒体之间的关系,还应包括和MCN机构、互联网商业媒体之间的关系。

首先,媒介是沟通组织和社会公众的桥梁。新闻从业者负责向公众报道社会中发生的事情,其中就包括组织的重大活动、重要事件等。社会公众通过新闻媒介获取组织相关的信息,了解组织的最新动态、重大决策。通过相关报道,能够为组织增加曝光度,提升组织的知名度和社会影响力。

其次,媒介通过信息报道可以塑造组织的社会形象。在新闻报道的过程中,新闻从业者就是信息的"把关人",决定了哪些组织相关的信息能够流向公众。媒介报道了与组织相关的哪些内容?是正面的,还是负面的?报道的频率如何?这些都会影响社会公众对组织的认知和组织的社会形象。

再次,媒介信息可以为组织决策提供重要参考。组织可以通过阅读新闻资讯了解最新出台的政策法规、行业发展趋势、同业从业者的最新动态等与组织发展密切相关的信息。随着移动信息技术的发展,社会信息化进程加快,信息成为与物质、能源同样重要甚至更加重要的资源,组织拥有信息资源就拥有了决策的主动权。垂直领域的媒介从业者往往拥有深厚专业的知识沉淀,对行业的发展拥有深刻的洞见,组织可以通过加强与媒介从业者之间的交流沟通,优化组织决策。

最后,组织可以通过媒介了解社会公众的态度。移动互联网时代,人人都在强调"用户思维",只有充分了解用户的需求,提升用户的体验,以用户为中心,组织才能在激烈的市场竞争中求得发展。因此在组织运行的过程中,社会公众的态度十分重要。组织可以通过媒介聆听社会公众的声音,与社会公众进行平等对话,从而了解其对组织的真实看法与建议,对组织的战略部署适时地进行调整。

(二)媒介公共关系的运作策略

1. 加强媒介合作

组织与媒介之间要保持常态化沟通,加强合作。"出事了才找媒体"这样的想法是不正确的,组织要有问题前置意识,保持与媒体之间的联系,积极主动向媒体传递组织的最新动态、重大决策、重要活动等,增进媒体对组织的了解。同时组织要关注媒体报道的内容,了解国家政策、市场环境、行业动态等,树立大局意识,根据收集到的相关信息及时调整组织决策,顺应社会发展趋势。此外,组织还要加强与媒体之间的合作,积极参与媒体举办的活动,特别是一些公益项目,和媒体携手为社会服务。

2. 提升媒介素养

组织内相关人员要加强媒介素养,尊重媒介从业人员的职业特点。组织内和新闻媒体打交道的人员要了解新闻行业的特征、新闻媒体的运作规律、新闻工作者的工作方式、新闻采写的流程和基本规范等,这样才能更好地配合媒体开展相关工作。要知道什么样的信息是社会关注的、有价值的、值得被报道的,这样可以主动为媒体提供有意义的选题,而不是什么内容都联系媒体去报道,这样会降低媒体的积极性。尤其需要注意的是,当出现不利于组织的报道时,组织要端正态度,积极主动去了解事件经过,将真实情况客观公正地告知媒体、告知公众,秉持"有则改之无则加勉"的态度,主动承担组织责任。

3. 搭建媒介矩阵

组织要发展媒介资源网络,搭建新媒体矩阵。组织要维护现有的媒介资源,了解媒介背后的关系网络,这样有利于发展更多的媒介资源。媒介从业者的"朋友圈"往往会有很多同行,大家虽然属于不同的媒体机构,但由于经常一起参加活动报道,经年累月会积累丰富的人脉资源。因此,组织要重视媒介从业者的"朋友圈"关系。除了发展外部媒介关系,组织内部还要搭建信息传播平台,开辟信息对外传播通道。社交媒体背景下,组织不仅可以建设官方网站,还可以建设社交媒体账号,对外发布信息。此外,还可以利用互联网内容开放平台等发布组织的相关资讯。总而言之,组织要利用一切可以利用的媒介资源,搭建媒介矩阵,积极主动向外传播信息,提升组织的知名度和美誉度。

【案例4-4】　　哔哩哔哩联手央视频,举办"2020最美的夜"跨年晚会①

哔哩哔哩,简称B站,创建于2009年6月,早期是一个ACG(动画Anime、漫画Comic、游戏Game)内容创作与分享的视频网站。B站作为二次元网站,经过十多年的发展,现已成为月活跃用户过亿,涵盖7000多个兴趣圈层的深受中国年轻世代喜爱的多元文化社区。

2020年12月31日,B站和央视频合作举办"2020最美的夜"跨年晚会,并邀请了撒贝宁、何冰、陈超共同主持。何冰是国内的著名演员,被新一代年轻人熟知正是因为2020年五四青年节B站推出的宣传片《后浪》,宣传片中何冰作为"前浪"激情澎湃地寄语赞美年轻一代。撒贝宁是央视的主持人,由于近几年在各大综艺节目中频频亮相和"撒言撒语"爆红网络,在网友中呼声很高,他此次担任B站跨年晚会的主持人,迎合了网友的期待。陈超是湖北卫视的主持人,因主持《非正式会谈》获得了较多的关注。

此次跨年晚会共设立了北京、武汉、香港、台北四个会场。晚会共分为日落、月升、星繁三个篇章,共设有42组节目,贯穿古今中外,涵盖了二次元、中国传统文化、游戏、女团、乐队、摇滚等多样元素,多元小众文化与传统主流文化无缝衔接,促进了多元文化的融合。B站官网数据显示,截至2021年3月7日,晚会累计播放1.5亿次,累计弹幕115.8万。

此次跨年晚会并不是B站第一次和主流媒体合作,早在2019年,B站就曾和新华网联合主办了"2019最美的夜"跨年晚会,并成为互联网视频行业第一家举办跨年晚会的平台。这些年来,B站在其商业化的过程中主动转型,向主流文化靠拢,成功从二次元社区发展成为今天的多元文化社区,传播力和影响力都大大增强,平台的商业价值也得到了提升。

三、政府公共关系策略

(一)政府公共关系的重要性

政府既是公共关系运作的主体,也是公共关系运作的对象。组织发展政府公共关系是指

---

① 《央视频与B站联合推出"2020最美的夜"跨年晚会,全球化视角共跨新年!》,https://baijiahao.baidu.com/s?id=1687198298327858928&wfr=spider&for=pc,2020年12月27日。

组织要处理好与政府及各职能机构、政府工作人员之间的关系[1]。政府是国家权力的执行机构,对社会各部门进行统一管理,保障社会健康有序地运行。

从组织的角度来看,处理好组织与政府的关系具有重要意义。一方面,组织作为社会的组成部分,要自觉接受政府的管理和指导工作;另一方面,政府通过制定相关政策法规,制约和影响组织的活动。若组织能与政府建立良性互动关系,获得政府有关部门的肯定和支持,将会为组织创造一个更加积极健康的发展环境。

(二)政府公共关系的运作策略

1. 配合政府的管理工作

组织要自觉接受政府的管理,贯彻落实相关政府决策。作为社会的组成部分,组织要积极配合政府管理工作,为社会创造价值;要主动向政府汇报组织的发展情况、最新成果、重大活动等,和政府机构保持良好的沟通;要关注政府举办的重要会议、发布的重要指示,熟悉相关政策信息。此外,组织还可以邀请政府工作人员到组织来参观考察、指导工作,增进政府对组织的了解。

2. 加强与政府的合作

组织要响应政府的号召,加强与政府的合作,用实际行动践行社会责任。组织要积极主动地参加政府开展的社会公益项目,和政府携手服务社会、服务人民。组织要整合内部资源,努力将"乡村振兴""精准扶贫"和组织业务相结合。例如,天猫2022年年货节以助农为主要特色,启动了"卖空100个乡村"重点项目,搭建助农专属会场,一天推荐一个省的特色农产品。该项目覆盖23个省级行政区、110多个县域的农产品,切实解决了农产品滞销问题,旨在帮助农民朋友过个好年[2]。组织坚持回馈社会的行为不仅能够提升政府对组织的好感度,也会在社会层面为组织树立一个积极向善的形象。

3. 坚持国家利益至上

无论何时何地,组织都要坚持国家利益至上的原则,当组织利益和国家利益发生冲突时,要以国家利益为重。组织在发展的过程中,要洞察社会需求,担当社会责任,充分整合自身资源、发挥优势,解决社会发展中的痛点、难点问题,为人民的美好生活贡献力量。尤其是在国际竞争愈发激烈的当下,组织要立足国家,放眼世界,增强科技创新能力,提高核心竞争力,为推动国家经济发展做出贡献。

【案例 4-5】　　　　　　　京东五年扶贫,成绩超千亿[3]

2016年1月22日,国务院扶贫开发领导小组办公室与京东集团签署《电商精准扶贫战略合作框架协议》,双方将共同探索"产业扶贫、创业扶贫、用工扶贫"三大模式,发挥京东电商平台优势,以电子商务手段助力国家"精准扶贫"战略。

京东发布的2020年扶贫报告显示,自2016年京东集团与国务院扶贫办签署《电商精准扶

---

[1] 王光娟、赵悦:《公共关系学(第2版)》,上海财经大学出版社2016年版,第95页。
[2] 洪勇:《不只"卖空"更要"卖好" 从天猫年货节看电商助农升级》,https://m.gmw.cn/baijia/2022-01/14/35449273.html,2022年1月14日。
[3] 京东:《从脱贫到奔富 京东五年电商精准扶贫交出千亿成绩单》,https://baijiahao.baidu.com/s?id=1680778048580739609&wfr=spider&for=pc,2020年10月17日。

贫战略合作框架协议》以来，京东扶贫工作覆盖产业扶贫、用工扶贫、创业扶贫、金融扶贫、健康扶贫、公益扶贫等诸多领域，硕果累累。2020年初新冠肺炎疫情暴发，为解决乡村，尤其是贫困地区农产品销售不畅的难题，京东第一时间开通全国生鲜产品绿色通道。此外，京东还宣布投入15亿资源推出"春雨计划"，整合全平台营销能力扶持重点品类，向滞销品牌、商家倾斜更多流量资源，通过全渠道模式实现线下门店线上"云复工"，以及推出专项政策降低商家入驻门槛等，解决滞销问题。截至2020年9月30日，京东已帮助全国贫困地区上线商品超300万种，实现扶贫销售额超1000亿元，直接带动超100万户建档立卡贫困户增收。自2015年启动农村电商战略，截至2020年底，京东平台实现农产品交易额超5000亿元，成为农产品上行的主渠道。

2021年1月，京东集团在新华网、中国企业改革与发展研究会联合主办的2020中国企业社会责任云峰会上获评"精准扶贫优秀案例奖"。2022年2月2日，京东集团入选2022年《财富》全球最受赞赏公司行业榜，其中"社会责任指标"在中国企业中排名第一。多年以来，京东集团积极响应国家号召，助力国家精准扶贫，以实际行动践行了企业的社会责任。京东投身公益，回报社会，树立了良好的企业形象，获得了社会层面的认可。

四、社区公共关系策略

（一）社区公共关系的重要性

"社区"是社会学的一个基本概念。1887年，德国社会学家费迪南德·滕尼斯（Ferdinand Tönnies）在《社区与社会》一书中最先使用"社区"一词。一般认为，社区是一种地域性的社会生活共同体，是指由居住在某一地方结成多种社会关系和社会群体、从事多种社会活动的人们所构成的社会地域生活共同体。社区是组织的"立足"之地，是组织赖以生存、发展的外部环境，发展社区关系对组织而言具有重要意义。

首先，组织是社区的一员，是社区的组成部分。社区具有一定的社会功能，其中包括社会管理和社会整合功能，社区工作人员依法管理居民的生活事务，维持社区的秩序，保障社区的安全。而组织存在于特定的社区之中，就要配合社区的管理工作，遵守社区的各项规定，维护社区的和谐稳定。

其次，组织的发展要依托于社区的发展。社区安定，邻里和睦，能为组织省去很多不必要的麻烦，良好的社区关系能够为组织提供一个健康、积极的生存发展空间。若社区秩序混乱、环境恶劣、邻里敌对，很可能会在一定程度上阻碍组织稳定有序的发展。特别是一些地域性较强的组织，如旅游企业、餐饮企业、娱乐服务企业等，对社区的环境生态、人文风貌、经济水平等依赖性较强，组织的发展离不开社区各方面的支持。

最后，和谐的社区关系能够帮助组织建立良好的口碑。社区由一定规模的人口构成，有人的地方就会有信息的流通，尤其在新媒体时代，信息的传播渠道更加丰富，传播速度更加快捷，同在一个社区生活的每一个人都可能成为组织相关信息的传播者。和谐的社区关系能够促进人们更多传递和组织相关的正面消息，从而帮助组织树立良好的形象。

（二）社区公共关系的运作策略

1. 加强联系，增进理解

组织要加强与社区的联系沟通，拉近彼此之间的距离。误解源自不理解，畅通的消息沟通渠道，有助于消除组织与社区之间的隔阂。企业可以多向社区宣传自己的经营理念、组织文化等,增进社区对组织的认识,获得组织的认同和理解。组织可以设立开放活动日,邀请社区群众到组织内部进行参观,减少组织对于社区群众的"神秘性"。此外,组织还应积极主动了解社区的规章制度、社区文化、社区活动等,响应社区的号召,同时要主动咨询社区对组织的看法和建议,可以采取问卷调查法、访谈法等,了解社区的态度。

2. 互利互惠,共同发展

组织和社区之间要秉持互利互惠原则,考虑双方共同的价值和利益,满足双方共同的需求。俗话说"远亲不如近邻",组织与社区是利益共同体,组织的发展能够拉动区域经济的快速发展,一定程度上能够帮助社区缓解人口就业压力;社区可以为组织提供经济资源、自然资源、劳动力资源等,助力组织获得更好的发展。例如,当下比较流行的主题公园,如迪士尼乐园、环球影城、方特欢乐世界、杭州宋城、苏州乐园等,这些主题公园一方面需要依托当地的生态资源、经济资源、文化资源等,另一方面也吸引了大批的游客前来游玩,拉动了当地经济的发展。

3. 立足社区,回馈社区

组织要多做一些对社区有益的事情,减少对社区居民生活的负面影响。一方面,组织要主动助力社区的公益项目,参加社区的公益活动,比如可以在社区建设公共休息室、公共图书馆、公共健身房等,帮助提高社区居民的生活质量,提升居民生活的幸福度、满意度。这样不仅可以增进组织与邻里之间的关系,也可以体现出组织的社会责任与担当。另一方面,组织的发展不能以牺牲社区的利益为代价,比如排放未经处理的废水废气,危害社区的生态环境,制造噪声影响居民的正常休息生活等,这些行为不仅会受到社区居民的强烈谴责,破坏组织与社区的友好关系,还会影响组织的社会形象,进而阻碍组织的健康发展。

【案例 4-6】　　　　　　　　麦当劳:热爱社区,热爱环保[①]

麦当劳作为知名快餐企业,它的发展在很大程度上需要依托社区的商业活动,因此,麦当劳一直强调要增进与社区的关系,回报所在的社区。麦当劳中国首席执行官张家茵曾表示:"麦当劳的热爱不止于美味和服务,我们对所在的社区和环境也心怀热爱,努力共建'美丽中国'。"

2021年6月29日,麦当劳中国第800家LEED认证绿色餐厅在浙江温州亮相,餐厅内部的座椅使用100%海洋塑料回收制成,太阳能板供电的感光遮阳屏风则由塑料杯重生而成,餐厅的室内装饰则采用100%可回收纯铝天花板、木纹板、美岩板等,种种精巧设计都致力于提高资源重复使用率,减少碳排放。相关数据显示,预计在2022年底前,麦当劳中国获得LEED认证的绿色餐厅将达1800家,每年减排可达约6万吨。

多年以来,麦当劳中国持续开展"绿色包装"行动,响应节能减排号召,为社区环境保护做出了突出贡献:2007年,率先将外带塑料袋换为纸袋,累计减少使用塑料袋超过25亿个;2010年,麦旋风改为纸杯包装,累计减少使用塑料杯超过5亿个;2015年,改造餐具,对刀叉尺寸进行优化,降低约10%的塑料用量;2020年,麦当劳中国宣布在食品包装上进一步"减塑",逐步停用塑料吸管,预计每年约减少400吨塑料用量[②]。

---

① 王萍:《麦当劳按下"减碳"快进键,2022年底前绿色餐厅再增千家》,https://baijiahao.baidu.com/s?id=1703965127845395374&wfr=spider&for=pc,2021年6月30日。

② 《麦当劳中国宣布逐步停用塑料吸管 预计每年减少400吨塑料》,https://baijiahao.baidu.com/s?id=1670890629955577605&wfr=spider&for=pc,2020年6月30日。

此外，麦当劳中国还热衷于公益项目，开展"麦当劳叔叔之家"公益活动，为异地就医的患儿家庭免费提供临时爱心住所，关注儿童营养、青年就业等。麦当劳中国主动承担社会责任，保护社区的生态环境，为社区居民的幸福生活提供有力支撑。麦当劳的系列举措在减少塑料使用、节能减排方面也起到了积极作用，推动消费者养成绿色环保的生活消费习惯，在社会层面树立了正面的企业形象，为企业赢得了良好的口碑。

五、中间商公共关系策略

（一）中间商公共关系的重要性

中间商是指在生产者与消费者之间参与商品交易业务，促使买卖行为发生和实现的、具有法人资格的经济组织或个人。按照是否拥有商品的所有权，可以将中间商分为经销商和代理商；按照是否直接服务于消费者，可以将中间商分为批发商和零售商[1]。

传统营销时代，中间商是连结生产者与消费者的必不可少的中间环节，中间商在产品销售过程中发挥着重要作用。近些年随着互联网新零售概念的提出，淘宝、京东、拼多多等电商平台的崛起，消费者线上购物习惯的养成，"去中间化"成为新的趋势。对比"中间商赚差价"，企业更倾向于直接面向消费者，减少中间环节，对产品的生产销售流程进行优化升级。因此，新时代的中间商公共关系不仅包括企业与传统经销商、代理商的关系，也包括了企业与平台服务商的关系。目前来看，企业虽然有"去中间化"的趋势，但要想完全摆脱"中间商"是不现实的，因此搞好中间商公共关系仍然具有重要的现实意义。

首先，中间商拥有丰富的渠道资源和流量资源。通过中间商来销售产品，可以利用中间商庞大的销售网络，尽可能使产品触达消费者，从而提升产品的销售量和销售效率。其次，中间商可以帮助企业减少库存，分担产品储存管理成本。当产品生产完成后，若不及时售出，就需要仓库来储存，同时企业还要投入人力资源来进行管理，这样会增加产品的成本。中间商把产品及时流转出去，可以加快资金流转，为企业节省成本。最后，中间商可以帮助企业进行营销推广，增强企业曝光度。近些年来，平台经济发展火热，淘宝、京东、拼多多等电商平台的各种活动大促点燃了消费者的消费热情，2021年天猫公布的"双十一"最终总交易额为5403亿元[2]。企业可以借力电商服务平台进行产品营销推广，参加平台推出的购物促销活动，促进产品销售量增长。

（二）中间商公共关系的运作策略

1. 加强与中间商的联系沟通

企业要加强与中间商的信息合作，促进双方信息共享。企业与中间商之间的关系不应该是"此消彼长"，应该是合作共赢，实现双方利益最大化。企业和中间商的角色、分工不同，因此对各方面信息的掌握程度也不相同。相对来说，企业对技术和产品侧的信息掌握得更加全面，而中间商对市场价格和消费者需求侧的信息掌握得更加全面，因此双方要及时进行信息交流，促进产品、渠道、市场等方面的信息共享。此外，当企业作出重大相关决策时，要及时地向中间

---

[1] 黄洪民：《现代市场营销学》，青岛出版社2000年版，第223页。
[2] 程璐：《快看|5403亿元！天猫2021年双11总交易额再创新高》，https://baijiahao.baidu.com/s?id=1716150566870894827&wfr=spider&for=pc，2021年11月12日。

商进行传达,避免产生信息隔阂。企业可以通过给中间商发放企业文化手册、产品说明手册,邀请中间商到企业参观,邀请中间商参加新品发布会等方式,来增进中间商对企业文化和相关产品的了解,这样也有助于中间商后期对产品进行宣传推广。

2. 为中间商提供便利的服务

企业要尽可能地为中间商提供便利,促使双方合作更高效。中间商为产品销售提供了重要的渠道,事实上,中间商帮助企业销售产品,是企业的核心"顾客",企业应该积极主动地为中间商提供必要的服务,包括技术服务、管理服务、销售服务、售后服务等,为中间商提供愉快的合作体验,成为对方可靠的合作伙伴,争取与中间商建立长期的、稳定的战略合作伙伴关系。双方通过整合资源、专业分工、优势互补,来更有效地促进产品销售,更好地服务消费者,从而打开产品销售市场,增强产品竞争力。

3. 为中间商创造经济价值

企业要切实保障中间商的经济利益,让中间商"有利可图"。企业与中间商的关系归根结底是靠"利益"联系起来的,如果中间商"无利可图",那么这份关系随时可能破裂,因此企业要为中间商创造经济价值。当然,中间商不能一味地指望企业让渡自身的利益,靠打压产品的价格来获取经济利益。这样哪怕能够维系一时的"友谊",这份"友谊"也不可能长久。对此,双方要加强沟通,建立合理的机制,寻求双方利益平衡点,实现双方利益最大化,在此基础上来相互服务,并肩前行。

【案例 4-7】　　　　　欧派家居:10 亿免息授信资金,赋能全国经销商[①]

长期以来,经销商都是大多数家居企业提升品牌影响力、抢占市场份额的重要支撑,经销商有渠道、有客流,深入扎根各个城市,能够直接为客户提供更加优质的服务。但随着电商平台的兴起,产品销售渠道呈现出多样化的特征,传统的经销商生存空间被挤压。受市场环境和疫情的综合影响,无论是家居企业,还是家居经销商的生活都"如履薄冰",为了帮助经销商渡过难关,最大限度缓解经销商的经济压力,欧派家居于 2020 年疫情暴发之初启动了经销商 10 亿补贴"护航计划",助力经销商破"冰"前行。2022 年 3 月 28 日,欧派家居再次启动"护航计划 2.0",给予 10 亿免息授信资金赋能全国经销商。

作为中国整体橱柜行业的领先品牌,欧派家居一直坚信经销商的力量,是经销商坚实可靠的伙伴。欧派家居一直推崇"50+50 理论"的经营哲学,即如果把品牌的市场竞争力看作 100 分,那么总部的支撑力和终端经销商的运营能力各占 50 分,只有这两个 50 分都拿到了,才能获得优异的成绩。欧派家居董事长姚良松还提出了业界知名的"树根理论":"如果把欧派比作一棵大树,代理商就是欧派的树根。只要让树根长得够深够粗够密,欧派之树枝繁叶茂、花果累累就是迟早的事!"面对疫情的影响,欧派家居仍然坚持以"树根理论"为行动指导,让渡企业的利益,来帮助"树根"成长。

欧派家居 2021 年年度报告显示,经过多年的渠道投入和建设,欧派家居建立了紧密合作、共同成长、遍布全国的家居行业内规模巨大的营销服务网络,拥有行业内极具实力的经销商

[①] 《护航计划 2.0 再次启动,欧派家居 10 亿授信补贴赋能全国经销商》,https://baijiahao.baidu.com/s?id=1728961184012049881&wfr=spider&for=pc,2022 年 4 月 6 日。

(服务商)资源,经销门店超7000家。正是欧派家居与经销商之间这份互相信赖、同呼吸共命运的坚定的伙伴关系,帮助欧派家居牢牢占据了家居行业领先地位。双方并肩携手,彼此成就。

六、社会名流公共关系策略

(一)社会名流公共关系的重要性

"名流"指知名、杰出人士,"社会名流"指在社会各个层面做出优异成绩,对社会生活、公共舆论有较大影响力的人,包括各领域权威人士、影视和体育明星、社交媒体KOL等。

"KOL"指关键意见领袖。"意见领袖"是传播学四大奠基人之一的保罗·拉扎斯菲尔德(Paul F. Lazarsfeld)在《人民的选择:选民如何在总统选战中做决定》一书中提出的概念,指活跃在人际交往中,经常对他人提出信息、观点或建议,并对他人施加个人影响力的人物。新媒体时代,各行各业的意见领袖不断涌现,他们通过社交媒体,就社会公共事务、自己擅长的领域发表观点,或分享自己的生活状态、奇闻逸事,从而吸引了大批跟随者和拥护者,拥有了可观的"流量"。

社会名流对公众具有较强的影响力和号召力,发展社会名流公共关系也非常必要。一方面,社会名流可以为组织带来巨大的"流量"。社会名流往往被大众所熟知,拥有庞大的人际关系网络,微博、抖音平台上的网络博主动辄拥有千万粉丝,其影响力甚至超过了许多媒体。通过社会名流传递组织的相关信息,信息的触达率更高,传播力更广,有助于提高组织的知名度。另一方面,社会名流中有一些人士是行业内的权威人士,通过他们为组织"背书",能够增强组织的可信度。且这些行业内的专家拥有深厚的知识积淀,他们可以为组织提供专业咨询和意见,协助组织做出专业决策。

(二)社会名流公共关系的运作策略

1. 增强沟通,保持紧密联系

组织要加强与社会名流之间的联系沟通,保持紧密的关系。组织要及时向社会名流传递相关信息,包括组织重大决策信息、最新产品信息、活动信息,特别是和对方利益紧密相关的信息等,帮助社会名流建立对组织全方位的认知。在组织举办发布会、节庆日庆典活动时,可以给社会名流发送邀请函,邀请对方来见证、参与组织的重大时刻。此外,组织还要及时了解社会名流对组织的意见和看法,促进信息的双向流通。值得注意的是,在与社会名流交往的过程中,组织态度要真诚、不卑不亢。彼此尊重是双方进行交流沟通、平等对话的前提,面对"名人光环",组织要谦逊但不能谄媚,要尊重但不能畏缩。

2. 双向回馈,为彼此创造价值

组织和社会名流相处的最好状态是双方能够为彼此创造价值。任何仅依靠单方面提供价值的关系都是不能长久的,组织和社会名流要相互成就,才能建立长期的、稳定的关系。社会名流的知名度、专业度、影响力、流量等对于组织来说都是可图的"价值"。同样,组织也要为社会名流提供"价值",只有提高组织的知名度、社会影响力和号召力,社会名流才更愿意与组织结交,发展彼此之间的友好关系。

3. 用心经营,建立社会名流关系网络

组织要经营自己的社会名流关系网络。新媒体环境下,流量资源对于组织的价值意义不言而喻。一般来说,社会名流都拥有较为可观的流量,组织通过社会名流可以快速触达消费者。而且由于"名人效应"和"移情效应",消费者会将对社会名流的尊敬、喜爱之情部分地转移到组织,所谓"爱屋及乌",消费者更容易对组织产生好感和信赖,因此,社会名流就是组织重要的流量资源。组织不仅要好好经营现有的社会名流关系网络,还要进一步发展其他的更大的社会名流关系网络。

4. 合作共赢,与社交媒体KOL友好互动

组织要重视社交媒体KOL的力量,与其建立良好的合作关系。伴随社交媒体的发展,社交媒体KOL进入大众的视野,他们在社会生活中扮演着重要角色,对社会公众具有强大的影响力和号召力。社交媒体KOL除了能够帮助组织增强曝光度和知名度外,还能在一定程度上帮助组织完成"流量变现",为组织创造商业价值。比如,一些企业会在节庆日时,给社交媒体KOL寄送产品周边,为其制造"仪式感";在新品发布上市时,也给社交媒体KOL寄送最新产品,让对方抢先体验。作为回馈,一些社交媒体KOL会在社交媒体上同步更新产品使用体验,从而提升品牌的曝光度,"种草"消费者。

七、同业公众公共关系策略

(一)同业公众公共关系的重要性

同业公众公共关系也称竞争对手公共关系。同行之间由于生产的产品或者提供的服务相同,在同一市场中要想存活下来,"做大做强",彼此之间必然存在激烈的竞争。一般来说,同行之间"优胜劣汰""适者生存",处于对立关系之中。但也正因为存在众多的共同之处,同行之间的联系十分紧密,有时候又会成为利益共同体,甚至会出现一荣俱荣、一损俱损的局面。

良好的同业公众公共关系有利于形成健康、积极的竞争氛围,这样企业才能在竞争中互相激励、共同进步。若同行之间处于恶性竞争关系,为达到目标,不择手段,很有可能会影响市场秩序,破坏市场规则,引发消费者的反感,进而阻碍整个行业的发展。因此,从某种程度上来说,同行既是对手,也是并行的朋友。

随着移动互联网技术、科学技术的飞速发展,人们的生活日新月异,生活消费习惯不断迭代升级,其中蕴含着不少商机,很多新兴行业趁势崛起,涌现出大批企业。在这些企业的发展初期,除了要快速抢占市场份额,赶超竞争对手,更需要大家携手谋求行业的积极发展。行业的蓬勃发展态势是企业快速发展的重要保障。特别是新兴行业崛起之时,亟需大家共同努力,打开局面。例如,在早期人们线上消费习惯尚未养成之时,淘宝、京东、苏宁易购、当当等电商平台,除了谋求各自企业的发展,同样需要兼顾到行业的发展,只有激励消费者进行线上消费,完成消费者消费场景迭代,这些企业才能存活。总而言之,处理好同业公众公共关系,就是要处理好企业与竞争对手之间的"竞合"关系。

(二)同业公众公共关系的运作策略

1. 树立正确的竞争观念

竞争不一定是"你死我活",也可以是双方共赢。要树立新的竞争观念,有时候一个优秀的竞争对手所能带来的力量甚至会超过一个朋友。企业在与同行相互"较劲"的过程中,能够最大

程度地激发自身潜力,挖掘自身价值,迸发出巨大的生产力和创造力,在竞争中开创多方共赢的新局面。比如可口可乐与百事可乐、麦当劳与肯德基、蒙牛与伊利等,它们彼此之间互为竞争对手,在新品研发推广、市场占有率、品牌知名度等各个方面展开激烈角逐,也正是在"你追我赶"的过程中,这些企业完成了产品优化升级,突破了自我,不但成就了自己,也成就了对方。

2. 采取正当的竞争手段

企业竞争应有道,要遵循公平、公正的原则。在同行业竞争中,想要避免成为"大鱼吃小鱼"中被吃掉的"小鱼",企业自然要拼尽全力,披荆斩棘,争取在激烈的角逐中脱颖而出。竞争是不可避免的,但不正当的竞争方式和手段却是"杀敌一千,自损八百",甚至可能违反《中华人民共和国反不正当竞争法》,给企业造成严重负面影响,危害我国社会主义市场经济健康有序的发展。

随着社会化营销的兴起,"黑公关",即通过信息网络有偿发布虚假信息,恶意抹黑中伤他者也成为一些企业打击竞争者的手段。"黑公关"违背了职业道德和法律法规,扰乱了市场秩序,造成了恶劣的社会影响。需要明确的是,虽然同行业竞争者在争取各自利益方面存在着冲突,但在共同满足市场需要的社会整体利益上是相互促进的。从市场的整体环境来看,积极健康的竞争关系能够使市场充满活力,保持蓬勃向上的发展势头,而良好的市场氛围自然有助于企业的发展。

3. 加强同行间的联系沟通

企业与同行要加强联系沟通,并肩合作推动行业的发展,进而推动企业的发展。同行之间的合作关系与竞争关系同样重要,特别是面对崭新的、未知的领域时,大家都是摸索前行,单方的力量毕竟有限,这时同行之间的通力合作十分必要。企业家们就行业的发展趋势、行业发展的重点难点等进行交流探讨,发生观点碰撞,促进信息共享,有望合力推动整个行业的进步,达成多方共赢的有利局面。以互联网行业为例,2014年首届世界互联网大会在乌镇举办,此后公司总部在浙江杭州,同样也是浙江人的网易创始人丁磊以东道主的身份在乌镇设宴,邀请互联网行业内知名企业家们一起探讨互联网未来的发展,贡献各自的先锋观点。

4. 关注竞争对手的发展

企业要关注竞争者的发展状况,及时调整战略部署。俗话说"知己知彼,百战不殆",要想在同类企业中脱颖而出,除了埋头做好自己的事情外,也要抬头洞察整个行业的发展趋势,知晓竞争者的最新动态。新媒体时代,资讯四通八达,企业要善于在众多信息中检索有效信息,学习竞争者值得学习的方面,摒弃不好的方面,强化优势,补齐短板,提高自身核心竞争力。例如,当同类产品在研发、生产、推广等环节中出现问题时,企业要及时审视自身有没有同样的问题,秉持"有则改之,无则加勉"的态度,寻求企业更好的发展。

【案例4-8】　　A股游戏巨头三七互娱、世纪华通联手谋发展[①]

21世纪以来网游在我国市场快速兴起,游戏、电竞行业发展迅猛。近年来随着"Z世代"的消费能力提高,付费意愿变强,游戏市场收入持续增长,游戏头部企业之间的竞争也愈发激烈。

---

① 许恋恋:《"结盟"半月再送厚礼 三七互娱拟2亿元增持世纪华通股票》,https://baijiahao.baidu.com/s?id=1599451960351525126&wfr=spider&for=pc,2018年5月3日。

2018年4月19日,游戏头部企业三七互娱宣布与世纪华通签署战略合作协议,称双方将本着"资源共享、优势互补、共同发展"的原则达成战略合作,具体围绕游戏的研发、运营,以及游戏IP改编等方面展开合作。消息一经传出,引起了行业内的热烈讨论。

伽马数据《2017年中国游戏产业报告》显示,2017年中国游戏市场实际销售收入达到2036.1亿元,其中腾讯、网易两大互联网公司已经占据了国内将近七成的游戏市场份额,赛道上的其他玩家只能瓜分剩余的市场,竞争十分激烈。

三七互娱、世纪华通均为A股头部游戏企业,在游戏市场有着较大的影响力,两家企业的主营业务较为相近,且都与超级IP"传奇"有着密切联系,早期双方在游戏业务上已经开展过一些合作,为了谋求更进一步的发展,双方决定成为战略合作伙伴,相互扶持,并肩前行。三七互娱与世纪华通由竞争者转变为合作者,对双方资源进行整合,资源共享,优势互补,有望寻找到新的发展突破口。

数据显示,2020年由于疫情居家带来互联网游戏红利,游戏行业呈现爆发之势,三七互娱与世纪华通市值携手冲破了千亿元大关[①]。同行之间在竞争中求合作的"竞合"模式并不少见,比起"你死我活""零和博弈",越来越多的企业开始选择"非零和博弈",和同业携手抵御行业中潜在的风险,谋求多方共赢的新局面。

---

① 任建新:《A股游戏老大又换人了》,https://www.thepaper.cn/newsDetail_forward_18031042,2022年5月11日。

第五章　公共关系调查

公共关系调查是公共关系活动中兼具理论性和实践性的一环,尤其在当今互联网时代,公共关系调查的内容、调查方法均随时代演进而发生变化。本章将重点阐述公共关系调查的内涵与一般流程、公共关系的内容,以及互联网时代的公共关系调查方法。

第一节　公共关系调查概述

新媒体时代公共关系调查的内涵既有变化的部分,又有不变的部分。作为社会历史发展中的公共关系调查,今天的公共关系调查在调查环境、调查对象、调查工具与方法上不同于以往。作为整体公共关系活动的一部分,公共关系调查实践沉淀了一套相对规范化、模式化的操作流程。

一、公共关系调查的内涵

公共关系调查是整体公共关系工作中的首要环节,是运用科学有效的方法围绕公共关系主体与公共关系对象而展开的调查性实务活动。通过系统性地搜集组织内外情况、公众舆论及与组织相关的社会环境信息,在综合分析全部材料的基础上得出对于主体公共关系状况的客观性评价,并以此指导公共关系活动的计划与实施。

互联网时代的公共关系调查在调查环境、调查对象、调查工具与调查方法上都有所更新。在调查环境上,技术环境升级间接导致信息传播环境的变化使得今天的公共关系调查不同以往。数据显示,截至 2022 年 12 月,我国网民规模达 10.67 亿,互联网普及率达 75.6%[①]。同时,随着我国 IT 基础设施的发展完善,社会整体的数字化程度加深,未来信息技术的创新也将逐步从个人向产业领域转移,这使得个体、企业、政府各个层级的主体将更多依托互联网与数字技术开展活动,作用到信息传播环境层面,网站、社交媒体、应用程序成为政府和企业触及公众的重要渠道,公众对企业的评价遍布在大众点评、小红书、微博等新媒体平台中,网络公共关系公司、搜索引擎优化师、大数据舆情监测工具也应运而生。政府、媒体记者、公司企业、消费者都更多地使用互联网搜集和发布信息,由此生成的海量数据信息也成为极富商业价值的调查资料。在调查对象上,互联网情境下企业和政府面临的不再是抽象的"公众",而是一个个能够借助网络凝聚起磅礴势力的"个人节点",拥有共同价值观和理念的人会因互联网而凝聚在一起。在调查工具上,早期的社情民意需要通过问卷、电话以当面或邮寄的形式来收集,如今媒体方与第三方都可为企业提供大数据舆情监测服务,调查人员还可以利用 Python 爬虫的手段从互联网中获取有关企业的评价。在调查方法上,传统的问卷调查法、访谈法、实验法

---

① 中国互联网络信息中心(CNNIC):《第 51 次中国互联网络发展状况统计报告》,https://www.sohu.com/a/658769255_115318,2023 年 3 月 2 日。

现如今均可依托互联网展开,此外也有像大数据挖掘与分析这种基于互联网大数据而发展出的调查方法。总之,互联网时代下公共关系调查在诸多方面都有变化更新,公共关系调查需要在把握互联网媒介特性以及调查对象属性的基础上,根据情况选用适当的调查方法,善用各类新旧调查工具。

二、公共关系调查的一般流程

(一)明确调查目的,提出调研目标

公共关系调查开始之前要首先明确调查目的与调研目标。调查活动是以问题为导向展开的,调查目的与调研目标决定了后续调研方法的选取与调研计划的制订。

(二)制订调查计划,选择调查方法

在目标明确后,调查人员需要综合考虑调研目标、时限、经费成本,在此基础上撰写调查计划。一般的调查计划应包括但不限于以下五个部分。

(1)本次调查所针对的问题以及相应的调查目标与调研意义。

(2)调查范围,即地理维度上调查开展的范围,根据层级可划分为国际范围、全国范围、省市级范围、市辖区范围、街道社区范围。

(3)调查对象及调查对象的选取方式,即本次调查针对哪一类公众或哪几类公众,调研内容的不同会导致调查对象划分指标的不同。常见的划分依据有人口统计学指标、兴趣爱好、特定的行为习惯、身份(如某企业员工、员工家属)、事件参与、价值理念等。对已明确的调查对象采用何种选取方式,主要包括全面调查与抽样。通常情况下,在调研对象总体数量庞大时,为节省研究经费并保证研究效率,会选取抽样的方式。抽样又分为概率抽样与非概率抽样,这两种方法各有优劣,需要根据具体研究内容、研究目的与客观因素选择。

(4)调查方法,即说明本次调研所采取的方法。一次完整的公共关系调查既可以采用单一方法,也可采用多种方法结合的策略,这需要综合考虑调查内容、调查对象的特征、经费、调查时间等因素。此外,调查方法也决定了后续所需使用的调查工具、对调查员的培训内容。

(5)调研经费、所需的人力及物力支持(包括调查人员的选择与培训、调研所需的器材设备)、预计总体调研时长及分阶段的详细调研内容。

(三)培训调查人员,实施调查计划

在正式调查开始之前的一项重要工作是对调查人员进行有针对性的培训,不同的调查课题、调查方法及调查对象对调查员的知识、能力、素质要求不同,如采取访谈法和采取大数据挖掘分析法,就各自对调查人员有不同侧重的能力要求。此外,一些通用性的调查沟通技巧的培训可避免调查数据产生偏差,以保证调查结果科学有效。调查计划的实施主要包括四个阶段:收集资料、筛选无效信息、资料归类与分析、得出调查结果。

(四)撰写调研报告,进行项目评估

公共关系调查的最终阶段是将调查结果输出为调研报告,针对调查结果得出观点及建议并辅以客观性的关键数据支撑。调查报告的撰写要条目清晰、内容简明、观点有力,同时具有科学性和参考性,一份科学严谨的调查报告能够在很大程度上为后续公共关系活动的策划实施节省成本。公共关系调查人员还需要在调查结束时对整体的调查工作与调查结果进行项目评估,包括以下内容。

(1)评估调查工作完成情况。这一点主要包括以下内容：调查进度安排是否合理、调查范围和调查对象是否选取得当、调查所采用的工具与方法是否适用实际情况、调查工作中有无出现突发状况或难题、问题是否得到解决、有何经验和收获、整体调查工作是否达到最初制定的调查目标。

(2)评估调查结果，主要分为实务应用层面的评估和理论价值层面的评估。实务应用层面的评估关注的是，本次公共关系调查所得结果是否能够有效解决公共关系主体所面临的问题，以及调查结果的实际应用价值、指导性意义、被采纳情况和应用效果。理论价值层面的评估关注的是，本次调研结果是否能总结出对特定问题或某一类公共关系主体具有相对适用性的方法论指引，这要求调研结果不但具备科学性、真实性、完整性，还要具有一定的创新价值。

三、公共关系调查的意义

（一）调查是公共关系活动的第一步

美国公共关系学者格伦·布鲁姆、艾伦·森特、斯科特·卡特里普在《有效的公共关系》一书中提出了经典的"公共关系四步工作法"，即调查、策划、实施、评估[①]。长期以来，调查一直是公共关系活动中的首要环节，是后面三个步骤的基础，调查能为策划提供参考依据、为实施提供坚实基础、为评估提供评价标准，增强整体公共关系活动的科学性。

（二）调查能够了解公众意见，排查潜在问题

公共关系调查包含例行调查与事后公共关系调查，但无论哪一类调查都可帮助公共关系主体了解公众的需求和意见，排查潜在"病患"。例行调查，指在组织尚未陷入显在危机时定期采取的调查。所谓"上医治未病，中医治欲病"，在例行公共关系活动中，调查发挥的就是"防患于未然"的作用。平日看似风平浪静，但组织内外常会存在一些有关组织的消极言论和意见，但此时声势尚小且影响甚微，例行调查能发掘此阶段中组织的潜在问题，若处理得当、应对及时，便可消解一次潜在的危机事件。事后公共关系调查，指危机事件发生以后公共关系主体在开展应对性公共关系活动之前所采取的调查，这更接近于"下医治已病"。消极舆论及危机事件已经对组织造成损害，此阶段的调查有利于了解公众对于当前危机事件的看法、整体舆论阵营划分、舆情走向、关键传播节点，从而为后续一系列公共关系活动提供支撑。

（三）调查帮助公共关系主体了解自身，为决策提供依据

公共关系调查能帮助公共关系主体了解组织自身、产品或服务在公众心中的形象及定位，这有助于公共关系主体评估自身组织形象、产品形象和服务质量，进而清晰刻画出组织或产品在当前社会、市场中的形象及定位，为企业或政府机构等公共关系主体高层管理者及各部门人员执行日常工作提供参考，为相关人员采取重大决策提供依据。

（四）调查本身也是公共关系的过程

公共关系调查本身也是组织公共关系的过程。公共关系活动效用的发挥实则从调查

---

① ［美］格伦·布鲁姆、艾伦·森特、斯科特·卡特里普：《有效的公共关系》，明安香译，华夏出版社2002年版，第289页。

环节就开始了，一次组织周密、方法科学、执行严谨且调查人员专业而富有亲和力的调查活动本身就能给被调查者留下良好的印象，修复组织受损形象，塑造正视问题、积极作为的形象。此外，调查活动还能帮助企业或政府等公共关系主体维系与公众的关系，建立良好的声誉。

（五）有助于公共关系人员获得企业信任、建立声誉

准确可靠的调查结果能帮助公共关系人员获得组织信任并建立自身声誉。无论是对于组织内部公共关系部门工作人员，还是对于外聘的公共关系公司而言，在公共关系调查中展示坚实的调查功底并分析出有助于活动进展和企业发展的调查结果对公共关系人员尤其重要。这一方面有助于增加企业高层对公共关系人员的信任和对公共关系活动的重视；另一方面，有助于展现专业实力，为公共关系部门或公共关系企业自身建立品牌声誉。

第二节 公共关系调查的内容

公共关系活动的目的在于提升公共关系对象对公共关系主体的认知，无论是公共关系活动自身的开展，还是公共关系活动所牵涉的主体都是处于一定社会环境之中并受其制约和影响。因而公共关系调查的内容需围绕公共关系活动参与主体及其身处的环境展开，主要包含三方面，即组织情况调查、公众情况调查和社会环境调查。本节详细介绍了公共关系调查中通常包含的内容，但在实际情况中还需结合现实需要适当取舍、分清主次。

一、组织情况调查

组织情况调查分为组织基本情况调查和组织形象调查。前者主要调查组织自身的基本信息，后者是在综合组织内部员工与外部公众意见的基础上得出对组织的整体印象和评价。

（一）组织基本情况调查

组织基本情况调查主要针对组织自身及内部展开，可分为以下内容。

(1) 基本信息调查，包含组织名称、创办时间、发展历史、规模、地理位置、法人代表、高管及管理水平、物质基础、技术实力、财力状况、员工状况、既往公共关系历史等。

(2) 经营运作状况调查，包含经营范围、主要产品及服务质量、企业文化、经营理念、发展目标及愿景、上市情况、既往重大事件等。

(3) 针对问题的调查，即在已经发生危机事件或察觉已经出现问题端倪的情况下，对组织的基本状况调查还需围绕已产生的问题开展，包含问题产生的内部环境诱因、政策诱因、历史因素、人员因素、管理因素等。

在互联网时代，组织基本情况调查可借助网络手段方便快捷地知晓，相应的网站及工具包括国家级企业信息公示网站、第三方企业信息服务平台、组织企业官方网站、媒体及新闻报道、社交媒体中的用户生成内容，比如国家企业信用信息公示系统、企查查、天眼查、爱企查等。

（二）组织形象调查

组织形象调查是组织内部人员与外部公众对组织的整体印象和评价。组织形象调查可从组织的自我预期、组织的实际形象以及二者间的差距三方面入手。

1. 组织的预期形象

组织的预期形象是指公共关系主体对于自身在社会中的形象期待。预期形象的调查又可从以下四方面入手。①内部员工对自我发展的期待及组织形象的预期。组织作为为实现特定目标而集成的有机整体,其总体形象既体现在员工个人层面,也反向受每个员工的影响。组织员工的自我期待,对组织形象的期待,在组织中的成就感、归属感都会外化为实际行为表现,从而影响组织的整体形象。②组织领导及管理层对组织形象的预期。组织的形象定位自组织建立之初便受到领导人个人风格、价值观、经营理念的影响,组织中起到关键决定性作用的高管层对于组织的预期高度决定组织的整体形象。③组织资料和信息。组织内部资料与政策信息往往侧面透露着组织对自我的形象预期,包含组织内部宣传材料、政策规定、办公环境、组织对外宣传材料,如公众号文章、新闻宣传稿、广告信息、活动手册等。④产品或服务形象,即组织对于自己为社会公众所提供的产品或服务的预期与定位。

2. 组织的实际形象

组织的实际形象是指通过客观指标测量得出的组织在社会公众心中的现实形象。组织实际形象的调查纵向上可从以下五个方面入手:组织整体形象、管理水平、员工素质、产品或服务评价、组织对外的传播活动;横向上可从以下两个方面入手:知名度和美誉度。知名度是水平范围内的横向测量指标,是指社会公众对一特定组织的知晓程度。该指标反映的是组织在社会中的声量范围及影响力,但单一指标表现良好并不能完整刻画组织的实际形象,如"臭名昭著"就是典型的高知名度+低美誉度,因此要想测量组织在垂直范围内的社会地位需要引入另一指标——美誉度。该指标是指公众对一特定组织的肯定和赞誉程度,反映的是组织自身及其所提供的产品或服务质量在多大程度上为公众所肯定,以及组织在市场竞争中所处的位置。二者的计算公式分别为:

$$知名度 = 知晓人数/调查人数 \times 100\%$$

$$美誉度 = 赞美人数/调查人数 \times 100\%$$

3. 组织的自我预期与实际形象间的差距

预期形象与实际形象的调查结果均可通过量化数据或质化描述的方式呈现出来,比如组织的知名度可通过数值展现,而公众对组织、产品或服务的印象可通过词云图方式呈现,当出现"预期形象>实际形象"时,则说明组织在经营管理、产品服务、对外传播等环节中暗存威胁,需要提高警惕。对比预期形象与实际形象间的差距在例行调查中可起到问题排查、预防危机的作用,在事后调查中可用于检测问题源。

二、公众情况调查

公众情况调查包含公众构成调查、公众诉求调查与公众舆论调查。

(一)公众构成调查

公众构成调查指公共关系主体开展的有关公共关系对象的调查。组织首先需要明确何种人群对组织实现目标起着直接作用,通常这部分公众是组织的目标客户或长期服务对象,抑或是组织危机事件中的核心涉事人、关键传播节点。考察这部分人的构成有助于明晰后期公共关系活动策划所要针对的人群,对于不同特征的公共关系对象采用不同的话语策略及公共关系手段。公众构成调查包含两个方面:①人口统计学上表现为何种特征,如性别、年龄、民族、宗教信仰、地域、文化水平、职业、行业属性、收入、婚姻、家庭人口数、健康状况等；②行为习惯及消费偏好特征，如媒介偏好、场景偏好、兴趣爱好等。

（二）公众诉求调查

公众诉求是指社会公众对于组织所提供的产品、服务或精神价值的需求与期待。政府、企业、团体这些组织都是为社会提供服务、满足社会公众需求而存在，考察公众对组织的诉求是"倾听"的过程，能否满足公众诉求很大程度上决定了组织的发展成败。具体而言，产品及服务也即物质层面的诉求，涉及质量、功能、外观、体验、定价等；精神价值更多指组织依托自身发展历史、发展理念、经营管理观念或品牌主张为公众带来的认知和心理层面的需求满足。如民族品牌华为，在提供通信类智能终端产品、信息与通信技术解决方案之外，公众对该企业的精神诉求源于企业的发展历史、发展理念和技术实力所综合带给国内消费者的民族自信。

（三）公众舆论调查

舆情是一定时期内社会公众整体的思想、心理、情绪、态度、意见的集合。舆论是舆情的重要组成部分，是指在特定时空范围内公众对于特定议题所公开表达的基本一致的态度或意见。当公众舆论作用于社会组织时，能起到左右组织政策取向、行为举措的效果。公众舆论调查是公共关系人员针对某特定议题围绕公众的情绪、心理、态度、意见、信念所开展的调查，目的是为了解社会中大多数人对于特定议题的看法、明晰舆论偏向、预测未来舆情发展走向，在舆论演变的不同阶段采取适当的应对措施。在互联网时代，组织信息的传播扩散和公众意见的表达大部分依托互联网媒体，网络舆论调查的重要性日渐凸显，相应的公众舆论调查涉及两个方面：舆论传播的关键节点、舆论传播特征。

1. 舆论传播的关键节点

舆论传播的关键节点既包含信息发布源，又包括关键性扩散节点，这类节点往往又是关键意见领袖（KOL）。在互联网的信息传播中，信息扩散呈现网状结构，那些链接用户数量多、类型广，又具有一定引领性的关键意见领袖通常是群体信息传播中的重要信息来源。他们在舆论中扮演着连接不同群体、扩散信息、扩大事件影响的关键作用。关键意见领袖往往具有以下特征：处于某一阶层某一领域的相对权威地位，拥有某种价值观、能力或资源，易于接近，能在传播中得到某一群体的认同和追随。在互联网传播环境中，这类信息传播节点往往能披露关乎组织命运的重要信息、辅助扩散信息传播、扩大事件影响力、主导舆论风向、扭转事件局面。

2. 舆论传播特征

舆论传播特征包含以下方面：①信息扩散速度、舆论发展的阶段及走向变化、传播形态（如围绕某几个关键节点的散射状传播、相对垂直封闭的链条式传播等）、传播形式（包含图、文、视频等）、信息虚实；②公众对事件的知晓度、内容了解的完整度，哪一类公众群体参与了核心讨论、态度如何、发挥了怎样的作用；③舆论传播主要分布在哪些媒体平台，这些媒体平台的属性类型及传播特征是怎样的，是否存在跨屏平台媒体的信息传播等。

三、社会环境调查

公共关系调查中的社会环境调查是从宏观与中观层面调查一切有关组织运行的外部因素，可从社会整体的基本环境与公共关系主体所处的细分行业的市场竞争环境两个层面考察。

（一）基本环境调查

基本环境调查提供了组织生存发展所处环境的最基本信息，因而通过此类调查所收集的信息适用范围广、可重复利用率高，但也容易缺乏针对性。它更多提供的是基础性、常识性、背景性信息。在从宏观层面展开调查时需要考虑到，所有组织生存于一定的社会中势必受到国家政治与法律政策、经济发展、文化习俗、技术条件的牵制，但无论调查以上哪一方面，公共关系人员在调查基本环境时都需要兼顾不同国家、不同地区的共性与个性，尤其要将"中国特色"的情况与因素纳入考虑。

1.政治与法律环境调查

政治与法律环境调查指公共关系人员根据公共关系主体活动所开展的地域，调查国际或特定国家、地区的政治形势、法律、法规、部门规章与政策信息。比如，对于类似"新疆棉事件"的大型国际事件，涉事品牌众多，国内外影响极强，表象上是由品牌引发的公共事件，实则受到国际政治因素暗箱恶意操控，对中国新疆地区棉花企业的国际形象造成了影响。此类调查需从事件参与主体所属国家及当前国际关系、国内外政治局势出发，具体包括：①政治局势；②国际关系；③政治环境；④政治制度与政党制度；⑤国家的政策方针。

此外，国家法律及规章制度是组织活动的底线，通过法律及政策环境调查既有助于了解公共关系活动背景，也有助于指导组织与公共关系人员针对具体事项制定下一步措施。调查内容以中国法律环境调查为例可分为：①政策法规内容调查，如《中华人民共和国广告法》《中华人民共和国商标法》《中华人民共和国专利法》《中华人民共和国反不正当竞争法》《中华人民共和国消费者权益保护法》《中华人民共和国劳动法》《中华人民共和国食品卫生法》《中华人民共和国环境保护法》《中华人民共和国产品质量法》等；②政策法规实施环境调查，包括司法及执法机关执行力度、企业法律意识、行业法治水平等。

2.经济环境调查

经济环境调查是指公共关系人员对于公共关系主体所在国家或地区的宏观经济状况进行的调查，具体包括现行经济体制、宏观经济政策、经济发展水平、经济周期、经济结构、居民消费水平、消费结构、人口总数及增速、人口结构与分布、国民收入、就业率及失业率等。

3.文化环境调查

文化是人类精神活动的集合，也是人类精神活动的产物。文化环境调查是公共关系人员对公共关系主体所处环境内的社会规范、伦理道德、风俗习惯、宗教信仰、价值观念、生活形式、文化教育水平的调查。文化既是流动的、包容的，又是在一定时空范围内具有相对稳定性的，文化既能对特定国家和地区起到秩序维护的作用，也会反向形成文化隔阂。正因为如此，组织开展公共关系活动前必须深刻了解当地文化背景，充分尊重文化差异。

4.科技环境调查

科技环境调查是公共关系人员对公共关系主体所在市场的技术应用情况及发展趋势展开的调查，具体包括行业产业链中的核心技术及应用发展水平、技术的核心掌控者、是否有新技术出现、此类新技术的特征、当前市场的应用情况、新技术所带来的潜在机遇与威胁。

（二）市场竞争环境调查

市场竞争环境调查是公共关系人员从中观层面针对公共关系主体所处的行业领域与细分

市场展开的调查。中观层面的市场竞争环境调查相较于宏观层面的基本环境调查而言能够提供更有聚焦性的信息,具体包括组织所处行业的整体规模、行业特点、未来发展潜力和趋势、产业链状况、当前市场细分、市场竞争状况、组织自身的市场地位、组织的市场占有率等。

第三节 公共关系调查方法

随着传播媒介的演进,早期的公共关系调查方法在如今已有所更新,许多方法可依托互联网等新兴媒介以新的形式展开,但在确定调查方法之前还需确定样本选取方式。采用何种调查方法是根据调查主题、调查目的、调查对象特征决定的,但总体都是不同形式的资料收集手段。而在正式的资料收集之前需要考虑如何选取资料收集的对象,即普查和抽样。一般在调查对象整体数量较少、规模较小且内部异质性较强时,可考虑对调查对象进行整体分析,但通常情况下,现实调查活动中所面临的公共关系对象往往规模、数量庞大,因此需要采取更省时省力的方式,在尽可能还原整体意见、保证调查结果具有参考价值的同时缩减调查成本,这就是抽样。

一、抽样方法

(一)抽样的概念

抽样(sampling)是指从调查对象的总体中抽出部分个体组成用于研究的样本的过程。抽样的目的在于从庞大的研究对象中以科学的方式选取出能够对总体具有足够代表性的部分个体,以此来推断调查结果适用于总体的可能性。抽样的好处在于不需要对总体中的每一个体进行调查,可以节省时间、人力和经费的投入,提高整体调查活动的效率,但既然是从调查对象总体中选择出部分个体就必然会存在误差,毕竟部分并不能完全等同于整体,由此产生的误差叫作抽样误差(sampling error)。

抽样误差是人群数量上的误差,可以通过增加样本量的方式来尽可能降至最低,因为当样本量越多的时候,也就越有可能覆盖到调查对象总体内部不同个体的不同面向,尤其当总体内部异质性较高时,小规模抽样很有可能遗漏许多不同特征和个性的个体从而造成抽样误差较大,调查结果难以适用于整体。除此之外,此阶段还会涉及覆盖误差(coverage error)。覆盖误差是人群结构上的误差,指调查人员确定的抽样框所覆盖的范围与实际目标调查对象的总体情况不符。抽样框是指包含调查对象总体内全部个体的详细名单,覆盖误差会降低或增加部分群体被选入样的机会。比如,大学生为完成作业常常选择在微信朋友圈分享电子调查问卷,且不论作业选题是否适合采用线上电子问卷的方式展开调查。大学生群体的通讯录好友多为同年龄段、学历水平相差不多的朋友、同学,通过向朋友圈发放问卷回收结果很可能导致回收数据普遍反映的是大学生群体的意见,即便再扩大问卷回收数量,调查结果依旧无法推及其他类型的群体。同样地,如针对全年龄段群体的调查项目若只依靠互联网电子问卷的形式展开调查,很可能错失那些不经常上网、媒介素养较低或根本没有上网条件人群的意见,从而使结果与实际情况产生偏差。即便抽样样本能很好地代表目标调查对象总体,还可能产生另一问题——无应答误差(nonresponse error)。无应答误差是更加不可控的,它指由于样本的问卷回收率低所产生的误差。当无应答样本呈现出某一固定特征或与已回收样本存在差异时,就会导致数据结果实际上由于缺少某一类特定群体的意见而产生偏差。

(二)抽样的类型与应用

抽样可分为概率抽样与非概率抽样。一般而言,公共关系调查人员可根据调查主题、调查目的、调查性质、调查方法及客观条件的限制,综合考虑采用何种抽样方式。

1. 非概率抽样(non-probability sampling)

非概率抽样又称非随机抽样,是指调查者根据自己主观判断而不依照随机原则所采取的抽样。此类抽样方式无法确定每一样本被选中的概率,也无法计算抽样误差,故不能从样本推断总体,缺乏一定的精确度。但非概率抽样实施简单方便、节约成本,适用于探索类调查,可帮助调查人员深入挖掘调查对象对某一事物的观点和见解。非概率抽样包括方便抽样、立意抽样、配额抽样、滚雪球抽样。

(1)方便抽样(convenience sampling)。方便抽样也称任意抽样、偶遇抽样(accidental sampling),指调查人员按照随意性原则抽取那些接触成本较低的个体作为样本,因而该类抽样方法是简单、快捷、低成本的抽样方法,常见如新闻记者的街头拦人采访、商场调查员在线下随机选取顾客进行的满意度调查等。此外,个体的接触成本是否低不仅限于调查人员单方面判断,方便抽样的样本还可由被调查对象主观意愿决定。如"志愿者抽样",即调查方发布的电子问卷长期公示在网站上且面向所有公众开放,任一用户都可根据自愿原则点击参与调查。但总体而言,由于该方法受主观性和非随机性影响,最终样本往往不能代表调查对象总体,调查结果不具有推广性,因而该方法更适用于探测性调查、小范围试调查或者调查对象总体同质化程度高、调查预算少、资料收集时间紧迫等情况。

(2)立意抽样(purposive sampling)。立意抽样又称判断抽样(judgemental sampling)、目的抽样,是调查人员根据自身经验、专业性、主观判断结合特定调查目的来选取具有代表性的样本。该类调查方法同样具有便捷、快速、低成本的优势,同时具有较强针对性,比如某类日常生活中难以接触到的亚文化群体,采取立意抽样可以在较短时间内收集到相对有聚焦性的信息。但是同样由于无法计算抽样误差,该抽样方式取得的调查结果不能推断总体。立意抽样适用于对某类特定群体的调查,调查对象总体数量较少、内部异质性较小,调查人员对研究领域及目标群体十分熟悉,或者适用于受制于时间、人力、预算等客观条件及可选样本有限的情况。

(3)配额抽样(quota sampling)。配额抽样也称定额抽样,是调查人员根据某一个或几个控制变量将调查对象总体划分为几个类别,并按照各个类别在总体中的比重按比例抽取相应数量样本的抽样方法。配额抽样相较于前几种抽样方法而言,其结果更具代表性,但由于具体到每一类别样本的抽取环节仍采用的是方便抽样或立意抽样,无法确定每一个体出现在样本中的概率,进而无法计算抽样误差,因此配额抽样依旧无法将调查结果推及总体。此类抽样方法适用于调查对象总体数量较多、内部具有一定异质性且调查人员对调查对象所具有的各类属性特征有一定了解的情况。

(4)滚雪球抽样(snowball sampling)。滚雪球抽样也称网络抽样(network sampling),是调查人员先根据调查主题与调查目的随机选取一批符合要求的样本,再通过介绍这些样本向其关系网络发散,进而寻找到下一批符合要求的样本,如此往复,直至样本接近饱和,无法再获取更新的信息为止。滚雪球抽样尤其适用于观察性研究以及需聚焦某类群体的调查,目标群体通常规模小、内部同质性较高、关系连接紧密、有关信息较难获取。滚雪球抽样能以较低成本快速获取同类型样本信息,但是滚雪球抽样的显著缺陷在于,由于后续样本收集都是经初始样本依人脉关系层层推荐而来,因此样本间相似度较高,一旦遗漏某种特征容易使整体样本产生较大偏差。

2.概率抽样(probability sampling)

概率抽样是指调查者依据随机原则所采取的抽样,此类抽样方式能使每一个体被抽中概率均等,因而能确定个体被抽中的概率。概率抽样常常用于样本量较大且追求准确性和代表性的量化研究中。概率抽样的抽样误差随着样本量递增而降低,但高样本量也意味着高成本,因此在实际操作中还需权衡调查目的与客观条件限制。概率抽样主要包括简单随机抽样、系统抽样、分层抽样、整群抽样。

(1)简单随机抽样(simple random sampling)。简单随机抽样又称单纯随机抽样,是指调查人员从调查对象总体中随机抽出样本并使得每一个体被抽中概率相等的一种抽样方式。简单随机抽样在具体操作中可使用抽签法或借助随机数字表来抽取样本,同时该方法要求调查人员事先备有完整准确的抽样框,即一份包含调查对象总体内部每一元素的表单,表单内部元素不能重复且不能有遗漏,若抽样框实际上包含的元素与调查对象定义有偏差则会导致覆盖误差。因此简单随机抽样理论上易于理解,能够计算抽样误差,具备准确性和代表性,但在实际调查活动中可操作性偏低,适用于调查对象总体数量较少且个体明确的情况。如对某公司内部员工开展办公环境满意度的调查,调查人员向人力资源管理部门获取公司内部全体员工的名单作为抽样框,但对于调查对象数目庞大、范围模糊、地理分布分散的调查活动而言,此种方法很难取得精确完整的抽样框,即便取得在实施中也会耗资巨大。

(2)系统抽样(systematic sampling)。系统抽样又称等距抽样、机械抽样、间隔抽样(interval sampling),是指调查人员将调查对象整体内各元素按序排列编号,根据总体规模与样本容量确定抽样间隔,再随机选取抽样起点,按计算出的抽样间隔每隔若干元素抽取一个作为样本,直至达到样本容量。

抽样间隔＝总体单位数/样本容量

系统抽样同样要求具备精确完整的抽样框,同时依照抽样框内部元素排列不同,可分为有序系统抽样与无序系统抽样。有序系统抽样指抽样框内各元素按照与研究主题有直接关系的指标排序,此种方式可保证指标数值不同的元素均有被选入样的机会,以使样本具有代表性并降低抽样误差。无序系统抽样指抽样框内各元素按与研究主题无关的指标排序或直接打乱顺序按自然状态排列。无序系统抽样更接近于简单随机抽样,但相较之下更为精确。总体而言,系统抽样适用于样本规模大、内部具有一定异质性且调查人员对调查对象总体结构较为熟悉的情况,同时面对同样规模的调查对象,比起简单随机抽样,系统抽样可以更少的样本获取更具代表性的数据,因而抽样速度快,实施更便捷。

但是,系统抽样需谨防周期性偏差,如果抽样框内各元素排列呈现出某种周期性且周期性对调查结果有直接影响,那么系统抽样结果就会产生较大偏差,即某类具有相同特征的元素被选入样而完全避开了其他特征的样本。例如,调查广告商在电视节目的投放情况,那么如果以7天为抽样间隔就很可能导致样本结果全部为周末时段或工作日时段,而由于电视节目排期在工作日与周末期间内容有显著差异,广告投放会随之呈现出周期性特点,相应抽样结果就难以代表整体。

(3)分层抽样。分层抽样也称类型抽样,是调查人员按照分层变量将调查总体划分为若干类型。分层变量是指总体中赖以进行分类的标准,分层后的不同类型间彼此互不重叠,之后在每一类型里以简单随机抽样或系统抽样的方式抽取各类型下的样本并最终构成总体样本。该抽样方式能将复杂多样的调查对象总体切分为若干个内部同一性强且外部异质性强的子类,进而使得每一类型下所得样本更具代表性,达到降低抽样误差的目的。在现实操作中可视情况采用按比例分层抽样或不按比例分层抽样,前者指每层内各元素入样概率相同,后者指每层内各元素入样概率不同。该方法适用于调查对象总体较为庞杂、内部结构与差异化特征显著的情况,同时,分层抽样的结果精确度比前面讲到的抽样类型有所提升。分层抽样与其十分相似的配额抽样相比,二者差别在于分层抽样在分层后使用概率抽样的手段,而配额抽样在分类后使用非概率抽样的手段。但分层抽样依旧需要调查员具备完整的抽样框,在实际操作中采用哪些分层变量、是否按比例进行分层抽样,这些都需要调查人员对调查对象总体情况及调查目的有清晰认知。

(4)整群抽样。整群抽样又称群集抽样、聚类抽样,是调查人员在调查对象总体中随机抽取若干群集,再在不同群集中抽取样本的抽样方式。整群抽样根据现实情况需要,可分为单级整群抽样和多级整群抽样,如对全国范围内的市民进行调查,由于调查对象在空间上过于分散,因此往往采取多级整群抽样,即从全国范围内选取几个省市,再从不同省市中选取若干城镇、街道。由此可见,整群抽样的好处在于不需要完整的抽样框且可以应对大范围、大规模调查,实施方便并能节省大量经费成本。其缺点也十分明显,从上述例子即可看出,全国性范围的调查活动实际只以某几个被选入样的城镇为最终样本来源,其代表性存疑,结果容易产生较大偏差。整群抽样的误差来源于三个方面。一是群集个数。以全国性市民调查为例,中国疆土辽阔,文化多样,不同地区群众特点、风俗习惯、经济发展状况差异明显,尤其东西部差异显著。若只从整体中抽取一个省份(群集),那么这个省份内部同一性较高,很难覆盖全国各地城市样本的差异化特征,因此群集个数提升会使不同群集更多覆盖到不同类型的样本。二是抽样步骤,即级数。抽样级数越多,也就意味着抽样误差越大,因为随着抽样步骤增多,最终样本选取范围在逐级缩小,当然这对于调查员来说会增加调查便利性,但为保证抽样结果的代表性还需在此二者之间适度平衡,控制级数。三是调查对象整体内的群集差异。整群抽样不同于分层抽样,分层抽样要求不同群集内部同质化程度高而群集之间差异度显著,而整群抽样适用于群集内部差异性较大而群集之间相似度较高的情况(见图5-1),因为这样抽取的任意群集都可以较好地代表其他群集,调查人员只需抽取一个群集即可推断总体的情况。在现实调查中可以将整群抽样与分层抽样结合使用,达到既省时省力节约经费,又保障调查结果代表性与精确度的目的。

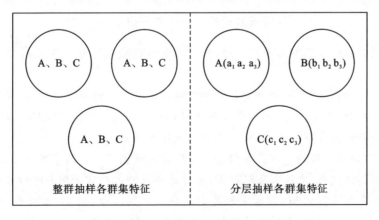

图5-1 整群抽样与分层抽样对调查对象内部特征的要求

二、资料收集手段与工具

(一)现存资料分析法

1. 现存资料分析法的概念

现存资料分析法指调查人员结合调查主题搜集、整理、分析有关的现存文献资料、二手资料的一种调查方法。该方法适用于描述性调查以及具有历时性的趋势研究和对比研究,该方法既可单独使用,也常常作为访谈法、问卷调查法、实验法等方法的前置选项,可以在聚焦某一具体问题之前用于事先了解调查活动及调查对象的背景信息。该方法操作简单、成本低廉,但可能存在资料适用性不强的问题,可考察调查人员的资料搜集能力、信息甄别能力,以及独立思考、提取要点并予以阐释的能力。

2. 现存资料分析法的分类

现存资料分析法包含文献资料分析法和二手资料分析法。文献资料分析法包括但不限于以书籍、教材、学术期刊、学位论文、会议论文、报告、统计年鉴、法律条文、政府文件、报纸、网络资讯、信件为分析对象,不同资料随发布源和发布形式的不同,其权威度和可信度各有不同。二手资料分析法指调查人员将别人调查中所收集的数据资料用于自己的研究。通常情况下,许多调查虽然主题不同,但其中的部分数据对于其他主题的调研同样适用。例如,在国内,中国综合社会调查(Chinese General Social Survey,CGSS)自2003年起定期对全国各级地方、家庭进行系统调查,收集有关中国社会及人口状况的信息,其数据资料完全向社会开放。

3. 现存资料分析法的实施

(1) 明确调查主题,收集调查资料。

(2) 整理与筛选资料。在实际操作中可用于分析的资料浩如烟海,很难完全对应到调查人员所面临的实际问题。因此调查人员需考察资料的信度与效度。在实证研究中,信度是指同一对象反复测量所得结果的相近程度,效度是指测量结果在多大程度上反映了要测量的概念。调查人员在实际操作中可借助复证和逻辑推理的方式甄别资料的信度和效度。

(3) 分析资料并撰写调查报告。

【案例5-1】　　　　　　　互联网时代常用的信息获取渠道

互联网时代下信息获取更为便捷多样,调查人员可借助网络从以下几种渠道获取有价值的信息。

(1) 数据库。国内外许多机构可向研究者提供付费或免费的原始数据库,包括商业型数据库(CSMAR、锐思、巨潮、彭博等)和学术型数据库(知网、万方、维普、EBSCO等),但既有数据可能只有少部分与调查主题相关,同时一些商业数据库价格不菲。

(2) 政府部门的官方网站。政府部门的官方网站包括但不限于国家统计局、工业和信息化部、中国海关、中国证监会、中国人民银行等,通过这些政府部门官方网站可以查到有关国内各个领域的公开权威信息。比如,国家统计局定期发布中国人口、经济、工农业、资源、科技、教育、卫生、文旅、社会服务等方面的统计数据。隶属于工业和信息化部的中国互联网络信息中心(CNNIC)会定期发布《中国互联网络发展状况统计报告》。

(3) 专业性论坛及网站。专业性论坛及网站包括论坛社区类网站(如经管之家等)及商业机构或咨询公司发布的报告(如 IBM、德勤、毕马威、麦肯锡、艾瑞、艾媒等)。

(4)证券交易所。许多证券投资机构会定期出具行业报告与行业研究。

(5)共享文库与新闻媒体等。

(二)观察法

1.观察法的概念

观察法是指调查人员以一定的身份角色对调查对象的行为活动进行介入或非介入式的观察,通过自身的感官感知与思考来描述、记录调查对象在自然情境下的行为状况。观察法适用于探索性、描述性调查,常应用于访谈等各类方法之前,调查员抱有特定目的进行针对性、系统性的观察活动或直接在无假设、无预测的情况下自由观察以探测潜在问题。在实际生活中,该方法常用于观察消费者行为偏好、用户使用习惯以及特定社群内部的个体行为等。

2.观察法的分类

观察法按照调查人员介入自然情境的程度不同可划分为完全参与、完全观察以及介于二者之间的半参与式观察。调查人员又可根据实际情况与调查目的的不同选择表明身份或不表明身份。

完全参与是指调查人员在调查中全身心投入到调查对象的活动与自己所扮演的角色当中。这期间调查人员作为调查对象日常活动中的一分子能够更全面深入地收集有关信息,但缺点是调查人员自身的言行会对调查对象的行为活动产生不可避免的影响。例如,以员工身份调查某企业内部运作,调查人员自身的活动就是调查环境中的一个潜在影响因子。完全观察是指调查人员在调查中以"局外人"的身份观察调查对象的日常行为活动而不产生任何介入。完全观察既可以是实地观察,也可以是远距离观察。实地观察常见如在咖啡馆内观察店铺日均人流量或顾客用餐行为;远距离观察可以是调查人员借助网络等媒介手段定期观察某类用户的上网行为,或通过公开传播的信息观察某类特定议题。完全观察的优点在于减少了调查人员的介入所带来的影响,但缺点在于通过纯观察的方法往往所获信息流于表面,调查人员无法确定调查对象的真实想法从而影响资料信度。半参与式观察是调查人员在调查活动中以参与者身份加入调查对象的日常活动中,但尽可能以弱介入的方式减少对调查对象行为活动的干预。

调查人员可选择事先公开身份、中途公开身份或隐匿身份。选择隐匿身份可最大限度保障所收集资料的真实自然性,但缺点是调查人员的调查活动范围可能会受身份局限,同时隐匿身份面临伦理争议,调查人员需考虑此项调查成果的价值是否能抵消相应的伦理关怀。用国产电影《无间道》中主人公的心理历程能够很好地说明这个问题,即扮演角色的时间越久,调查人员越有可能面临巨大的内心冲突或转而与观察对象的立场逐渐趋同,变得"现场化"了。事先公开身份或中途公开身份都能避免调查人员受到伦理谴责,同时以研究者身份介入到活动中可能获得更多调查空间,但公开身份很可能引起"反应性"[①]即调查对象基于被调查的事实而产生的行为反应,包括:拒不合作、驱逐、排斥调查人员;故意修正行为以迎合调查活动;更改行动计划和事件进程等导致调查人员无法观察到原本想要观察的内容。

---

① [美]艾尔·巴比:《社会研究方法(第11版)》,邱泽奇译,华夏出版社2009年版,第289页。

3.观察法的实施

(1)制定观察提纲。观察提纲是观察开展的前期准备工作,主要考虑以下方面:观察对象、观察地点与时间、观察方法、辅助性工具和设备。

(2)进行观察活动。观察内容主要包括事件发生或活动进行的场景、参与者(即观察对象)、事件或活动本身的内容与进程、发生的时间与地点、行为或事件背后的原因和可能性等。

(3)资料整理分析。观察法的资料可能以文字、录音、影像、照片等形式留存下来,调查员需在整理核对的基础上对所收集资料进行分析。

(4)撰写观察手记。

(三)访谈法

1.访谈法的概念

访谈法通常是指定性访谈(qualitative interview),即调查人员按照事先拟定的议题向受访者提问,并在双方互动中挖掘受访者有关特定议题的深入见解的方法。指定性访谈区别于调查法中的访谈,通常不必按照固定顺序来进行提问,访谈过程更为开放,受访者的回答也不必局限于固定选项,调查人员只需根据情况适度引导受访者的回答在一定时间内不离题即可,但这并不意味着访谈法操作无门槛。由于大部分调查结果来源于双方互动过程中受访者一方的表述,因此理想的访谈中调查人员讲话时间不宜超过5%,且调查人员的言谈举止、谈话技术都可能使结果产生偏差,未经良好培训的调查人员可能会在访谈中为受访者带来压力、观点引导或者忽略受访者讲话细节等。访谈法的好处是在访谈中调查人员可通过追问的方式挖掘较为深入的观点和阐释,多用于探索性和解释性调查,即回答"为什么"的问题,通常访谈样本规模不大、单次用时长、灵活性强。

2.访谈法的分类

根据访谈参与的人数不同,访谈法可分为个别访谈和群体访谈。

个别访谈是调查人员与调查对象一对一进行的访谈。一对一访谈便于深入挖掘个体受访者的意见、心理、看法,也适用于对敏感话题的探讨,受访者不易被他人观点左右,缺点是不适于调查大规模样本,如调查样本多的话,可能会耗费较长时间和精力。

群体访谈也称焦点小组访谈、专题小组访谈,通常由一名主持人和一名记录人员共同对一组调查对象进行访谈,由主持人抛出问题引发集体讨论,并由记录人员实时观察受访者的表现,记录受访者的回答。该方法的优势在于同时访谈多位调查对象,可节约人力和时间成本,与此同时,多人讨论所提供的资料往往更为全面。在实际生活中,焦点小组访谈常用于企业的市场调研,如邀请消费者发表有关某一商品的看法或在产品研发期进行前期探索性调查等。但是该方法的缺点也显而易见,单次访谈人数越多,对调查人员的控场能力要求越高。集体讨论时的不确定因素很多,一次理想的焦点小组访谈要求参与各方都畅所欲言,尽可能独立发表见解,但真实情况下,受访者很可能表现出怯场或滔滔不绝的状况,甚至一些人高谈阔论,故意发表引人关注的看法,另一些人受从众心理影响跟风作答或干脆隐瞒真实想法。这就需要调查人员合理控制每次参与访谈的人员数量,时刻把控小组讨论的节奏。最后,焦点小组访谈由于受访者通常不是由概率抽样选取出来的,因此调查结果往往不具有统计意义上的代表性。

3. 访谈法的实施

(1)明确调查主题,制订访谈计划。访谈计划包括研究目的、采用何种访谈方法、样本选取方式、访谈地点与时间安排、经费预算、人员安排、所需设备等。

(2)招募访谈对象。通常访谈对象会围绕调查主题有针对性地招募,可能是一组具有某相同特质的人群、彼此差异较大的人群、在活动事件中的关键性个人或典型性具有代表性的人。进行个人访谈,招募者数量视实际情况而定,进行群体访谈则会选出多个焦点小组,每组8~12人。

(3)进行访谈。访谈时间视访谈方法和访谈对象规模而定,一般在25分钟至2小时不等。在简单介绍调查项目后由调查员按照事先列好的访谈提纲按顺序提问,或适时追问,或根据受访者回答情况不严格按照顺序提问。

(4)整理与确证。将录音、录像、文字记录等资料整理归类并检查所收集资料的信度和效度,如有需要,再次确认的信息需在受访者同意后进行再次访谈与核对。

(5)分析并撰写报告。

(四)调查法

1. 调查法的概念

调查法常被称为问卷调查,是一种通常以结构性问卷为基础调查工具,以个体为研究单位,通过向一定数量规模的个体发放统一设计的问卷收集调查对象的有关资料,并系统分析、预测整体的调查方法。调查法多用于描述性调查,即侧重于客观反映现实状况,回答"是什么"的问题,常见如市场竞争状况调查、产品调查、消费者需求调查、消费者行为及偏好调查、职工满意度调查等。

2. 调查法的分类

(1)按问卷填答方式划分。调查法按照问卷填答方式的不同可分为自填式问卷和代填式问卷。自填式问卷是指被调查对象收到问卷后独立自主填写问卷,过程中不受调查人员的干扰,双方不必见面,因此受访者自主权更高,但也由于缺少调查人员在场,容易出现问卷乱填、错填、回收率低的状况。该方法适用于调查对象所处地理位置分散的大规模调查活动。代填式问卷指调查人员面对面或借助一定媒介向受访者一一提问并代为填写问卷。应用此方法时,调查人员对调查活动有较高控制权,便于把控调查节奏并保证调查问卷的填写效率,但由于调查人员在场带来的压力可能使受访者隐瞒或误报某些信息。

(2)按交互方式划分。调查法按照问卷传递所依托的交互媒介不同可分为面对面调查、电话调查、邮寄调查、互联网调查。

面对面调查通常是指调查人员通过入户访问或街头拦截的方式面对面邀请受访者参与问卷调查。此类调查基本能保证调查双方处于同一时空,但不排除互联网时代下调查人员可依托在线视频的方式实现面对面调查的情况。总之,此类方法有较强的即时性和较高的灵活度,调查人员可以直接观察受访者反应、了解受访者的困惑与误解并及时予以解答,同时入户访问较街头拦截而言被拒情况更少,应答率更高,但调查成本也更高。街头拦截的调查成本更低、灵活性更强、用时更短,但街头拦截采用的偶遇抽样致使样本结果不具有代表性,数据质量相对较低。

电话调查是指调查人员借助随机数字表抽取电话号码或以计算机辅助拨号的方式访问受

访者,调查人员在电话中根据问卷内容对受访者一一提问并实时录入调查数据。该方式的好处在于无空间限制,可用于地理位置分散的大规模样本调查,且电话调查访问快速、用时短、成本低,通常用于问题简短的调查,可录音或借助计算机手段监控调查情况,通过计算机辅助电话访问(computer assisted telephone interview,CATI)系统进行的电话调查还可直接省去纸质问卷录入环节,以便于后续数据处理和分析。但是电话调查的缺陷在于该方法仅适用于电话高度覆盖的地区。更严重的问题是,随着互联网与移动通信设备的普及,中国固定电话数量自2006年达到峰值后呈逐年下滑趋势[①],至2022年2月,中国固定电话普及率为每百人12.8部,且多数固定电话安装于政治、经济活动区域内的政府、机构、企业中[②]。由此可见,随着媒介发展,固定电话调查已很难适用于现实情况,一些企业机构会在调研中同时抽取固定电话覆盖人群及手机覆盖人群,或转而借助客户关系管理(customer relationship management,CRM)系统储存客户信息,通过移动电话访问、短信访问结合在线网络平台访问的方式进行调查。

邮寄调查是指调查人员将调查问卷随纸质出版物一同邮寄至受访者手中,并由受访者填答完毕后自行寄回的调查方式。该方法的优势在于覆盖范围广、匿名性高,尤其对于无网络通信设备覆盖的区域而言,只要在邮政覆盖范围内均可采取邮寄调查。但邮寄调查的劣势在于调查耗时长、回收率低、成本不定,尽管单份邮寄费用低廉,但当投递量与回收量差距过大时,该方法并不能节省经费。在互联网时代,邮寄调查在公共关系调查活动中适用情况较窄。

互联网调查的概念较为宽泛,调查人员与受访者均以网络为媒介参与调查活动的开展和实施,在本书中是指调查人员运用互联网手段制作、发放、回收、分析调查问卷的方法。互联网调查通常以两种方式展开:其一,公共关系主体在自有门户网站或专门性问卷调查网站上发布含有调查问卷的超链接、二维码,等待用户自愿填写;其二,调查人员将电子问卷以邮件、链接、二维码的方式发送到受访者邮箱、社交媒体账号或目标调查对象集聚的网站、社区、论坛或通信群中。该调查方法的优势在于快速灵活、匿名性高、实施便捷、成本较低且不受时空限制,电子问卷可以在最大范围迅速收集到天南海北各类受访者的资料,只要在电子问卷尚未关闭前受访者可在任意时间自由填写,同时,电子问卷由于采用了数字化手段,后期数据导出、分析、形成可视化结果可一气呵成。但是,互联网调查不能覆盖到网络通信未普及地区和缺乏网络使用习惯或上网能力的人群,同时,由于匿名性高,调查过程中难以施加控制,可能常出现无效问卷或胡乱作答的情况。此外,该方法大多采用非概率抽样,结果的代表性需结合具体情况分析。

3.调查法的实施

(1)确定调查主题与调查对象。

(2)研究设计。根据调查内容选择合适的抽样方式与调查方法,明确样本规模(通常在问卷题目数量的10倍以上)、调研周期、调查员培训事宜、所需设备及项目经费的消耗。

(3)问卷设计。问卷设计主要包含三个部分:封面及卷首语、问卷主体、结束语。首先,对于纸质问卷而言,调查人员需要为每份问卷编号以备后续录入和查找,互联网情境下问卷编号

---

① 《中国电话普及率:固定电话》,https://www.ceicdata.com/zh-hans/indicator/china/teledensity-fixed-line,2022年4月21日。

② 智研咨询:《2022—2028年中国IP电话行业现状与发展趋势报告》,https://zhuanlan.zhihu.com/p/492096297,2022年4月24日。

通常已自动统计,只需设计问卷标题及卷首语部分,表明身份及调查目的、研究意义即可;其次,问卷主体指调查问题及填答选项,问题包含两种形式,即提供明确选项的封闭式问题(closed-ended question)和不提供明确选项的开放式问题(open-ended question);最后,欢迎调查对象对调研过程及问卷填答提出意见和建议,提醒调查对象避免漏填、错填并表示感谢。

(4)问卷试投放与修订。正式投放前先将问卷进行小样本预投放,样本题目数量大于正式问卷题目数量即可,可向调查对象询问是否有含义不清的题目,收集有关意见并进行修订。

(5)正式投放。

(6)数据回收与分析。常用的统计分析工具有 SPSS、Stata、SAS、R 语言等。

(7)撰写调研报告。

(五)互联网信息采集与分析法

1. 互联网信息采集与分析法的概念

除传统调查手段外,在互联网时代,也可以非介入的方式通过技术手段完成大批量的信息采集与分析。互联网信息采集与分析法主要是指借助计算机信息技术对互联网中特定主题的数据信息进行搜集、整理、分析的方法。该方法多用于描述性调查,能实时、快速、高效地获取大量信息并以可视化的形式清晰呈现,避免调查人员在海量信息中进行耗时耗力的重复性操作,同时搜集结果直接以数据形式存储于服务器或终端便于后续工作环节的开展,采集覆盖范围广,相较人工检索而言结果全面、时效性强。但该方法仅适用于具有互联网媒介使用条件的情况下,如网络舆情信息监测、消费者评价爬取、竞品分析等,若目标调查对象缺少互联网媒介使用习惯或有关资料无法从网络获取,那么调查人员只能另寻他路。

2. 互联网信息采集与分析法的分类

由于调查主题的不同以及调查人员自身能力的差异,互联网信息采集与分析法既可由调查员独立操作实施,也可交由专门的网络数据分析与监测公司实施。

对于操作简单、数据量小、个性化的调查需求,调查人员可自主设计调查的程序与框架,研究自由度更大,但对调查人员的计算机操作能力要求较高,根据实际情况可选择半自主式或完全自主的方式进行数据爬取和分析建模。半自主式是选择他人已开发好的爬虫工具、文本分析工具等根据调查需求进行数据爬取与分析。这种方法在实操过程中可能用到不止一个软件,多种类型的软件功能结合可达到不同的分析目的。完全自主的方法是调查人员直接运用 Python 等计算机编程手段原创代码或利用他人公开分享的代码程序稍加修改进行网页信息的爬取和数据分析。这种方法实施难度更高,实施结果与调查人员编程素养成正比,但该方法自由度高,爬取范围不受既有工具给定功能的限制。然而需要注意的是,网络爬虫受到 Robots 协议(也即爬虫规则)的限制,为保障网站敏感数据和用户个人信息的安全,爬虫只能在合法范围内对公开信息进行爬取。

对于预算充裕、需求复杂、数据量大、范围广、通用性强的调查(如全网舆情、行业舆情、品牌信息、竞品信息等)而言,公共关系主体或调查人员可委托第三方咨询公司或专业舆情监测机构,并借助它们已研发完善的工具来辅助调查。相应工具除提供描述性信息外,还会生成专门的分析报告或提供人工咨询服务,但通常这种以完整的"产品+服务"形式提供给公共关系主体的网络信息采集分析工具需要企业或政府机构付费使用。此外,使用一些公开的、带有免费功能的舆情监测工具也不失为一种手段。

3. 互联网信息采集与分析法的实施

互联网信息采集与分析法在实施层面会依照调查目的、调查预算及选择的工具而有所不同,但在实际操作层面通常包含了以下步骤:①明确调查主题与调查需求;②选取工具;③搭建程序;④爬取数据;⑤清洗数据;⑥进行特征提取与建模;⑦评估模型;⑧进行数据可视化呈现与报告。只不过依照公共关系主体最终选取的调查工具不同,在选择自主爬取信息时,上述步骤往往需要调查人员自行操作。在采用已开发完善的第三方调查工具时,步骤中③到⑧的环节大都被"代劳"了,调查人员仅需要明确调查目标和数据需求,在相应工具内设置好参数即可。国内的免费舆情信息监测工具如百度指数、微热点,对特定主题信息的全网搜索热度、搜索趋势变化、搜索地域分布、搜索人群的属性特征、搜索人群的兴趣分布、关联话题、关键词词云统计等指标能进行实时统计和可视化呈现。

(六)实验法

1. 实验法的概念

实验法(experiment survey)是调查人员有目的地控制外部条件与自变量进而验证变量间因果关系的方法。实验法的基本要素包括变量、测量与分组。

(1)变量。变量包括自变量、因变量与外来变量。自变量(independent variable)也称刺激变量、实验刺激,通常为二分变量;因变量(dependent variable)也称实验对象对刺激变量的反应;外来变量指自变量以外一切对因变量产生影响的变量,实验法就是要验证在尽可能控制一切外来变量的情况下,调节自变量是否能引起因变量的变化。

(2)测量。测量分为前测(pretest)和后测(posttest),前测即发生在实验刺激之前的测量,后测相反。

(3)分组。分组指对实验参与者即实验单位的分组,在实验中被施加刺激的称为实验组(experimental group),未被施加刺激的称为控制组(control group)或对照组。实验法要求变量可测量、实验可重复操作,因此实验结果精确度高、方法标准化程度高,但由于实验所针对问题往往十分具体又有限,样本选取通常以招募志愿者的方式采用小样本调查,因此结果不能推及总体。实验法的根本目的在于证明因果关系,因此多用于解释性调查,如广告效果调查、产品体验调查等。

2. 实验法的分类

实验法按照调查人员对实验环境的控制程度可分为实验室实验(laboratory experiment)和田野实验(field experiment)。实验室实验是指调查人员在能够将外来变量隔绝或控制起来的专门场所开展的实验,其目的在于尽可能减少不确定因素对变量的影响。该方法内在效度高,但往往进行于脱离现实环境的"真空环境",所测结果的实用性相较于田野实验来讲弱一些。田野实验是指调查人员在实际环境中进行的实验,此类方法多用于调查人员无法对外部环境严格控制或实验刺激是外部自然因素所致的情况下,如天灾人祸、战争等自然灾害、社会事件。该方法由于在自然环境中开展,结果往往更能针对现实问题,但田野实验无法排除实验中外来变量的影响,因此实验结果内在效度较低。

3. 实验法的实施

(1)确定调查问题,选择实验方法。实验法不适于过于宏观的调查问题且需要调查人员对问题所涉概念进行操作化和操作界定,即必须明确与概念有关的变量如何精确测量,根据问题所处情境与调查目的选择实验方法。

(2)实验设计。根据实际情况考虑分组数量(单组、双组、多组)、分组方式(随机分组、配对/非随机分组)、测量方式(单一后测、前后测),以及实验人员、场地、时间、经费、所需设备及实验材料。

(3)招募调查对象。实验通常采用公开招募或对具备某种属性特征的人群进行针对性招募。

(4)小规模试测。实验法通常需要协调一定数量的调查对象在固定时间段内集中性参与测试,因此正式实验开始之前需通过小范围试测排除实验过程中可能出现的潜在问题,及时改进研究设计以避免正式实验后暴露出不可挽回的问题影响整体调查进程。

(5)正式实验。实验开始之前调查人员需对本次实验主题、操作事项进行简单介绍以尽可能争取被试的理解与配合;实验结束后积极收集被试的实验感受、问题与意见,嘱咐被试切勿向其他实验参与者泄露实验内容以防样本"污染"。

(6)分析实验数据,解释实验结果。

第六章 公共关系策划与创意

公共关系策划是公共关系人员根据组织所处现状和目标,结合自身知识和经验,经过调查研究、创意构思、媒介策划、效果评估等环节,发挥创造力来科学制定公共关系活动方案的过程。公共关系策划能够使公共关系活动更加科学、更具创意、更有效果。本章重点阐述公共关系策划的内涵及意义,分析其整体的运作流程与重要步骤,并指出构思公共关系创意的思维方式和方法技巧,以得出公共关系媒介选择的判断标准和媒介策划的创新思维。

第一节 公共关系策划概述

公共关系策划是在公共关系活动实施之前,为保证公共关系活动的科学性和可靠性、计划性和连续性、创造性和实效性,以服务组织的目标和需求为导向,在调查研究的基础上,遵循科学原则和方法,充分发挥创造力来制定出公共关系活动方案的过程。

一、公共关系策划的含义

(一) 策划的含义

在中国若干汉语辞书中对"策划"一词的解释,基本上大同小异,皆是出谋划策的意思。《辞源》中的解释:策,寓意很多,其中一解为谋略。《吕氏春秋》中的解释:画,谋划、计策。《辞海》中的解释:"划"亦作"画",意指计划、打算。但是策划并不等同于计划。策划把握的是原则和方向,计划把握的是程序和细节。策划是指为了达成某种特定的目标,结合内外部环境的变化,以一定的科学理论作为指导,发挥人的创造性和想象力,按照一定的程序设计出一套具有可行性的方案。策划本质上是一种运用智力的理性行为,更侧重于决策做什么,什么时候做,怎么做,能达到怎样的效果,而不是采取行动本身[1]。

(二) 公共关系策划的含义

公共关系策划就是公共关系人员根据组织所处现状和目标,经过调查研究,结合自身知识和经验,发挥创造力来科学制定公共关系活动方案的过程。其一,公共关系策划是围绕组织目标而设计的;其二,公共关系策划必须基于公共关系人员对已有信息的分析,结合人员的创造力来进行规划,不是凭空设想的;其三,公共关系策划不是公共关系活动具体的实施过程,而是公共关系决策的形成过程。公共关系策划包含着四个基本要素:策划主体(公共关系人员)、策划依据(信息)、策划方法(手段)、策划对象(公众)。

---

[1] 张迺英、巢莹莹:《公共关系学(第 3 版)》,同济大学出版社 2019 年版,第 176 页。

二、公共关系策划的特征

(一)目标明确

公共关系策划根本上是为了实现组织在发展过程中的某一目标而开展的,具有强烈的目标导向性,公共关系整体的设计都需要为一个明确的目标而铺排,因此公共关系策划首先具有目标明确的特征。在整个公共关系的策划过程中,目标明确的特征贯穿始终。公共关系策划不仅有整体目标,还有阶段性目标,一方面可以通过对目标的设定来减少公共关系策划的不确定性和效果的不可测性,另一方面也能提升公共关系策划工作的整体效率。一个目标明确的公共关系活动,才能为组织带来切实的收益。

(二)整体协调

公共关系策划是一个复杂的、系统性的工程。首先,任何一个公共关系活动都是从属于组织宏观系统中的子系统,必须要与组织整体的调性和风格以及组织目标保持统一。公共关系策划工作不能仅满足单个工作的分散效益,而应该为组织的整体形象和效益服务,充分发挥组织优势。其次,对于一个公共关系策划,各个环节之间应该相互协调、保持联系、环环相扣,有机统一为一个整体,既有时间上的连续性,又有功能上的互补性。此外,整体协调的特征还体现在公共关系策划中,所有阶段的主题、整体的调性、人设的选择等都是协调统一的。

(三)有序计划

公共关系策划是有计划的活动,公共关系策划的目的和意义就在于克服公共关系活动的随意性和盲目性。公共关系策划所要策划的公共关系活动,一般都会涉及有机联系错综复杂的诸多因素、内容和问题,在实施过程中,还会遇到诸多不可控的因素。只有按照组织所处的内外部环境,遵循公众在接受事情时的心理反应规律,强化整体的计划性,有计划、分步骤地实施公共关系策略,才有更大可能取得公共关系活动的成功。具体针对公共关系活动的手段方式、战略技术、推进程序应是科学的、有序的。

(四)突出创意

公共关系策划是公共关系活动价值的集中体现,而公共关系策划的核心是创意。具有创意的公共关系策划,才能更好地实现公共关系活动的目标。创意涵盖在公共关系策划的诸多环节中:能设计出解决主体与公众关系问题恰当、有效、独特的思路、谋略、办法、方案;传播方式、信码、媒体及其组合的独特和新颖;策划组织方法及思维方法、思维操作上的创造性。需要注意的是,创意应该是富有能动精神的自由和个性的活动,但要想使创意获得有益的价值,又必须给予它科学的限定。

【案例 6-1】　　　　　　刘德华出道 40 周年,却火了抖音[①]

2021 年 5 月,刘德华出道 40 周年抖音直播:《这平常的一天》宣传视频出街,在行业内引发很大共鸣,官宣视频最终达 1.9 亿播放量,抖音站内点赞近 1200 万,荣登热搜榜第一。正片视频在直播当天贴片,视频观看量迅速破亿,引发集体共鸣,被诸多媒体自发转载和多维解读,

---

① 《刘德华出道 40 周年抖音直播:这平常的一天》,https://mp.weixin.qq.com/s/F8e3CaBKTMhovW XSyrJlGA,2021 年 12 月 8 日。

讨论当下艺人应该具备的艺术人格和品德。火爆的原因离不开前期的整体策划。首先是明确的目标,抖音围绕"刘德华出道40周年"、新歌发布和直播预热策划一场活动营销,其目标是通过刘德华出道40周年直播活动,强化刘德华和抖音平台的强捆绑,形成观众看刘德华就来抖音的心智,提升用户对抖音品牌的好感度。最终打造头部明星热点事件,吸引公众关注,为直播造势导流。该活动的营销策略经过了有序的计划和执行。对于刘德华这样的娱乐圈的常青树,不应一味吹捧和邀功,而是以小见大,以"这平常的一天"为主题,通过全平台宣发两个视频,并以抖音内部和媒体为主要途径,同时多渠道发布悬念系列海报和官宣海报,引发大众关注度和讨论度,进一步增强品牌好感度和用户讨论热度。两个视频中,一个是刘德华回顾自己的职业生涯,用朴实的语言讲述自己出道以来走到今天的感悟;另一个是以大众视角回顾这40年来刘德华一直陪伴在侧,展现人们对他的喜爱,重温诸多经典,唤起观众的"回忆杀"。两个视频都将刘德华出道的那天和庆祝出道40年都看作是"平常的一天",用最真挚的语言讲述他出道以来的努力,这才是他拥有今天成就的真正原因。

目标超额完成,引发大众强烈共鸣,这才是公共关系策划的最高境界。将巨星还原成平常人,唤起一个时代的记忆,传递最朴素却也越来越稀缺的价值观——把努力当作习惯,把成就当作日常。抖音的品牌形象在这个案例中,也获得了非常好的加持,向公众传达出"流量之外,尚有坚守"的品牌价值。

三、公共关系策划的意义

(一)保证公共关系活动的科学性和可靠性

随着市场经济的迅速发展,组织之间的竞争越来越激烈,组织所面临的内外部环境和公众态度在不断发生变化,组织的公共关系状态也随之发生变化。在变化之中,更加需要通过科学严谨的策划以制定切实可行的实践方案来使公共关系活动取得良好的效果。策划能够使公共关系活动摆脱被动的、混乱的处境,更加具有理性和自觉意识。通过精心策划的公共关系活动,可以确保目标明确、方法得当、进展有序、收支合理、效果可靠。

(二)保证公共关系活动的计划性和连续性

策划能使公共关系活动安排合理、有条不紊,在组织发展的各个阶段和所处的各个处境中做出整体部署。经过整体性、系统性的先行策划,更能够制定出既顾全大局,又突出重点,既着眼长远,又解决现实问题的活动计划。同时,公共关系活动的作用是塑造形象、协调关系、优化环境,但这些作用的发挥需要一段时间,不可能一蹴而就,必须通过公共关系策划妥善处理组织的总体目标与公共关系目标、长远目标与近期目标之间的关系,才能使开展的公共关系活动做到承前启后,衔接紧密,长期积蓄力量,沉淀组织资产。

(三)保证公共关系活动的创造性和实效性

公共关系的主体——社会组织具有不同的类型,公共关系的客体——公众具有不同的需求,公共关系的传播媒介具有不同形态,将三大要素进行系统化的组合而开展的公共关系活动也具有千变万化、纷繁错杂的特点。不同的社会组织,面对不同的公众及其态度的变化,采用何种传播媒介,采用何种传播方式,利用什么时机,选择何种场合开展活动才能取得最佳效果,这就要求公共关系要有系统的创意性的策划,来优化三大要素的组合,以此取得实际的效果。公共关系策划就是策划人员基于智力和经验,进行创造型、理智型的脑力劳动,来切实解决组织面临的具体问题,实现组织计划。

第二节　公共关系策划的运作流程

公共关系策划并不是灵光乍现的创意,而是一个计划性、系统性的工程,具有一套完整的运作流程。从确定公共关系开展的整体目标到展开调查研究,再到制定方案,最后对整体活动进行效果的测定和评估,公共关系策划虽然面对不同的问题和情况,但是整体工作有路径可循。同时,在公共关系策划的过程中,需要坚持以服务公共利益为整体目标,以客观事实为基础,以科学理论为指导,以调查研究为方法的根本原则,在具体的实践中,也要根据具体原则作为行为标准来科学指导策划工作。

一、公共关系策划的基本流程

(一)确定目标

公共关系目标是公共关系策划的依据,规定了公共关系策划的整体方向,也是公共关系策划合适与否的衡量标准。不同的组织在不同的时机下有着各种各样的公共关系实施的目标,大体可以分为以下四种目标:传播信息、沟通感情、改变态度、引起行为。其中,传播信息是最基础,也是最容易实现的目标,一般在组织新成立或者推出新产品时策划;沟通感情指组织通过公共关系行为与社会公众联络、沟通某种情感并产生共鸣,从而树立组织形象;改变态度一般针对组织的负面舆论产生时,主要指公共关系策划人员改变社会公众负面的态度,如有偏见、怀疑、敌对时实施的行为;引发行为是公共关系策划目标中实现相对困难的,需要基于信息传播、情感沟通的目标达成的基础上进一步促使公众行为产生改变。公共关系策划人员在策划开始之初,首先需要确定目标。确定目标时,公共关系策划人员要仔细考虑对象公众的基本情况、对组织已有的态度倾向等信息[1]。

(二)调查研究

在确立了目标,并对公共关系策划的目标公众和整体方向有了基本的把握之后,公共关系策划人员需要开展涵盖组织内外部环境分析、目标公众特征分析等一系列调查分析工作,其目的就是掌握与组织活动和政策相关的公众的认知、观点、态度和行为。在公共关系调查研究阶段,关键点有以下几个方面。首先是组织所处的内外环境调查。组织内部环境是组织的内部条件,包括组织架构、组织拥有的资源、社会知名度和美誉度、生产和销售的产品或服务情况、技术水平、员工素质及组织文化等多方面。组织外部环境包括行业环境、政策环境、文化环境、科技环境、商业环境等。公共关系环境对于公共关系活动有着极大的制约和导向作用,只有对相关公众有了透彻的了解,对有关信息和数据有了充分的掌握,才能做出较为准确的策划。同时,要对组织所处的环境进行预测,对组织开展公共关系活动期间的网络舆论进行监测,以免公共关系策划受到公共关系环境等不可控因素变化的影响。

(三)制定方案

1. 确定主题

公共关系活动的主题是对公共关系策划内容的高度凝练,在整个公共关系策划的运作流程中起着重要的指导作用,能够统领活动,提高效率,保障效果。确定一个统一的主题也能够

---

[1]　周小波、曾霞、芦亚柯:《公共关系学》,北京理工大学出版社 2018 年版,第 103 页。

避免复杂的主题带来的沟通障碍。公共关系活动的主题一般是一个口号且满足下列三个要求。

第一,公共关系活动的主题必须与组织目标协调一致且能够充分实现目标。

第二,公共关系活动的主题必须契合目标受众的心理需求,首先要能与目标受众无障碍沟通,最好还能达成情感共鸣。

第三,公共关系活动的主题必须朗朗上口,简短凝练,以便于记忆和传播,在此基础上也要做到别出心裁,具有差异化,使人留下独特而深刻的长久印象①。

2. 创意设想

公共关系具体如何实施最终需要的是沿着整体目标,把握主题而形成具体的创意。一个成功的公共关系活动往往都是以创意打动人,创意设想环节是运用联想、迁移、夸张等多种创造性思维方法,通过内容的创新、媒介的创新来传达主题,以形象更加生动的形式与目标公众进行深度沟通。

3. 媒介策划

公共关系活动需要借助传播媒介来传达信息,选择合适的媒介才能取得良好的沟通效果,而且不同的传播媒介都有自身的特性,结合不同的内容和受众会有不同的效果。选择媒介首先应着眼于组织公共关系的目标和要求。例如,组织的目标是深化和供应商之间的合作关系,更好的方式是采用招待会、茶话会等的人际传播和群体传播来实现目标;如果组织的目标是增强与多个购买客户之间的黏性,促进复购率的提升,则可以通过微信社群的媒介渠道与客户进行长期的沟通。

4. 设定预算

公共关系活动的预算会直接决定公共关系执行中的具体细节,如采买哪些媒介、赞助哪些活动、邀请哪些嘉宾等。因此在公共关系策划中,要根据预算来制定方案细节。这就要求对实施公共关系活动中各项目所需要的费用进行详细评估和分发,主要包括调研费、人工费、管理费、广告费、赞助费、接待费等,对预算的策划需要经验丰富的策划人员结合市场行情来设定②。

(四)效果评估

公共关系效果的评估,是公共关系策划的必不可少的一项工作。它是在一定的原则指导下,对策划方案所达到的整体效果做出价值判断,包括目标是否能够实现,对于公众的影响评估、预算是否合理利用,以及公共关系活动实施各阶段的预期效益等,有助于公共关系策划人员在具体的实施过程中,对照预期效果评估,及时定位问题,调整方向。

二、公共关系策划的操作原则

(一)以根本原则为指导方针

公共关系策划的根本原则是在公共关系活动的实践过程中不断总结得出的、能够普遍适用于指导所有公共关系活动开展的指导方针。在公共关系发展的历史过程中,能够指导从业

---

① 申作兰、崔敏静:《公共关系理论与实务》,中国轻工业出版社2017年版,第53页。
② 张芹:《公共关系学》,华中科技大学出版社2014年版,第134–135页。

人员进行公共关系策划的是以服务公共利益为整体目标,以客观事实为基础,以科学理论为指导,以调查研究为方法的根本原则。这条根本原则对所有的公共关系活动都具有宏观指导意义,是公共关系能取得正面效果的根本保障。

【案例6-2】　　　　　　　践行绿色物流,京东温暖出发[①]

"盒以为家"是以关爱流浪动物为主题的公益活动,由京东物流发起,已经连续启动多年,每年都在京东"双11"期间开展。以2020年为例,京东物流携手京东超市宠物品类与亚洲动物基金、它基金、上海领养日等爱心机构,联合皇家、玛氏、麦富迪、冠能等宠物类商品品牌共同发起,旨在号召更多人将快递箱循环利用,DIY("Do It Yourself"的英文缩写,即自己动手制作)成动物小窝,用实际行动倡导不抛弃不丢弃,关爱动物。首先,京东利用自己的强大数据资源,在全国范围内前置性甄选10万养宠物的用户,利用京东物流的自有仓储系统,同时联合亚洲动物基金、它基金、农夫山泉、快手、T3出行等组织与企业,向市场用户投放了10万个可被改造成爱心宠物小窝的快递盒。这些快递盒在完成送货使命之后,可以很容易地被改造成造型可爱的宠物小窝,放置在小区楼下、城市街角处等流浪动物聚集的地方,为流浪宠物提供短暂温暖的栖息之所,实现文明养宠物和绿色环保的双重使命。2020年的"盒以为家"项目甚至吸引了上海市政府的参与,在上海市各个社区开展文明养宠物宣传活动和低碳宣传活动。此外,上海市政府还特别给予了1万辆出租车的广告资源,用于宣传"盒以为家"项目。

京东物流通过"盒以为家"的公共关系活动,回应爱护动物的公共议题,以服务公共利益为根本原则,通过资源整合、品牌联合的方法扩大公共关系活动的效果,与社会公众沟通了京东的品牌责任感,树立了京东温暖环保、绿色物流的品牌形象。

(二)以具体原则为行为标准

公共关系策划在实践过程中有具体原则作为执行策划的行为标准。这些具体原则对所有的公共关系策划均具有一定的标准规范作用,总结普遍的具体原则有以下几点:求真求实原则、创新创造原则、灵活调试原则、整体效益原则、伦理道德原则。

1. 求真求实原则

求真求实,是公共关系策划的一条基本原则。公共关系策划应以既定的客观事实为依据,在准确把握事实真相的基础上,以真诚、实在的态度向目标公众传播信息、表达观点。切忌隐瞒事实,传递虚假信息,伤害品牌形象,尤其是在互联网时代,信息的透明性不断增强,公众获取真相的路径增加,对真相的呼唤愈加强烈。因此,公共关系策划在具体操作时,要坚持求真求实原则,多方调查,明晰事实。

2. 创新创造原则

公共关系策划是一种基于人脑智力的创造性活动,而不是一种流程化、重复性的机械劳动,它没有统一模板,而是必须打破标准;它不能因循守旧,而是推崇独辟蹊径。只有别出心

[①] 《快递箱子先别扔!京东物流联合伙伴投放可循环快递箱,可以改造做猫窝》,https://mp.weixin.qq.com/s/-rqhUaluIMtNmy3ncS2QCA,2020年11月4日。

裁、刻意求新的公共关系活动才能给公众留下深刻而美好的印象,获得"四两拨千斤"的公共关系效果,墨守成规的公共关系活动甚至会被公众认为没有诚意。

3. 灵活调试原则

一次公共关系活动在执行过程中,会同时受到内外部诸多不可控因素的影响,很多因素和变化是难以把握的。因此,公共关系策划要坚持灵活调试原则,一方面要求公共关系策划人员要有灵活应对突发问题的能力,能够根据实时的变化不断调整公共关系策划的策略和时机;另一方面,也要求在前期策划中,要留有余地,做好预备方案,以便后期活动执行时能够进退自如。

4. 整体效益原则

整体效益原则是指公共关系策划主体在开展公共关系活动时,要综合考量公共关系活动可能会带来的社会效益、经济效益、文化效益、品牌效益等多个方面的效益,使得整体效益能符合公共关系策划的主体和客体的长期利益。要通过多方效益协调统一的思想和原则来达到企业整体的公共关系目标。同时,要以整体收益衡量投入产出效益,追求整体效益的最大化,通过较少的公共关系策划费用以及较低的资源消耗来获得最佳的效果。

5. 伦理道德原则

公共关系策划人员虽然不需要同律师等其他职业一样持有从业资格证明,但是公共关系策划人员的伦理道德水平同样会影响到一个公共关系活动的最终效果,如果违背这一原则,甚至会使公共关系活动的主体陷入舆论风波。伦理道德以其特有的社会功能对企业发展施以影响,在企业动态日渐透明化的现代社会,对从事企业公共关系活动及其策划的从业人员的道德要求也将日趋加强。

【案例 6-3】　　　　　"李宁"三十而立,把秀场搬到了沙漠[①]

2020 年 8 月 25 日,李宁品牌创立三十周年大秀在雅丹国家地质公园举行。这场别具一格的时尚大秀以沙漠为 T 台,以巨石为背景,以驼铃为音韵,展现了李宁品牌对传统文化的传承和自我革新的愿景。来自上海的制作团队通过十天的布置和搭建,使用环保材料,在保持古香古色的基础上同时符合当代节能环保的主题,体现了李宁品牌团队对于将中国传统文化与运动潮流文化融合的期许,也体现了李宁品牌将中国文化通过品牌推广到世界,发扬光大的期许。

作为丝绸之路不可或缺的节点,敦煌汇聚了世界四大文化体系,表现了中华文化中的探索精神,这也正是李宁品牌一直以来给自己的课题,将中国传统艺术与时尚潮流相结合。独特的敦煌也表现了李宁品牌对"新生"和"少年"的寻觅,是对"让文化自强,让国牌自醒,让国人自豪"的最好阐释。这个独特的秀场虽然在沙漠深处,但却为人们带来震撼和视觉冲击,历史的沧桑感和文化的厚重感交织其中。这场沙漠大秀也得到了甘肃省政府、敦煌市政府的支持,还推动了当地旅游业的发展,宣传了沙漠城市,弘扬了西部文化。同时,为扩大沙漠秀在不同圈层的影响力,在这场活动中,李宁品牌还邀请了张天爱、童瑶、孙旭在内的娱乐明星和傅海峰、吴敏霞、李大双、李小双等体育界的奥运奖牌得主们现场看秀。李宁品牌策划这样一场公共关

---

① 《沙漠无人区时装秀——中国李宁在雅丹魔鬼城!》,https://mp.weixin.qq.com/s/537eM0SzHno8J0fYwh5Ltw,2020 年 8 月 29 日。

系活动,坚持创新创造的原则,同时整合社会效益和经济效益,得到了社会公众对国货品牌三十而立的赞许和未来发展的高度期待,实现了整体效益最大化。

第三节　公共关系策划的创意构思

对于一个组织来说,有多种方式和多种内容可以实现公共关系的目的,而实际效果是波澜不惊,还是掀起巨浪就体现在创意的好坏。创意是公共关系策划的重要工作,能够为公共关系活动加入新奇、温度、善意,可提升公共关系的工具价值和社会价值。好的创意能够帮助组织更好地与公众沟通,从而协调公共关系。构思公共关系策划的创意,要明确好创意的标准是什么,培养构思创意的思维方式,掌握构思创意的有效方法。

一、创意的实质

创意的实质是人类发挥创造性的智力成果,是思维碰撞,是智慧对接,是具有新颖性和创造性的想法,是具有一定价值的信息。公共关系策划中的创意是指公共关系方案在策划过程中,应寻求不同于寻常的解决方法,而不是简单的模仿和重复。创意贯彻在公共关系策划的整个过程中。在竞争激烈的公共关系活动中,创意是公共关系方案取胜的关键,同样也是公共关系机构和人员水平高低的主要衡量指标。公共关系策划中的创意没有固定的程序和统一的格式,而是具有独特性、创造性、可行性的特点,同时公共关系创意一般都是个人智慧和群体智慧的结合。

"创意改造世界"是无数从业人员的初心,但是在创意缺失,多次公共关系活动适得其反,引发负面舆论的现在,我们有必要重新反思什么是好的创意?好创意的标准是什么?尽管一千个人心中有一千个哈姆雷特,但是仍有一些基本的准则能够去判断在具体的公共关系活动中,采用什么样的创意。

(一)好创意是能解决问题的

用创意去解决问题是公共关系策划需要创意的根本逻辑,评估创意好坏的首要标准是看创意最终是否能够解决问题。一个人每天可能会诞生无数新奇的点子,但不是所有新奇的点子都可以成为创意,因为创意要具有可行性,而具有可行性的创意也并不一定是好创意。好创意应该为最初思考创意的目标服务,要切实地解决问题,否则只能算作灵感。

(二)好创意是足够洞察人心的

公共关系活动是组织协调与社会公众关系的行为,公共关系的目标对象是公众。好创意必须建立在洞察人心的基础上才能和公众之间实现有效的沟通。那些直抵人心的好创意都来自对人心最细微的洞察。也只有洞察人心,创意才能历久弥新,具有力量,产生价值。例如,腾讯在2022年六一儿童节时推出了纪念中国动画片诞生100年的献礼纪录片。通过这部纪录片,腾讯和公众沟通的是"孩子气",引发了网友的自发传播,精准洞察了如今每个成年人想过儿童节、富有孩子气的心理。

(三)好创意是易被对象认可的

好的公共关系创意应该是贴近目标对象的,立场、内容、形式都可以得到目标对象认可。公共关系创意不是很少人才懂得的艺术创意,不能迎合策划人自己的审美与判断,而是要能与目标对象进行沟通,促进认知形成、态度改变甚至产生行为,因此,好的公共关系活动创意必须要被目标对象所认可。

二、公共关系创意的思维方式

思维是人类认识和改造客观世界的主观能力。在长期实践过程中,人类逐渐形成了多种多样的思维方式。公共关系策划人员只有学习和掌握科学的思维方式,才能不断提高自身的公共关系策划水平。这里介绍几种常用的思维方式。

(一)逆向思维

逆向思维又叫反向思维,是超越常规的思维方式之一。打破原有的思维定式,将思维的方向和逻辑顺序完全颠倒过来,反其道而行之,多问问相反的会是什么状况。例如,在距离农历新年还有两个月时,某特色民宿预定平台就早早地推出了新春广告,它打破传统"回家过年"理念,逆向思考不回家过年干什么,于是得出了以春节旅行的方式鼓励年轻人与爸妈过一个不一样的春节的创意。

(二)发散思维

发散思维又称扩散思维或辐射思维,是指从一个点出发向四面八方扩散思维,产生积极的思考和联想,从多方向、多角度来捕捉可能触发创意的可能性,以此寻求多种解决办法。发散思维能够使创意人员围绕主题作为中心,从一种事物发散、联想到多种事物,不受既定的方式、方法、规律的约束,从而跳出人们固有的思维定式,激发出创造性的灵感。

(三)重组思维

重组思维是一种再创造的思维,它需要经过解构和重构两个过程。首先要分解原来想法的构成,将其拆解为一个个要素,然后把这些不同的要素进行另一种思路的重新组合,打破原来的内在结构或者外在形态,更容易产生意想不到的新创意,从而实现对创意思路与创意方案的有效发掘。鲜花并不只和爱情是组合,和妈妈也可以适配。飞机的螺旋桨装在尾部就是喷气式飞机,装在顶部为直升机。

(四)突变思维

突变是强调思维变化过程的间断或突然的转换,是逻辑推理的意外改变。突变思维强调在创意过程中,不要禁锢自己的思维。转换目前的思考状态,在观察各种事物时会突然产生新的想法,所谓"山重水复疑无路,柳暗花明又一村",构想创意的突变思维就像你在高速公路上开车,突然开到了一条岔路上,反而出现了惊喜和反转。

【案例6-4】　　　　　借势垃圾分类,科罗娜逆风翻盘①

2019年7月1日是上海正式推行垃圾分类的第一天,一张网络上流传的聊天截图将科罗娜推上垃圾分类的风口,"从今天开始,上海的科罗娜再也不能塞柠檬了"。科罗娜是一款墨西哥啤酒,直接喝的话口感略有些苦涩,气味也不算很好闻。而青柠的气味可以盖住啤酒里某些成分光化学反应后产生的臭味和苦涩味,因此品牌方推荐人们用香味浓烈的青柠配着喝,青柠

---

① 《科罗娜巧妙借势"垃圾分类",玩转话题营销》,https://www.digitaling.com/projects/74668.html,2019年7月20日。

甚至成了科罗娜的灵魂。在垃圾分类的要求下,科罗娜该何去何从?其实在这波铺天盖地的舆论大潮来临前,科罗娜早在一个多星期前就嗅到了暴风雨前的气息,科罗娜将青柠和产品重组,"1/16青柠"成为科罗娜垃圾分类的解决方案。7月3日上午,科罗娜进行了一系列堪称教科书式的公共关系回应。首先,科罗娜直面危机,将前一天网络上各种取青柠的调侃段子集合到了一起,利用重组思维,衍生创造出更多新姿势,供广大吃瓜群众无缝享用。随后,科罗娜又在官微上发出一篇长文官宣自己的改变宣言。文章回顾了科罗娜与青柠这对灵魂CP的前世今生,并正式给出"1/16青柠"这样一个简单且合理的解决方案,真人示范的视频干货也同步推出,教公众如何优雅地干湿分离,其中官微推文上线2小时浏览量即冲破10万,最终在24小时内攀升到了42万,完成了一次真实的逆转。在官宣次日,科罗娜又火速放出了"蓄谋已久"的实战利器——1/16青柠切割器,一经推出便成为公众焦点。而整个公共关系活动的亮眼之处还在于科罗娜的突变思维,科罗娜想起了这一切的原点——那张最先传遍互联网的朋友圈截图,从茫茫人海中找到了那位首先吐槽的普通网友,还给他带去了一份意想不到的惊喜,引起了一阵轰动。在经历了垃圾分类的考验后,科罗娜通过创意的公共关系策划,留住了自己的灵魂CP,也与公众进行了一次趣味横生的公共关系沟通。

三、构思公共关系创意的方法

(一)头脑风暴法

头脑风暴法又称智力激励法,是一种效果显著的创造性思维技巧。该方法是由工作小组人员(8~12人)在正常融洽和不受任何限制的气氛中以会议形式进行自由讨论,主张打破常规,畅所欲言,通过各自观点和思想的相互撞击,摆脱原来思维方法造成的局限,产生新的观念和思想[①]。头脑风暴法1939年由美国广告专家奥斯本首先提出,很快得到了人们广泛的重视和应用。运用头脑风暴法应注意三个基本规则:一是让组内所有成员的所有想法都能得到充分表达;二是鼓励各种思想的碰击;三是在讨论过程中,注意保护那些刚刚萌芽,但尚不完善的新想法。

(二)奔驰创新思维法

奔驰创新思维法是由美国心理学家罗伯特·埃伯利(Robert Eberle)提出的,作为一种常见的创意思考工具,常用在改进现有产品、服务或商业模式中。它包括了7个切入点:substitute(替换)、combine(合并)、adapt(改编)、modify(修改)、put to other uses(改变用途)、eliminate(消除)、reverse(反转)。替换指首先要分析事物的组成元素,思考有哪些东西可以被代替,力求做到更换很小的地方或一个部分,就能获得很好的创新效果;合并是指将事物的元素分解出来,思考与其他东西进行结合,达到1+1>2的效果;改编指将原来的事物加以审视,发现它的特质和功能,并进行改造和优化,增加某个功能或属性,如好玩、好看、提神、有趣;修改指对事物进行审视后,通过放大、缩小等方法改变其特性,也是对原有产品的更新升级;改变用途,就是将原事物应用于其他地方,创造出新的用法;消除就是做减法,将原本事物的元素分解开,看看有哪些元素是可以被去除或省略的,去除产品中消费者不喜欢的元素,从而创造出新的事物;反转就是将事物的特性列出,并尝试将其中的某些特性翻转过来,用相反的思维去

---

① 洪守义:《公关策划的理论和实践》,上海辞书出版社2018年版,第38页。

思考问题,找到破解之道,就像对手有时也是帮手,错误有时也是机会。

(三)故事板速写法

故事是交流、学习和探索的重要媒介。故事板速写法是创建与想要解释或探索的问题相关的可视化故事。故事板可以帮助创意人员将角色、场景和情节串联起来,把抽象的体验过程具象成图文结合的形式,让所有的人都能够通过一个角色来观察场景。更重要的是,勾画出角色扮演的行为来测试创意,能够以最小的成本来检验创意执行时的效果,也能让创意人员对受众体验进行更直观、更深刻的挖掘和思考。

(四)中山正和法

中山正和法又称 NM 法,由日本著名创造学家中山正和提出,是一种强调点线结合的创意构想方法。中山正和根据人的高级神经活动理论,将人的记忆分成"点的记忆"和"线的记忆"。由第一信号系统对具体事物形成的条件反射,称为"点的记忆",由第二信号系统对事物的抽象化形成的条件反射,称为"线的记忆"。如果通过联想、类比等方法来搜集平时积累起来的"点的记忆",再经过重新组合,把它们连结成"线的记忆",这样就会涌现出大量新的创意。

(五)片方法(ZK 法)

片方法由东京大学的学者片方善治所创,以其姓名英文字头 ZK 命名。片方法的特点是使解题信息按"起、承、转、合"的线索发展,由此寻找解题的最佳方案。片方法可以一人使用,也可以多人一起运用,若多人参加创意过程,可按如下程序进行。

(1)启。议题提出后,创意人员各自搜集问题的所有资料和信息。

(2)承。根据所搜集的信息和资料,按自己的思路,把解决方案写在纸上。每个人就自己的方案发言,并巧妙利用他人提出的解决方案,思考新的解决方案。

(3)转。大家把所写的东西贴在墙上,必要的话,关掉灯,进行默想,对各自的方案进行反思和推敲,加以增删或修正。

(4)合。各自宣读修正后的观点,然后再通过默想,进行反思和推敲,将最后确定下来的方案写到黑板上,全体成员对各种解决方案进行分析比较,找出最佳方案。

第四节 公共关系广告策划与创意

公共关系广告既是一种广告形式,也具有广告活动的一般规律,但是又具有公共关系的特征。公共关系广告所广而告之的不再是具体的产品和服务信息,而是形象、观念、认知。了解公共关系广告的含义和类型以及具体需要策划的内容,并学习策划公共关系广告的创意策略,是有助于组织借助公共关系广告来扩大组织知名度,提高组织美誉度,塑造组织良好形象的快速且有效的方法。

一、公共关系广告的含义与类型

(一)公共关系广告的含义

公共关系广告是适用于各种组织的,通过不同的传播媒介向广泛的传播对象发布的塑造组织形象、服务组织长期发展目标的广告。

1. 公共关系广告是塑造组织形象的广告

传统的商业广告的主要作用在于传播产品信息,促进销售增长,而公共关系广告的主要功能是塑造组织形象,它是通过语言、音乐、色彩、画面、视频等具体的表现内容,将组织的形象、行为、观念等要素生动、准确地传递给公众,以此在公众心目中形成对组织形象的良好认知。组织能够通过公共关系广告在社会公众心中获得差异化定位,公共关系广告也是公众识别组织的依据。

2. 公共关系广告是服务长期目标的广告

商业广告的目的是为了促进一定阶段内的产品曝光和销售增长,它只能在一段时间内提高某一款产品或者品牌的知名度和市场占有率;而公共关系广告则服务于组织的长远目标和战略规划,是组织有计划、长期性的行为,且能够长期沉淀为组织固有的认知资产,为组织创造一个舆论环境良好、公众态度良好的发展空间,使组织发挥更大的发展潜力,有效消解组织在发展过程中可能会遇到的误解与负面舆论。

3. 公共关系广告是适用范围更大的广告

公共关系广告的适用范围比商业广告更大。策划商业广告的主体一般是拥有产品或服务的企业,而公共关系广告则适用于各种组织,以传播组织需要与社会公众沟通的信息(如传播组织对内对外的方针政策),传播组织文化,表达组织对社会问题的回应和对公众利益的保护等。

4. 公共关系广告是传播对象广泛的广告

商业广告是企业面向目标消费者传播的广告,而公共关系广告则是组织面向更多利益相关的公众的广告,具有传播对象广泛的特点。组织面对的公众不同,除了消费者之外,组织还需要面对供应商、经销商、政府机关、民间团体、新闻媒体等不同类型的传播对象,公共关系广告能够通过不同的表现形式和内容面向更加广泛的传播对象来协调组织与不同类型的公众之间的关系。

(二)公共关系广告的主要类型

1. 形象广告

形象广告通过正面宣传组织自身的各种情况从而塑造组织的整体形象,具体内容包括:第一,组织生产经营的情况,如组织历史、发展规模、市场占有情况等;第二,组织的经营理念,如组织的宗旨、方针、政策、价值观念、社会目标等;第三,组织的社会贡献,如提供社会服务,对社会公益事业的承诺,以及社会知名度、美誉度等;第四,组织的内部状况,如领导人状况、员工素质、经济收入、企业福利、文体活动等;第五,组织的特殊事件,如周年纪念、重大事件、特殊荣誉等。

2. 观念广告

观念广告是通过提倡或灌输某种观念和意见,试图引导或转变公众的看法,影响公众的态度和行为的一种公共关系广告。观念广告可以是宣传组织的宗旨、信念、文化或者某项政策,也可以是传播社会潮流的某个倾向或热点。它是以建立观念为目的的公共关系广告,不直接宣传企业信誉,而是旨在形成一种观念,如改变苹果公司历史的经典广告 *Think Different*,苹果公司在这则广告中没有提及产品,没有新故事,而是直接表达了"那些疯狂到以为自己能够改变世界的人,才能真正改变世界"的观念。这句话也成功激励了无数人,接受这个观念并和苹果公司一样去追求非同凡响。

3. 响应广告

响应广告是组织对社会上的某些事件,以组织的名义做出反应,彰显本组织的社会责任感,并引起社会公众的共鸣,从而协调组织与社会公众之间的关系。响应广告强调的是组织与社会在各个方面的关联性和公共性。它又可划分为三种形式:其一是面向社会公众对组织关注的情况,如负面舆情出现时,组织发布公共关系广告并得到社会公众积极响应和及时沟通;其二是对政府的某项政策、措施或者当前社会活动中的某项重大事件以组织的名义表示响应;其三是对某新开张或有重大庆典活动的组织或企业,以同行的身份刊登广告以示祝贺[①]。

4. 征集广告

征集广告是组织通过征求产品名称、商标设计、创意视频等形式,引起公众对本组织的注意,提高公众对本组织的记忆度和熟悉度,同时在征集活动的传播中达到宣传目的。如今每个人都可以在社交媒体平台上发声,组织可以利用公众的力量,扩大传播效果。如武汉汉阳在微博上发布城市种草大赛活动,向微博用户征集城市风采,吸引众多生活在汉阳和来过汉阳的公众发布图文信息,晒出汉阳范儿,引起了更多公众对汉阳的关注。

二、公共关系广告的策划内容与创意要求

(一)公共关系广告的策划内容

1. 对象策划

公共关系广告对象策划,是对公共关系活动可能涉及的与组织利益相关的目标对象进行调查和分析,洞察目标对象的需求和痛点,以此指导公共关系广告的主题、创意及具体执行。公共关系广告的对象不单指顾客和客户,它面对的对象还包括政府机构、投资机构、经销商以及业务往来单位、新闻媒介等。对公共关系广告对象的策划必须了解目标对象的信息诉求和内容偏好,找到目标对象的痛点、痒点、兴奋点来作为与之沟通的核心主题,这样才能真正达到公共关系的效果。缺乏对象策划,会使公共关系广告变成自说自话,难以实现有效沟通。

2. 主题策划

公共关系广告的主题是公共关系的核心创意,是组织通过公共关系广告和目标对象沟通的核心思想。策划一个好的公共关系主题,公共关系广告活动就成功了一半。确定公共关系的广告主题不是一件容易的事,必须考虑广告目标、信息特点和大众接受心理三个要素。一个好的广告主题应有以下几个特点。

(1)引人入胜。策划主题必须引人注目,能引起公众的注意。

(2)通俗易懂。当策划主题把策划概念转换为语言和图像时,应当通俗易懂,易于媒体的传播和公众的接受。

(3)新颖独特。公共关系广告主题要尽量避免类同化,在信息爆炸的社会,同质化的内容根本引不起人们的注意,只有独特、巧妙的内容才能引起关注和兴趣。

(4)简单明了。最简洁的东西往往最能深刻地反映事物的本质,也更容易为公众接受和理解。

[①] 蔡炜:《公共关系学》,华东理工大学出版社 2014 年版,第 195 页。

3. 时机策划

为了提高公共关系广告的有效性,必须对公共关系广告的时机进行策划,公共关系广告宣传与商业广告宣传一样,同样需要选择时机。选择有利时机进行宣传,会达到事半功倍的结果。一般公共关系广告的重要时机有以下几点。

(1)组织在经营上发生与公众利益相关的变化时,应及时发布公共关系广告。
(2)组织出现差错或被公众误解时,应及时发布公共关系广告。
(3)组织更改名称或LOGO时,应发布公共关系广告。
(4)当组织发展迅速,其声誉却未及时跟进时,应及时发布公共关系广告。
(5)在社会公众广泛关注的节点,组织可以借势发布公共关系广告。

【案例6-5】　　　　奔驰总裁卸任,宝马出了一条广告片表示致敬①

2019年5月22日,奔驰全球的掌门人,迪特尔·蔡澈(Dieter Zetsche)正式卸任戴勒姆董事会主席、梅赛德斯-奔驰全球总裁一职。在这样一个特殊的时机,宝马准确抓住时机,在官方微博上发布了一则公共关系广告,配文:奔驰一生,宝马相伴。在这则公共关系广告中,离职当天蔡澈亲切地与人们合影留念。回家的路上,蔡澈坐在车上,依依不舍地望着梅赛德斯-奔驰中心大楼上的奔驰LOGO。到家后,蔡澈友好地与送他回家的司机挥手告别。可是最后,谁也没想到等到司机离开之后,蔡澈却从自家车库开出一辆宝马。原本是一场沉重严肃的告别,却被竞争对手玩出了别具一格的花样。广告短片一经推出,网友们纷纷对这次的广告创意以及宝马、奔驰相爱相杀相惜的品牌格局点赞。整支短片共53秒,宝马却用了40多秒的时间,让奔驰的总部大楼、车、品牌LOGO等多种元素出现在温情的画面中。虽然最后的反转近乎恶搞戏谑,却让人对宝马恨不起来。坊间一直流传着"开宝马,坐奔驰"的说法,而宝马正好借助蔡澈卸任放飞自我状态的搞怪,将"开宝马,坐奔驰"的网络热梗诠释得淋漓尽致,也为受众制造了自发传播的话题。尤其是恶搞完后,宝马又恢复一本正经的真诚脸,向蔡澈多年的付出表示感谢。宝马这部集创意和幽默于一体的公共关系广告,既赢得了汽车行业的认同,也娱乐了广大用户,实现宝马品牌声量和美誉度的双赢。

(二)公共关系广告的创意要求

1. 契合主题

公共关系广告主题是公共关系广告定位的重要构成部分,是公共关系广告策划活动的重心,公共关系广告策划系统中的各种创意都需要紧密地围绕广告主题展开,不能偏移。一个公共关系广告一般只会选择一个明确的主题来和公众进行沟通。围绕大主题之下会有细分的内容延展,但是不会同时表达两个互斥的主题。

2. 新颖独特

随着媒介技术的发展和媒介市场的成熟,碎片化、快节奏的信息获取方式使得公众的注意力愈加稀缺,如何吸引受众注意成为公共关系广告的重要命题。在此背景下,对公共关系广告

---

① 《奔驰总裁卸任,宝马出了一条广告片表示致敬》,https://www.digitaling.com/projects/68536.html,2019年5月31日。

创意的新颖性的要求更加凸显,唯有在创意上新颖独特才会在众多的公共关系广告创意中产生感召力和影响力,人云亦云只会给人以雷同和平庸感,沉没在信息浪潮中。

3. 具象表达

公共关系广告创意要具有可执行性,要通过具象的表达与公众沟通抽象的广告主题,采用具象化的语言、图像、声音、视频等形式和生动有趣的表现手段,构成一份完整的公共关系广告作品,以此引发公众的共鸣。公共关系广告创意不能束之高阁,需要以更加具象的方式和形象化的处理方便公众理解和感知,如此才能产生效果。

4. 坚持原创

坚持原创是公共关系广告创意不可僭越的底线要求,突破这条红线会使公共关系广告直接失败。某汽车品牌的公共关系广告风波证明一条抄袭的公共关系广告会直接伤害组织的整体利益和经营多年的整体形象,也为公共关系广告的创意人员敲响警钟:坚持原创应该是创意的底线要求,不容践踏,需要时刻坚守。

【案例 6-6】　　　　　　美团买药公益广告,不需要创意的创意①

2021 年,美团买药携手上海胜加广告有限公司共同打造了一部公共关系广告片《真的值得更多人知道》。广告片一经亮相,就在大众圈层掀起一股温情的波澜。本来应该是一部商业广告片,但是在独特的创意加持下,拍成了一条弱化商业利益,与公众沟通公众利益的公共关系广告片,令无数人自发转发给身边需要的人。该广告没有常见的故事套路,也没有新的创意,而是将一条商业广告拍成了简单又直白的公益式科普的公共关系广告,广告片通篇强调:"美团买药提供 24 小时服务,大家真的需要知道。"广告片契合这一个主题,以新颖独特的视角,以不需要讲故事的独特故事,以不需要创意的 big idea 准确传达主题,比起商业宣传更像是科普新的知识点。

美团买药这则公益广告片,没有将发力点放在常规的故事创意之上,也没有以鸣锣敲鼓的姿态、俗套化的情绪感召进行发声,而是选择透过人与人之间的关系羁绊和情感暗线,深耕真实化的生活场景,呈现出组织与大众之间的价值链接。除了以真实的人物场景作为故事本身,以简单温情的科普式教育作为沟通形式,美团买药与社会公众沟通的并不只是塑造品牌形象,更是以具象化的表达来回应大众夜间买药的痛点,抚慰大家的情绪,转给身边人也是美团为社会公众搭起的温暖桥梁。这则案例证明,洞察到问题本质,找到核心主题之后,并不需要多么烦琐复杂的创意,只要契合主题,并以独特的方式生动表达这个主题,就能取得良好的效果。

第五节　公共关系的媒介策划

公共关系的开展是公共关系活动的主体利用各种传播媒介,将相关信息或观点有计划地与公众进行交流的沟通活动,对传播媒介的策划是促进公共关系信息有效触达目标受众的必

---

① 《美团买药新广告,唯有真诚才能打动人心》,https://baijiahao.baidu.com/s?id=17079640105274 91985&wfr=spider&for=pc,2021 年 8 月 15 日。

要保障。进行公共关系的媒介策划时,需要对媒介进行分类,在把握各类媒介优缺点的基础上,结合策划目标、受众特性、沟通内容及方案预算来选择投放媒介,通过优化媒介组合、创新媒介运用来实现传播效果的最大化。

一、公共关系传播媒介分类

美国传播学者哈特把有史以来的传播媒介分为三类:示现的媒介系统、再现的媒介系统和机器媒介系统。三类媒介按历史发展顺序依次出现在社会生活中,从不依靠任何机器手段的"示现媒介"到部分依靠机器的"再现媒介",再到完全依靠机器的"机器媒介",这是一个人类传播媒介手段日趋丰富的过程,也是人体的信息功能日益向外扩展、体外化信息系统逐渐获得相对独立性的过程[1]。

(一)示现的媒介系统

示现的媒介系统,即面对面传递信息的媒介,如口语、表情、动作、眼神等非语言符号,是由人体感官或器官本身来执行功能的媒介系统,传受双方都不需使用机器。在公共关系活动中,座谈会、股东大会、企业年会等线下公共关系活动需要使用现场工作人员作为媒介,由现场工作人员来传达组织信息。

(二)再现的媒介系统

再现的媒介系统,是指信息的生产和传播者需要使用物质工具或机器使信息以符号形式再现,但信息接收者不需要其他工具进行翻译的系统,包括绘画、文字、印刷、摄影等。再现的媒介系统具有信息可靠的特点,更容易使公众相信。

(三)机器媒介系统

机器媒介系统,是指传受双方都需使用机器才能完成传播过程的媒介系统。包括电话、电影、广播、电视、互联网媒体等,是现在公共关系活动中投放最常用的媒介。这些媒介传播速度快,传播范围广,传播形式丰富,且双方能够进行沟通互动,为公共关系活动提供了更多创意实现的可能。

二、媒介选择的判断标准

(一)联系具体目标,追求实际效果

进行到公共关系的媒介策划环节时,要联系前期已经明确的公共关系活动的整体目标去选择传播沟通媒介。不同的传播媒介具有特定的功能,而特定的功能又能为具体的目标服务,从而达到实际的效果[2]。不以目标为选择标准,公共关系活动的实际效果也有可能大打折扣。例如,如果追求最大限度的曝光和品牌知名度,可以选择传播速度快、覆盖面广的微博、抖音等社会化媒体平台;如果追求品类的精细化投放,可以选择Keep、美柚等垂直类媒介平台。

(二)结合受众特性,了解触媒习惯

可结合公共关系策划的对象,及活动受众的人群特征去选择传播媒介。不同受众群体的

---

[1] 马弋飞、韩有业:《传播媒介进化的阶段性特征》,《重庆社会科学》2016年第11期,第97-103页。
[2] 李红、刘学俊:《公共关系学》,北京理工大学出版社2017年版,第127页。

触媒习惯是不同的,公共关系策划的对象不同,适合的传播媒介也不同,要使公共关系活动想要传达的信息有效地到达目标对象,必须结合受众媒介使用的特点和习惯来选择最佳的传播媒介以及传播信息的时机,如对于青少年群体而言,短视频、直播等新兴媒体平台比新闻聚合平台、广播电台等媒体接触率更高。

(三)根据具体内容,选择合适载体

公共关系活动所要传播的具体内容不同,选择的传播载体也会有所区别。首先是内容属性的不同对媒介选择的影响,如传播深度内容可以选择受众黏性高、阅读体验好的媒介,传播简单内容则可以选择广播、快闪视频等短平快的媒介形态。再如,针对一场活动的新闻报道,既可以设计为长篇报道,选择通过活动组织方及其他相关主体的微信公众号传播,也可以通过朋友圈分享,再由参加活动的人进行转发。

(四)匹配实际预算,优化媒介组合

实施公共关系活动的组织对每次公共关系活动的开展匹配了不同的预算,应根据组织具体的经济条件来选择传播媒介。同时,在预算之内,为了达到更好的传播效果,往往需要通过优化媒介组合的方法来获得事半功倍的效果。每种媒介都有覆盖范围的局限性,优化媒介组合不仅能够弥补单一媒介目标用户到达率不高的问题,还能精准匹配受众在不同时间的触媒点,有效防止媒介投放的资源浪费。

【案例6-7】 上央视做招聘,蕉内为新国货画底线[①]

招聘的公共关系广告可以在哪里投放,微博上的一张海报,还是公众号的一条推送,蕉内为何选择在央视投放招聘广告?针对五四青年节,蕉内摒弃了赞美青春、怀念青春的同质化公共关系套路,而转向"为新国货画底线"的主题,通过央视这一权威媒体发布品牌宣言。蕉内在央视投放的短片《底线》中,招聘青年设计师的主题仅仅是一句文案,而短片整体表达的是蕉内的两位创始人对于"新国货的底线"给出了品牌乃至行业层面的思考。在整体立意上,蕉内既不刻意体现自身产品信息,也不强调自身品牌的伟大,而是站在行业的高度上,从更高的角度为新国货画一条更高的底线,凭借五四精神为新国货发声,在为新国货做好宣言的同时,引导公众思考"底线在哪里",在促进消费者对品牌认知的同时,也向社会公众传递了品牌所坚守的正能量。这样一则非同寻常的招聘广告,因为整体立意足够深厚高远,需要严肃的权威媒体来表达,因此蕉内选择央视作为公共关系广告投放的媒介,来展现品牌的价值担当,也为众多新国货品牌代言。与央视大IP深度结合,契合新国货的核心价值,并且传播内容与央视调性深度匹配,充分发挥了内容和媒介匹配而产生的1+1>2的效果,使得蕉内在此次五四青年节公关营销中脱颖而出,在关键节点选择合适的媒体抢占传播高地,在广域圈层迅速打开了品牌知名度。

三、媒介策划的创新思维

(一)跨屏传播

跨屏传播是指同一用户在不同屏幕之间"流动",即用户在不同屏幕上完成观看、浏览、搜

[①] 《致敬青春,蕉内的五四营销给出新"底线"!》,https://www.163.com/dy/article/H6HMH18I0514DUSV.html,2022年5月4日。

索、社交等行为。如今,有线电视、数字电视、智能电视、移动电视、笔记本电脑、平板电脑、手机、影院、户外显示屏……大大小小的屏幕在每个人的生活中无处不在。越来越多的信息跨屏共振,整合资源、内容共享成为传统媒体转型的一大课题①。跨屏传播也为公共关系信息的传播提供新的思路,用户会在不同的场景下带着不同的需求去获取信息。公共关系如何联系目标对象的媒介使用场景,在不同的屏幕中传达不同的内容,并使其互为补充成为公共关系媒介策划新的思维方法。

(二)科技创新

未来,随着科技不断创新,新兴媒介将不断涌现,媒介不但要能够复制现实信息,而且要能够以富有想象力的方式重组现实。未来的媒介平台将通过大数据、量子计算、实时传输技术、VR/AR/MR/XR技术等搭建一个个虚拟时空和虚拟场景,实现沉浸式体验②。在这样的虚拟时空中,组织会变得更加真切,更具触摸感、参与感和现场感,公众能够在虚拟空间中身临其境地参观企业工厂,参加社区活动,参与区域会议。组织可以在虚拟空间中建构一个世界,一个让公众可以在线感知和参与组织过去、现在和未来的世界。

(三)万物皆媒

在万物皆媒的时代,"物"与"媒"的互动和交织给公共关系活动信息的传播带来了诸多新的机遇和可能,物联网、人工智能、云传播不仅使每一个物体都具有接收和传播信息的可能,成为名副其实的"媒体",也拓展了信息传播的疆界③。企业大楼、组织所处场地内部的灯光、墙壁等一切和组织有关联的物体都可以成为公共关系活动信息的传播渠道,创新性地使用公众身边的物品进行传播会带来意想不到的惊喜。

【案例6-8】 中国银联诗歌POS机,玩转媒介组合④

2019年7月,中国银联在上海陆家嘴地铁站首次推出了诗歌POS机。诗歌POS机收录了大山留守儿童的诗歌,通过天真烂漫的诗歌治愈了行色匆匆的城市人的心灵。诗歌POS机活动随后也逐渐在全国多个城市铺开。2019年10月,银联带着诗歌POS机参与了厦门鼓浪屿诗歌节。在这场诗歌节中,李笠、陈黎等近百位著名诗人亲自打卡了银联诗歌POS机,并把自己的诗也装进了诗歌POS机。2019年10月,深圳市福田地铁站铺满了诗歌POS单,将现代化和艺术化交融。诗歌POS机作为中国银联与社会公众沟通的媒介,一方面连接着大山的淳朴美好和城市的匆匆前行,另一方面承载着中国银联的社会担当和品牌使命。中国银联通过诗歌POS机与社会沟通的是品牌责任感,更是诗歌抚慰人心的力量。2019年,中国银联的诗歌POS机全国6站巡展,扩展了传播的"广度";2020年,中国银联引导大家去大山里读诗,耕耘了IP的"深度",活动也陆续得到了中央广播电视总台、新华社、网易、腾讯等数十家权威

---

① 冶进海、马慧茹:《当下视听媒体发展中的传播形态与特征》,《中国电视》2019年第1期,第68-72页。
② 冶进海:《移动短视频时代非遗影像传播的赋能与创新》,《北方民族大学学报(哲学社会科学版)》2021年第5期,第132-137页。
③ 戴海波、杨惠:《媒介化、再媒介化和去媒介化:"泛媒化"视域下媒体融合的内在逻辑》,《中国编辑》2022年第1期,第67-72页。
④ 《中国银联诗歌POS机,将公益营销深入人心》,https://www.socialmarketings.com/articledetails/8878,2020年10月15日。

新闻媒体和网络媒体亲临现场采访和报道。

　　随后,中国银联更是结合具体的内容风格,适配多种媒介形式,玩转媒介组合,将诗歌 POS 机的公共关系活动持续发展成为一个活动品牌,与农夫山泉合作推出公益微电影《三千尺》,还有公益直播以及"诗歌长河""诗歌瓶"等一系列线上线下活动。中国银联诗歌 POS 机依托其本身的沟通媒介创新和后续的传播媒介组合,实现了公共关系策划组织与社会公众的深度情感沟通,直接打造了一个公共关系活动品牌。

第七章 公共关系实施与效果评估

要成功开展公共关系活动,不仅需要事前优秀的策划,还需要在实际执行层面时刻把握传播目标,因时因势而变。尤其在新媒体时代,公共关系实施过程更是风云变幻,并更多以网络指标对活动效果加以衡量。本章重点探讨公共关系实施与效果评估,以探寻公共关系的有效传播之道。

第一节 公共关系实施概述

所谓公共关系实施,顾名思义,是指公共关系策划方案制定完成后,将策划方案目标和具体内容付诸实现的过程,是整个公共关系工作程序的中心环节,直接决定公共关系活动的效果。毕竟无论公共关系策划方案如何科学,唯有将其灵活严谨地加以实施,方能达成预期成果。

一、公共关系实施的主要模式

公共关系活动模式,又称为公共关系活动方式,是由一定的公共关系目标和任务所决定,并有机结合了若干种公共关系方法和技巧,所形成的具有特定公共关系功能的工作方法系统[1]。由于目标和任务的不同,形成了以下五种常见的公共关系活动模式。

(一)宣传型公共关系

宣传型公共关系常用于品牌知名度较低的时期,指在组织内外部综合运用各种传播媒介及交流方式,向社会公众传递信息。其目的在于提升公众的认知和支持,从而营造有助于组织发展的良好舆论环境,使其得到更多拥护。此前,宣传型公共关系活动模式多采用广告、新闻稿、记者招待会、新品发布会、展销会等传统的单向传播形式,宣传尤其以 PGC(专业生成内容)为主。现今,随着数智技术和社交媒体平台的迅速发展,传播权力的横向扩散使得用户掌握更多生产与传播信息的自主权[2],UGC(用户生成内容)随之出现。受众不再仅被动接收信息资源,还能够主动与品牌方互动,甚至参与到宣传内容的创作和分享中。于是,在企业主导的宣传之外,依靠受众自发的口碑宣传日渐成为宣传型公共关系活动模式中的重要环节,能够通过激发信息的病毒式传播,进一步扩大影响范围。

---

[1] 董原、陆凤英:《公共关系学》,经济科学出版社 2012 年版,第 189 页。
[2] 王苗、曲韵、陈刚:《数字化变革与品牌资产概念与模型研究》,《贵州社会科学》2020 年第 8 期,第 137-143 页。

【案例 7-1】 蜜雪冰城："魔性"主题曲全网出圈①

2021年6月,蜜雪冰城在抖音、微博、B站等多个社交媒体平台发布首支中英文版本的品牌主题曲。该曲目改编自一首脍炙人口的美国乡村民谣 Oh! Susanna,一经上线即凭借其朗朗上口的歌词和魔性的旋律迅速席卷全网,成为2021年最热门的歌曲之一。其后,在饶有趣味的简单内容驱动下,有着巨大热情的网友纷纷自发参与二次创作,多种语言(汉语、英语、法语、德语、日语、葡萄牙语、意大利语、阿拉伯语、西班牙语、俄语、波兰语)、多种才艺表演(京剧、豫剧、管风琴等)版本的主题曲随之在全网传播,使亲切可爱的雪王IP愈发深入人心。可见,品牌要在海量信息的今天打出声势,离不开优质内容对集体智慧的激发。

此外,宣传型公共关系活动模式在国家品牌传播的过程中同样占据着重要位置。以长征期间中国共产党的报刊活动为例,无论当时的条件如何艰苦卓绝、形势如何严峻,党始终重视报刊宣传工作,坚持出版《红星报》《前进报》等,以真知灼见动员战斗、振奋人心②。在今天,中国政府仍旧始终不断提升宣传效能,对内保障民生,推进乡村振兴宣传工作;对外积极与其他国家的政府和企业开展合作,发起"一带一路"倡议,向世界展现中国负责任的大国形象。

(二)交际型公共关系

交际型公共关系是指组织凭借人际传播,即人与人之间的直接接触与交流来开展公共关系活动的模式。其特点在于直接、灵活且富有人情味,能够通过真诚的沟通迅速与受众增进情感联系,并建立亲密关系,有助于提升受众对组织的信任和忠诚③。但在另一方面,仅一味注重"接触"并不能达成良好的沟通效果,必须向其中注入好的创意与情感体验。

【案例 7-2】 《哈利波特:魔法觉醒》:创新沟通方式引共鸣

电话通信一贯因便捷低廉而受到市场的广泛采用。但在过去,其也常因沟通时填鸭式的信息轰炸而饱受诟病,反而给公众带来负面的情感体验。近年来,不少国产手游颠覆了这一情况,凭借创新的沟通方式收获玩家赞誉。比如由网易发行的《哈利波特:魔法觉醒》手游,在游戏上线前夕便以霍格沃茨魔法学校招生办的身份给每一位事先预约该游戏的用户拨打电话,祝贺"巫师"被霍格沃茨魔法学校正式录取,并发出开学通知。随后,"你收到霍格沃茨的电话吗"这一话题迅速登上热搜,带动诸多玩家进行惊喜晒图。国产少女游戏《恋与制作人》《时空中的绘旅人》等在这一方面也做得尤为出色,往往在日常重要的时间节点以游戏角色的身份与玩家进行电话沟通,依托剧情的魅力和配音者的强力加持给玩家带来极大的沉浸感,从而最大程度地激发情感共鸣,并带动相关话题热度发酵。可见,注入好的创意与情感体验是交际型公共关系的必由之路。

---

① 孙孜文:《如何从"六脉神剑"的视角看蜜雪冰城神曲出圈》,https://www.meihua.info/article/4303876967072768,2021年6月22日。

② 于安龙:《长征中党的报刊活动》,http://dangshi.people.com.cn/n/2014/1017/c85037-25855274.html,2014年10月17日。

③ 程曼丽、乔云霞:《新闻传播学辞典》,新华出版社2012年版,第252页。

此外，社交媒体技术的发展对消费者的互动过程与行为也产生了重大影响，并为人际传播带来新的可能性。此前，个体之间相互孤立，且具有较高的联系成本。如今，消费者能通过互联网和社交媒体平台迅速联系彼此并交换意见，在线社群便由此诞生，消费者与品牌的关系进入全新阶段。例如，完美日记品牌一向注重以个人微信号和社群矩阵构建私域流量池，通过打造宠粉的美妆顾问 IP 小完子，在朋友圈与微信群内实时发布品牌动态，周期性进行护肤知识科普、福利发放与产品介绍，在直接触达用户的同时带动消费者与品牌、消费者与消费者之间的双向互动，以真诚的沟通和温暖的社群氛围进一步缩短用户与品牌间的心智距离，从而建立起长久的信任关系，有助于流量沉淀与深挖用户价值。可见，交际型公共关系在当代是一种极为有效的公共关系活动模式，能够推动品牌在存量竞争时代脱颖而出。

(三) 服务型公共关系

服务型公共关系是指通过向社会公众提供优质的服务，来塑造组织美好形象的活动模式。正所谓"行是知之始"，该活动模式以实践为先，经由实际行动促使受众产生对组织正面积极的印象与评价，从而提升组织的社会认可度。在数字时代，由于消费的时空界限被互联网打破，用户获得产品和服务的机会增多，日趋同质化的市场使得受众越发看重用户体验。

【案例 7-3】　　　　　　熊猫不走："产品＋服务"助传播

以近年来在烘焙行业异军突起的熊猫不走蛋糕为例，该品牌首创"产品＋服务"模式，以"让每个人的生日更快乐"为使命，通过差异性的配送体验迅速博得广大用户的好感与支持。用户仅需要在线上进行下单，便有熊猫人（身穿熊猫服装的配送员）免费配送蛋糕上门，并在现场提供约 2 分钟的舞蹈、魔术及互动游戏等表演。该种创意趣味的互动形式不仅能博用户一笑，还易引发他人的二次传播，提升品牌知名度。此外，在物流配送服务方面，熊猫不走蛋糕坚持自建配送体系，凭借"最快 3 小时送货，超时免单"的承诺保证购买体验，从而进一步提高用户复购的概率和品牌忠诚度。目前，熊猫不走蛋糕凭借这一持续创新的仪式感服务，已进驻北京、上海、广州、深圳、杭州、成都等 25 座城市，拥有超 2000 万用户和超 70 万美团五星好评用户，被誉为"烘焙界的海底捞"。

(四) 征询型公共关系

征询型公共关系是指以采集社会信息、提供信息服务为主的活动模式。目的在于通过信息采集、舆论调查、民意测验等工作，了解社会舆论，为组织的运作和管理提供决策依据，从而使组织的行动尽可能符合国家的总体利益、市场的发展趋势以及民心民意。大数据时代，信息收集除常规的问卷调查、电话访问、现场咨询等手段外，还能够依托数据采集与分析技术，精准洞察社会公众的兴趣偏好、消费习惯和评价反馈等数据，刻画用户画像以对未来决策提供更好的参考。

征询型公共关系的价值正在于以下三点：其一，将组织信息传递给公众，为公众直接接触和了解组织提供一种有效途径；其二，收集公众的相关信息和反馈，为组织运作提供指引；其三，挖掘信息价值，打造独家信源，形成行业标杆。

【案例 7-4】 打造研究智库，挖掘信息价值

2007年4月，电商企业阿里巴巴成立阿里研究院这一新型商业知识平台，依托阿里巴巴集团所掌握的海量数据，聚焦小企业前沿案例，在电子商务生态、产业升级、宏观经济等研究领域发布多个创新性数据产品、大量信息经济领域的研究报告及数千个经典的小企业案例，已在行业内外形成较大影响力。京东集团同样着力构建自己的前瞻性研究智库机构——京东消费及产业发展研究院，以京东平台消费数据为基础，不断发布最新数据研究和行业观察报告等信息，研究用户消费行为与品牌发展趋势。此类平台的创设不仅有助于深挖自身数据价值，吸引众多上下游合作伙伴和关心产业、经济发展的公众关注，塑造组织专业形象；还能够与国内多个顶级数据研究机构和媒体构建良好的合作关系，以独家信源的身份推动其他媒体转载，扩大组织影响力。

（五）社会型公共关系

社会型公共关系，即组织通过参与和举办社会性、公益性及文化性活动来开展公共关系的活动模式。目的在于彰显组织的社会责任感，从而提高社会美誉度，获得公众支持。从短期来看，开展社会型公共关系难以迅速获得直观的效益。但从长远考虑，将在无形中帮助组织塑造良好的形象，并扩大社会影响力。以企业本身为中心开展诸如庆典活动、文体竞赛等活动是社会型公共关系常见的形式之一，但社会公益事业更是该活动模式的重中之重。

职业道德与企业社会责任一贯是卓越公共关系的适用原则之一，要求组织在追求盈利目标之外，必须在活动中对社会和公众负责，以此构建卓有成效的工作体系。

【案例 7-5】 投身公益事业，彰显企业使命①

2021年3月，腾讯与敦煌研究院签署战略合作协议，双方计划通过AI病毒识别、沉浸式远程会诊等技术，助力敦煌壁画保护与修复。同时，依托腾讯的前沿技术与平台，在影视、音乐、动漫、游戏、文创等领域协力"讲好敦煌故事"，推进文物的数字化呈现与传播。这一系列举措不仅能够帮助传播敦煌文化，还能够帮助腾讯提升品牌的文化品位，彰显其"科技向善"的企业使命。

然而，组织若对企业社会责任进行过度宣传，将偏离社会型公共关系的正确轨道。不乏有公众质疑组织进行社会公益活动纯粹是因有利可图，而并不注重实质贡献。要平衡二者之间的关系，就必须学会创造共享价值，即识别社会与企业绩效的交叉点。经济学中的外部效应认为，一个经济主体在开展经济活动的过程中，常会带来某些社会问题。因此，创造共享价值就要求组织在公共关系中将企业规划与社会问题相结合，关注企业发展过程中所带来的环保、安全等问题，并用企业的优势去解决社会问题。

二、公共关系实施的主要特点

（一）过程的动态性：环境复杂多变

公共关系实施由一系列连续的活动构成，是一个不断动态变化的过程。它的动态性主要

---

① 《敦煌研究院与腾讯战略合作升级 科技助力壁画保护与藏经洞文物数字化》，https://mp.weixin.qq.com/s/IDVDjVCN6UrwvrnQhQCuyw，2021年3月19日。

体现在以下两个方面。其一,现实情况是复杂的。无论在策划和制订公共关系方案时如何周密,都无法穷尽所有情况。因此,在实际执行公共关系策划的过程中,总难免在现实中发现和理想情况存在差异,难以完全做到面面俱到。其二,现实环境不是一成不变的。公共关系人员不可能在事前就对社会组织外部环境中的突发性和偶然性事件做到完美预测,新的变化和问题总会随着实施进程的推进而不断出现。因此,如果一味盲从事前制订的公共关系策划方案,而没有考虑到环境的复杂性和实施过程的动态性,将难以取得良好的实施效果,甚至带来负面影响。

与此同时,互联网的高速发展打破了时空限制,信息的更新速度进一步加快。组织往往还未完全消化当前的市场情况,新变化就已接踵而至。瞬息万变的传播环境,也使海量信息越发充斥着网络空间,公众的注意力转瞬即逝,容易被层出不穷的新情况所诱引。另一方面,传播权力的扩散让每个人都拥有了发声的渠道,网民素质的参差不齐使自媒体信息呈现出良莠不齐的态势。信息疫情随之出现,公众和组织难以辨别信息的真伪,这也进一步加剧了环境的不可控性。因此,适时调整方案以适应复杂多变的互联网环境就显得尤为重要。但对动态过程的重视,也并不意味着公共关系人员可以随意更改原计划,这将破坏公共关系系列活动的连续性,从而影响实施效果。

(二)渠道的多样性:多元整合传播

多形式、多媒体的信息传播已成为当下必须把握的趋势。公共关系实施要顺利达成传播目标,就不能仅依赖单一的媒介策略,而需依靠多种媒介进行整合传播。它的多样性主要体现在以下方面。其一,传播介质是多元的。如今,随着网络和信息技术的发展,媒体格局发生了深刻变化。新媒体的迅猛发展和智能手机、平板电脑等智能终端的日渐普及,进一步催生了微信、微博、电商购物等多种形式的平台出现,公众可以从多样化的渠道主动获取信息。根据中国互联网络信息中心(CNNIC)发布的《第51次中国互联网络发展状况统计报告》显示,截至2022年12月,中国网民规模达10.67亿,其中手机网民规模达10.65亿,占网民整体的绝大部分。由此可见,互联网尤其是移动互联网在人们的日常生活中占据着重要位置,能够对社会舆论的态势和走向产生不可估量的影响。但同时,传统媒体的力量同样不可忽视。一方面,传统媒体正积极拥抱新媒体,谋求新的转型;另一方面,传统媒体所独有的权威性仍旧在公共关系活动中起着不可忽视的作用,能够帮助组织迅速获得公众认可。其二,媒体技术是多样的。互联网本身即是整合传播。组织可以利用互联网为公众提供诸如电子刊物、网络广播、网络电视节目等多种形式的信息,并将视觉和听觉相结合来为公众提供更加丰富生动的体验,从而获得更佳的传播效果。

因此,在传播触点激增的今天,公共关系实施愈发注重全渠道传播,不仅需要在实施过程中准确选择传播渠道、媒介和方法,综合运用各种媒介以最大化触达社会公众,扩大传播声量,还需要辨识各类媒介特征,依据不同媒介选择不同的传播内容,优化公众体验。在未来,随着5G、大数据以及人工智能技术的发展,沉浸感更强的AR(增强现实)、VR(虚拟现实)等新传播形式的发展也将给公共关系实施带来新的变化。

(三)受众的主动性:双向沟通互动

相对于传统媒体而言,互联网为组织和社会公众提供了一个双向沟通互动的空间。在过去,个体之间相互孤立,只能通过单向渠道被动接收组织传递的信息。但如今,随着互联网技术和社交媒体平台的发展,数字传播的即时性和信息资源的海量性弥合了传受双方的信息鸿沟,使得公众主动获取和分享信息的行为成为常态,公共关系主体在传播中的主导地位被打破。马克·波斯特(Mark Poster)在《第二媒介时代》一书中将之称为"双向的去中心化的交流"①。由此,广大社会公众能够真正参与到整个公共关系的过程中,在互动和对话中影响公共关系实施。

近年来,对话范式成为国际公共关系学界的主流研究范式之一,在社交媒体时代呈现出别具一格的实用价值。对话式公共关系(dialogical public relations)强调"组织-公众"关系的维系和发展,而不以达成实际结果为主要目标,认为公众和组织是平等的,二者在互动中共建关系②。互联网的发展正进一步拉近了组织与公众之间的距离。以旺旺、老乡鸡等品牌为例,其借助超强的网感在微博中与网友进行趣味互动,看似插科打诨的简单日常分享,实则是真正放下了品牌"身段",和用户站在同一视角进行沟通,甚至带动用户和其他品牌主动一起"玩",在无形中塑造出一个颇具特色的接地气人格,加深了公众对品牌的好感。

不难看出,在新媒体时代,社会公众愈发掌握了传播的主动权。这就要求公共关系实施凭借其独特的连接能力和引导对话能力,形塑认同以成就共同体。同时,公共关系人员也需要注意到这一特征将进一步加剧公共关系实施过程中的不可控性。毕竟实时的沟通和交流往往会带来难以预料的影响,需要实时把握调整以降低传播风险。

(四)影响的广泛性:打破时空限制

影响的广泛性是指公共关系方案的实施,能够对组织本身、目标公众以及社会文化均产生深刻的影响。其一,公共关系方案的实施与组织本身紧密相连,若实施成功将有助于组织形象的塑造和影响力的提升,若实施不当也将对组织声誉造成不良的后果。其二,公共关系方案的实施在一定程度上能够改变目标公众的认知,成功的实施将有助于组织抢占公众心智,塑造良好的形象,进而影响公众的行为。其三,公共关系方案的实施会对社会产生广泛影响,能够在执行过程中推进文化习俗的传承与保护。

近年来,数智技术的迅猛发展进一步打破了传播的时空限制,马歇尔·麦克卢汉(Marshall McLuhan)所提出的"地球村"概念受到广泛认可。而移动智能终端的广泛普及,又进一步使海量信息与社会公众如影随形,人们可以通过各类平台即时获取各地的新闻资讯。由此,公共关系实施的传播内容将经由互联网平台,更加迅速地触达更广泛的大众,呈现出范围广、实时高速的特征。

【案例7-6】　　　　ALS冰桶挑战赛:社交平台助推爱心扩散

2014年,ALS冰桶挑战赛(ALS Ice Bucket Challenge)的广泛传播正离不开互联网和社交媒体平台的极大助力。该活动旨在让更多人关注到"肌萎缩侧索硬化"(渐冻症)这一罕见疾病,并募集善款以帮助治疗。参与者被要求将用冰水浇遍自己全身的视频内容发布在互联网平台上,随后点名其他人参与活动,被邀请者将决定是否在24小时内接受挑战,或为对抗"肌萎缩侧索硬化"捐出100美元。起初,该挑战赛风靡于全美科技界精英及职业运动员圈子,随

---

① [美]马克·波斯特:《第二媒介时代》,范静哗译,南京大学出版社2005年版,第18页。
② 陈先红:《中国组织:公众对话情境下的积极公共关系理论建构》,《新闻界》2020年第6期,第71-80页。

后迅速蔓延至全球社交平台。不难看出,除名人效应加持外,巧妙利用社交媒体平台是该活动大获成功的诀窍,通过扩大内容传播横截面,极大地提高了活动的人群接触广度和密度,达成广泛影响。

第二节　公共关系实施的任务

在公共关系活动的实施过程中,要保证公共关系的有效性,就要求传播者在深入了解公共关系实施模式和特征的同时,进一步明确公共关系实施的主要任务,并据此调节活动方案,因势利导,以达到最大成效。

一、合理控制目标

公共关系目标,是指能够在一定时期内控制整个公共关系活动过程的总目标,以及对公共关系具体实践进行指导的各级分目标。可以说,整个公共关系工作程序均围绕公共关系目标进行,公共关系目标是所有公共关系活动的枢纽。因此,公共关系实施必须以目标导向为原则,在过程中对目标进行合理控制。

第一,一个合理目标的制定是一切计划的起点和基石,公共关系活动的实施必须"有的放矢"。在公共关系运作过程中,若公共关系目标缺失或不明确,具体实施将难以为继;若公共关系目标不合理,具体实施将走向难以预估的错误方向,以至于给组织带来无可挽回的负面影响。

第二,公共关系实施要保证活动的具体执行过程不偏离计划目标,始终坚持与组织在公共关系策划中所制定的总目标保持一致。若随意改变、放弃公共关系目标,或主观调整实现目标的基本环节,将有碍活动的连贯性及有序性,影响活动效果。

【案例7-7】　　　　　　　　内外(NEIWAI):始终聚焦女性[①]

国产品牌内外(NEIWAI)是中国贴身衣物品牌,其核心价值在于"做一件让人身心自由的内衣",打破了长期以来以维多利亚的秘密为首的性感内衣品牌所建构的单一性感审美,致力于为女性提供舒适的产品和服务,呈现自信的多元女性之美。该核心价值的确立,呼应了女性观念在"她时代"的转向,并迎合其"悦己"的消费追求,自然也为后期NO BODY IS NOBODY系列视频广告的大获成功奠定了理念基础。

内外(NEIWAI)品牌分别于2020年、2021年、2022年的国际劳动妇女节前夕发布了三部NO BODY IS NOBODY视频广告,广告主题依次为"没有一种身材,是微不足道的""微而足道,无分你我""身心之路,见微知著",主题始终聚焦普通女性的真实身体面貌,传达"女性身材多样化"的品牌主张。持续连贯的话题内容输出,成就了内外品牌的精神内核——对女性自我探索和自我接纳的鼓励,从而实现持续占领用户的心智,最终与女性保持长期的情感共鸣。

二、选择最佳时机

"明者因时而变,知者随事而制",在公共关系活动方案的执行过程中,各项活动要取得最

[①] 周伟文:《拥抱多元之美,内外价值观出发捕获芳心》,https://mp.weixin.qq.com/s/1nfuWE_17iMLOeJ4uKuCOA,2021年3月3日。

佳效果,就必须选择在最恰当的时机加以实施。若时机选择错误,比如在国家公祭日开展品牌宣传活动,将会招致社会公众的反感,甚至厌恶。因此,如何把握最佳时机已成为每一个组织实施公共关系的必修课,有以下要点可资借鉴。

(一)有势者需用势

组织可借自身发展的重要时机以用势。例如,当组织时值开业或周年纪念之时、当组织更名或发布新产品之时、当组织知名度下降或出现失误被公众误解之时,组织都可以利用此时公众对组织不同寻常的关注进一步扩大传播声量。

(二)无势者需借时之势

组织可借时之势以造势。组织因自身发展而拥有的宣传机会并不多,要在竞争激烈的市场中始终做到先声夺人,就必须借助各种固定的特殊时机来为自己创造机会。以国内外的重大节日为例,有中国的春节、元宵节、端午节、中秋节、国庆节等,西方的圣诞节、万圣节、情人节等,还有国际性的妇女节、劳动节、儿童节等。这些规律性的节日因其特殊性而自然成为公共关系人员大做文章的极佳宣传节点。在某些特殊时期,切合公众情绪的公共关系手法也将收获到意想不到的效果。

(三)无势者需借事之势

组织可借事之势以成势。组织不仅可借特殊的时间节点进行宣传,还可以借助现成的重大事件、热门平台的热度助推自身传播。比如必然引起社会公众广泛关注的奥运会、亚运会等重大体育赛事,组织可实施与之相关的公共关系活动,以此提升组织声誉。如三棵树品牌在2022年北京冬奥会筹备与举办期间开展"中国时刻 一起出色"系列公共关系活动,正是戳中了大众当时高涨的爱国热情,为品牌形象增色。

此外,组织在借助特定时机和事件为自己造势的同时,还需注重公共关系实施内容与该时机内涵的关联性,生硬的捆绑只会带来负面效果,需要将与重大节日无关的公共关系活动改期举办。而在某些特殊的时间,如极端严肃的国家哀悼日期间,公共关系活动也应对其作回避,避免因喧宾夺主招致公众反感。

三、注重公众需求

爱德华·伯奈斯的核心思想正在于"投公众之所好",认为"公共关系的实践是在制造同意",主张一个组织应该在了解公众的喜好、需求和价值取向之后,再有目的地从事传播工作,以便迎合公众的需要。诚如是,整个公共关系程序自始至终都无法忽视公众,公众是构成公共关系的基本要素。因此,公共关系实施必须依照在公共关系调查及策划中所确定的目标公众特征,洞察其需要,并采取契合他们偏好的传播方式,如此方能保证公共关系实施的效果。在此期间,公共关系人员应考虑以下两方面的问题。

一是需要选择目标公众偏好的传播媒介展开宣传。公共关系活动的本质在于影响人心,要对目标公众的认知和行为产生影响,首先就必须对其做精准触达,以最大限度地使宣传信息为公众所接受,进而提升公共关系活动效果。因此,公共关系活动方案的实施必须依据目标公众的人口属性、兴趣爱好等特征,并结合公共关系目标来选择最佳的传播媒介及渠道,以更好地发挥不同媒介的特有优势。其中具体如何优化媒介渠道组合以保证公共关系效果,将在后文中具体阐述。

二是需要创造能够打动目标公众的有价值的内容。无论组织及其公共关系活动的宣传口号如何动听,社会公众真正关心的问题永远是自己的需求是否真正得到满足。因此,组织在具体实施公共关系活动的过程中,就必须考虑此前在公共关系调查及策划中所洞察到的目标公众需求和喜好,将其融入活动实践过程的方方面面,以此真正引起目标公众关注,进而打动公众。

【案例7-8】　　　　　　　SKG携手京东,健康科技引领未来

　　SKG品牌推出的可穿戴按摩仪产品作为业内首款颈挂式肩颈按摩仪,正在于洞察到当下高压的生活环境所导致的颈椎病日渐年轻化的问题。一方面,品牌方考虑到目标年轻受众的独特化需求,从轻便、时尚穿搭的概念出发,打造集科技和时尚为一体的新潮产品。另一方面,品牌方还关注到目标年轻受众的多场景佩戴需求,以颈挂式设计增加产品的"伪装性",避免吸引周边人群的过度关注。在后续的宣传活动中,SKG品牌据此精准的洞察进行全方位创意输出,很好地吻合了目标受众心理。同时,在媒介选择方面,一方面,品牌联合京东开展"健康科技 未来穿戴"新品发布会,通过建立新品发售期的新闻议题形成品牌公共关系事件,并诉求渠道价值以推进市场转化,在无形中增强了传播渗透力。另一方面,品牌着重选取小红书、丁香医生等传播载体,十分贴合产品调性,能有效覆盖目标受众,收获传播声量。最终,SKG可穿戴按摩仪的店铺当天新品预售突破3万件,直播销量突破200万件,不俗的转化离不开品牌对目标受众需求的洞察。

　　此外,需要注意的是,目标公众并不仅指目标消费者,还包含其他利益相关方。组织在注重目标公众需求的同时,还需要满足周围所有利益相关方的诉求。所谓利益相关方,即指存在于组织内外部,在组织的决策或活动中有着重要利益的个人或团体,包括各级员工、政府部门、合作伙伴等。这些多元主体各自均有着迥异的利益和诉求,因此公共关系实施需要协调多元主体间的沟通,并协助其建立互惠关系。以前文提及的社会型公共关系活动模式为例,该模式要求组织在追求盈利目标之外,必须在活动中对社会和公众负责,以此构建卓有成效的工作体系。如太古可口可乐结合碳中和这一缓解全球气候变暖的关键议题,发起"消碳合伙人"这一可持续发展项目,从B(business)端助力企业价值链上的伙伴加入项目,构建社区碳中和、企业碳中和、个人碳中和的三维创新模式,彰显组织的社会责任感,形成对企业、公众、社会多方有利的公共关系传播,由此进一步提升政府、消费者对组织的好感度。可见,关注目标公众的需求仅是公共关系实施的基础,还需进一步洞察国家、行业及社区等他者的发展需求,将各方需求相联结,找出其中的交叉点来指导具体活动的实施,如此方能保证活动的长期效果。

　　与此同时,在大数据时代,随着5G、物联网、云计算等技术的广泛普及应用,个人、企业或其他组织机构在各种终端上的触网行为都能生成描述其行为习惯的精准数据特征。企业能够通过数据挖掘与分析,更加精准地洞察多元利益相关方的需求,由此因地因时制宜实施针对性的公共关系活动方案,保证实施成效。

四、排除沟通障碍

　　由于公共关系实施是一个不断变化的动态发展过程,公共关系人员在活动实施的过程中总难免遇到各种问题与困难,其中尤以沟通障碍为最。沟通障碍是指使信息在传递过程中产生歪曲或失真,而无法实现预期实施效果的干扰因素。因此,了解各类沟通障碍并将之排除,

是有效开展公共关系实施活动的必要环节。其中,主要有以下五种常见的沟通障碍[①]。

(一)语言障碍

语言障碍,指因语言方面的原因而对信息传播产生干扰。语言可分为有声语言和无声语言两类,其中有声语言是指以语音为物质外壳、以词汇为建筑材料、以语法为结构规律而构成的体系,无声语言是指用面部表情、动作和手势来传递信息的非语言符号,它们都同思维紧密关联,是人类最重要的交际工具。公共关系活动方案的实施过程,是一个与社会公众及其他利益相关方沟通交流的过程,其中语言是当中最常使用的沟通工具。但语言又并非思想本身,各主体在采用语言表达自己思想的过程中难免会出现偏差,进而影响沟通效果,甚至对公共关系活动产生负面影响。日常生活中的语言障碍通常包括语音混淆、语义不明、语法不通、用词不当等。

一方面,不同国家和民族有着不同的文字或语言,常因语言差异而产生隔阂,组织需要正确使用他国语言以传达自身核心价值。例如,梅赛德斯-奔驰(Mercedes-Benz)的原中文名为默谢台斯-本茨,是直接由英文音译而来的,读起来既拗口,又不易理解和记忆,最终随着中国市场的发展而更名为梅赛德斯-奔驰,十分切合中文语境下对好车的赞赏,颇具记忆点。另一方面,同一国家和民族也会因所处地域的不同,而拥有不同的语言和沟通模式,从而产生沟通不畅的情况。不同文化水平和教育层次的社会公众也会因知识水准的不同而对同一信息内容产生不同理解。因此,公共关系人员需要依据目标公众的不同特征来运用语言。与此同时,语义不明同样也是引发语言障碍的高频因素。同一词汇,尤其是多义词在不同的语境下可能会具有不同涵义的解读,使用不当将会造成误读和沟通失误。因此,公共关系人员也需要谨慎使用词汇,并在使用过程中将容易造成歧义的词汇和句子加以解释,以此避免沟通失误所带来的公众误解。

(二)习俗障碍

习俗障碍,指因礼节和审美习俗的不同而对信息传播造成干扰。习俗,顾名思义就是风俗和习惯,是长期文化历史背景下在一定区域的人们当中形成的相对固定且调节人际关系的社会因素。常见的习俗障碍包含违反道德习惯、礼仪规矩、审美传统、风俗民情等。习俗往往受地域限制,不同的国家和民族拥有着不同的风俗和习惯,同一国家和民族中的不同地域也会在习俗上存在差异。若公共关系活动方案的实施没有考虑到不同地域的风俗习惯差异,将很可能因不尊重当地的传统而遭到抵制。所以,必须对目标公众所在地域的风俗习惯加以提前考量,避免因文化差异而造成误解,甚至抵制。

(三)观念障碍

观念障碍,指因价值观念的差异而带来的沟通障碍。观念属于思想范畴,由人们在长期的生活和生产实践当中所获得的经验和知识累积而成,是人们在一定条件下接受、信仰并用以指导行为的理论和观点。常见的观念障碍通常有封闭观念、极端观念、封建观念、自私观念、片面观念等。若公共关系实施不注重排除观念障碍,将破坏沟通的正常进行。因此,公共关系人员在实施公共关系活动方案时,必须关注价值观念的差异,而非墨守成规。

---

① 董原、陆凤英:《公共关系学》,经济科学出版社2012年版,第182页。

（四）心理障碍

心理障碍，指在认知、情感、态度等心理因素方面的排斥会导致沟通受阻，比如心理预设和迷信权威等情况。心理预设，也被称为"心理的对象预设"，即指按照之前的经验做出判断，从而预先设定自己的心态。该障碍在品牌延伸中体现得尤为明显。例如，某品牌洗发水以中药的配方在洗护行业开拓出一片属于自己的市场，其后出于探索多元化经营的需要，该品牌产品延伸至凉茶领域，其销售业绩却不断下降，直至亏损。可以想见，当时该品牌已经在消费者的心智中建立了洗护用品的认知，突然将业务拓展至饮料行业，其跨度之大，不免让消费者心中产生脱节之感，甚至产生"凉茶的味道喝起来像洗发水"的心理预设，最终导致跨界的失败。

（五）组织障碍

组织障碍，指组织结构的不合理会束缚沟通，从而对信息传播产生干扰。组织障碍包含机构障碍和实施人员障碍。机构障碍主要体现为以下方面：组织层次不合理，如信息传递层次过多导致信息失真；组织机构臃肿导致信息传播程序过分复杂，从而使信息滞后，难以跟上周遭环境的实时变化；沟通渠道单一，主要体现为组织的决策信息主要由管理层向下传递给下级人员，缺少下情上达的渠道，由此将造成决策信息匮乏，不利于有效决策的制定。实施人员障碍主要体现为以下方面：实施人员之间缺少沟通与交流，使负责不同工作内容板块的工作人员之间各行其是，难以保证实施各环节的统一性和连续性；实施人员之间的素质存在差异，需要对其进行事先筛查，选择优秀的实施人员进行培训，并建立完善的激励和约束机制。

可见，公共关系方案的实施时刻处于复杂多变的社会和市场环境当中，要求组织须臾不可懈怠对沟通障碍的关注与排除，以保障公共关系实施效果。

五、优化媒介选择

正如前文所述，渠道的多样性是公共关系实施的特征之一，多形式、多媒体的信息传播已成为当下必须把握的趋势。媒介渠道的选择和公共关系目标的达成休戚相关，直接关乎社会公众对组织公共关系活动的触达频率和接受程度。组织在实施公共关系活动方案时，应当灵活选择传播媒介，优化渠道组合以达成预期成效。进行优化媒介选择时需要遵循以下基本原则。

（一）必须考虑目标公众偏好

当下，海量的信息逐渐消弭了社会公众与组织之间的信息不对称，公众只能被动接收信息的时代已成为历史。如今，数字触点无处不在且无时不在，人人都能随时随地借助各式各样的渠道和平台主动获取信息，这促使消费者的客户旅程也随之发生改变。菲利普·科特勒（Philip Kotler）认为，客户旅程已由曾经阶段性的线性连续的 4A 模型：认知（aware）、态度（attitude）、行动（action）、再次行动（act again），转变为螺旋形的无序的 5A 模型：认知（aware）、吸引（appeal）、问询（ask）、行动（act）、拥护（advocate），用户的决策过程被互联网碎片化为无数个微小的瞬间，通过在多个触点间的反复"跳跃"产生即刻的拥护行为[1]。由此可见，数字触点的激增加剧了公共关系实施的不确定性。移动化的媒介技术进一步嵌入个人的日常生活，组织必须注重优化渠道组合，从第一个品牌触点开始引导公众与组织建立长期联

---

[1] ［美］菲利普·科特勒、［意］朱塞佩·斯蒂利亚诺：《零售时代 4.0：数字时代的十大指导原则》，孙雨濛译，海南出版社 2021 年版，第 24—29 页。

系。与此同时,组织也需注意广大社会公众的人口属性、兴趣爱好、日常习惯等特征均存在差异,自有其不同的媒介偏好。组织应当根据目标公众特征来制定最优的媒介策略,以发挥出不同媒介的优势。

(二)必须联系公共关系目标

公共关系目标是所有公共关系活动的枢纽。公共关系实施必须以目标导向为原则,在过程中对目标进行合理控制。媒介渠道的选择作为公共关系实施的重要环节,同样不能"无的放矢",需要依据组织公共关系工作的具体目标和要求进行抉择,使所选择媒介的特有功能充分服务于公共关系的某一目标。例如,要提升在青年群体当中的知名度,就可以利用新媒体渠道精准触达目标公众;要提升组织的美誉度和社会认可度,就可以利用传统主流媒体渠道的公信力为组织背书;要提高组织内部的凝聚力,就可以通过线下媒介及线上通信工具直接与内部员工做沟通等。

(三)必须区别传播内容

每种传播媒介均有其独特的优势和一定的适用范围。在新的媒介生态中,企业亟需了解不同媒体的特征,尤其是不断涌现的新兴媒体,以最大限度地发挥信息价值。一方面,组织需要根据不同传播媒介的特征,制定不同的传播策略。另一方面,组织需要结合传播信息的特点,选择合适的媒介作为渠道。例如,在国际传播中,仅凭单一声音、单一形式无法讲好中国故事,需要向世界展示一个真实、全面、立体的中国。那么,利用官方与民间两个舆论场就显得尤为重要。对于较为严肃的、需要强硬发声的政治信息,适宜以官方主流媒体为主导。对于较为轻松的、需要亲切互动的文化信息,适宜挖掘民间力量,可以通过对社交媒体 KOL、中国优秀企业等主体的扶持,对外传播中国文化,讲好中国故事。

(四)必须考虑经济效益

组织的公共关系活动通常需要在一定的预算范围内实施。若盲目铺开传播渠道或选用过于昂贵的传播媒介,表面上看似能够达成良好的传播效果,但细究一番却会发现最终得不偿失。因此,公共关系人员应在预算范围内选择最为合适的媒介渠道组合,在最经济的条件下力求达到尽可能大的社会传播效益,以获取最高的性价比。新媒体时代,一方面,组织可以利用各大互联网平台构建自有媒体矩阵,以最小的支出撬动更大的传播;另一方面,组织依托大数据技术对历史数据进行分析并建立预测模型,通过预估信息投放的有效性优化媒介策略,得出公共关系媒介投入产出比的最优组合。

六、适时反馈调整

公共关系实施是一个不断动态变化的过程。实际情况的复杂多变使得事先制定的公共关系策划无法穷尽现实的所有情况。在活动的具体执行过程中,总难免遇到各式各样的问题和变化。尤其在互联网的情境中,膨胀的信息和即时的传播速度使得舆情更加瞬息万变,难以在事前做出完美的预案。因此,要保障公共关系活动方案的顺利实施,组织必须完善环境监测系统,时刻关注具体执行过程中出现的偏差,及时反馈并适时调整公共关系计划的后续实施活动,从而避免活动失误。大数据时代,用户及其他主体的触网行为均会在互联网中留下痕迹,不仅能够实时反馈并预测社会行为的变化,还能反映舆情市场各层面的状况,从而帮助组织实时修正公共关系策略。

此外，在做好外部舆情监测的同时，对内部危机筛查的及时关注也同样重要。"千里之堤，溃于蚁穴"，组织内部同样存在诸多可能爆发危机的隐患，需要通过定期的内部筛查以排除隐患，保障组织的长期发展。

第三节 公共关系效果评估

公共关系效果评估是指社会组织依据一定的标准和方法，对公共关系计划、实施进行衡量、评价和估计，并从中总结成功的经验，反思问题与不足。该环节具有承前启后的作用，既是整个公共关系工作程序的最后一个步骤，又是新一轮公共关系工作的起点。其目的在于获取公共关系工作过程、工作效益和工作效率的信息，从而判断其优劣，并为组织未来的公共关系目标、策划和行为提供可靠依据，使其成为一项计划性的、可持续的工作，需要公共关系人员加以重视。

一、公共关系效果评估的意义

公共关系效果评估，既是对之前活动的总结，又是往后活动存续的基础，在整个公共关系工作程序中起着承上启下的重要作用。

（一）衡量活动效益，检验传播效果

评估公共关系效果，最直观的意义莫过于对活动成效的及时衡量。"纸上得来终觉浅，绝知此事要躬行"，公共关系工作程序切忌"纸上谈兵"，而需注重实绩，将策划方案和预期目标逐步落实到公共关系实施的各项工作中去。而要检验整个公共关系工作程序是否是表面文章，就必须通过对公共关系效果的评估，以及时衡量活动效益，进而检验活动的传播效果。毕竟，追求既定的效果是公共关系活动的先决条件。评价公共关系信息传播是否有效，也有助于组织明晰自己的投入是否有价值，从而避免被看似"繁花似锦"的数据所蒙蔽。

（二）总结活动策略，改进后续工作

评估公共关系活动效果，是指组织和专业机构依据科学的标准和方法，对阶段性的公共关系实施情况进行衡量、评价和估计，这有助于在传播效果的最终检验中发现与预期目标不相符合的情况，也有助于在科学的衡量过程中发现前一阶段的公共关系活动所存在的问题与不足，从而进一步分析问题存在的原因，为后续公共关系活动的改进提供可靠参考。毕竟，公共关系效果评估是新一轮公共关系工作的起点，也是开展后续公共关系工作的必要前提，任何一项公共关系工作计划的制订与实施都不是孤立存在的。若没有对前一阶段公共关系活动的经验教训进行归纳总结，组织就难以了解是哪些工作能够获得成功，又是哪些工作会招致失败，自然难以避免重蹈覆辙，以至于无法在下一次公共关系工作中取得更大成效。

（三）报告活动成果，激励内部公众

组织公共关系活动的开展，离不开对组织内部交流工作的完善。毕竟，只有将自己的队伍建设好，让领导乃至每一位员工都对组织未来的发展目标与方向有着统一的认识与理解，方能凝心聚力，减少来自组织内部的沟通障碍。在一项公共关系工作程序完成后，一方面，公共关系人员需要运用科学有效的衡量方法对活动效果加以评估，并将活动最终取得的成效向组织的决策部门加以报告。决策者对公共关系活动成效的知悉，有助于使他们明白公共关系活动的有效性和必要性,从而进一步提高他们对公共关系工作的重视程度。另一方面,公共关系人员需要将公共关系活动的目标、策划、实施过程及效果告知内部员工。内部员工通常很难对复杂的公共关系实施效果有较为清晰的认知,将活动效果对其加以说明有助于他们进一步认识到公共关系活动的意义和价值,进而明晰组织的发展目标和盈利途径,增强自身的公共关系意识。可见,公共关系的效果评估有利于提升广大内部公众对于公共关系工作的重视程度,报告公共关系活动成效也能在一定程度上鼓舞士气,激励内部公众自觉将实现本组织的战略目标与自己的本职工作紧密联系在一起,从而凝心聚力,共同实现发展。

二、公共关系效果评估的方法

(一)目标管理法

整个公共关系工作程序均以公共关系目标为中心。公共关系目标由总目标和各级分目标构成,前者在一定时期内对整个公共关系过程进行控制,后者对公共关系具体实践进行指导。因此,目标管理法要求公共关系人员在制订公共关系计划时,将效果测评纳入考虑范围,通过具体化目标的方式,公共关系活动达成的效果可以被衡量与评价。公共关系活动实施后,再将衡量结果与原定目标相比较,就能对公共关系活动的效果进行评估。国际传播测量与评估协会(AMEC)曾提出公共关系测量与评估的《巴塞罗那原则》,其中第一个原则正是"目标设定及效果测评是重中之重",认为公共关系活动所拟定的目标应能被最大程度地量化,可从以下三个层次进行考虑[①]。

一是公共关系活动的产出,指由活动实施所直接带来的结果。通常包含参与公共关系活动的人数、公共关系活动相关的新闻稿数量、媒体报道量增额,以及互联网媒体对活动报道的转发量等。

二是公共关系活动的效果,指凭借活动的直接产出而实现的预期效果。通常包含社会公众在公共关系活动的实施过程中,对组织及品牌形象所产生的认知、态度、理解、喜好、行为变化。

三是公共关系活动的效益,该层次将企业经营目标与公共关系目标相结合。通常需关注组织是否因开展公共关系活动而增加营收、降低运营成本或提升公司股价等。

(二)舆论调查法

舆论调查主要是指对社会公众舆论的评估,也可进一步拓展至对其他利益相关方的舆论评估,可细分为以下两种方法。

一是公众态度调查法,是指在一系列公共关系活动结束后,针对主要公众所进行的调查。目的在于通过调查了解他们对组织的评价和态度的变化,从而对公共关系的活动效果进行分析。

二是比较调查法,是指分别在公共关系活动实施前后进行一次调查,通过对两次调查结果进行比较,分析公共关系活动的效果。

过去,公共关系人员通常采用面对面征询、接待来访、焦点小组访谈、调查问卷以及座谈会等形式对目标公众舆论进行调查。该方法虽有着直接真实的特点,但其问答过程总难免带有

---

① 单承峻:《浅议公关测量与评估的"巴塞罗那七原则"》,《国际公关》2012年第2期,第92-93页。

主观倾向,公众会因种种因素而不愿意回答自己的真实情况,从而给调查结果造成干扰。在大数据时代,信息技术的发展为公共关系人员带来海量的数据可供挖掘,这些实时更新的数据具有大范围、多场景、真实性强的特征和优势,更能代表目标公众的现实状态,助力舆论调查。

(三)专家评定法

专家评定法,是指社会组织聘请公共关系及有关方面的专家,来审定公共关系计划,观察计划的实施,对计划实施的对象进行调查,与实施人员交换意见,最后撰写出评估报告,鉴定公共关系活动的成效。他们主要是来自专业公共关系公司、高等院校或研究所的公共关系专家、教授,具有更加"科学"与"理性"的特征。通常,组织可以采用相关领域专家同步评议、非正式私人交流、座谈会、问卷调查等方法,邀请专家对组织公共关系活动做出各自的客观评价,继而综合整理各专家的见解,从中得出较为科学客观的评估意见。需要注意的是,运用此方法时必须聘请博学多闻、熟悉情况的专家,否则会影响评估的准确性。

(四)自我评判法

自我评判法,是指组织在开展公共关系活动时,由组织内部公众现场了解活动进展情况,感受当时的氛围并评估其效果的方法。因为公共关系人员一直处于公共关系活动的全过程中,能够较为全面地了解和掌握活动面貌,并在第一时间获得活动效果的相关资料,所以该评估方法往往较为及时和充分。但在另一方面,由于组织内部员工或计划实施者身处组织当中,难免身在庐山而不识山,会从个人目的或其他种种的主观因素出发,瞒忧报喜或避重就轻,从而影响评估效果的准确性。因此,采用该种方法进行效果评估时,要求社会组织和内部公众坚持实事求是的原则,从实际出发得出全面、公正、合理的评估结果。

三、公共关系效果评估的依据

衡量与评估公共关系效果的过程,也是一个不断接收与收集信息反馈的过程。因此,组织在评估公共关系的效果时,离不开对各种客观权威依据的了解和把握。主要有以下四种信息来源。

(一)组织内部资料

组织内部资料主要由以下方面组成。

(1)组织领导层和管理人员、营利性组织和股东在对组织进行经营管理的过程中,对组织公共关系目标达成程度和效果的评价。

(2)组织内部成员从不同角度对公共关系活动效果的评价,例如,公共关系人员在公共关系活动实施过程中对其效果的切身感受,销售一线员工根据自己的销售业务完成情况对公共关系活动效果做出的评价。

(3)组织其他的内部资料,如资金平衡表、统计报表、财务活动分析、公众的来信来访记录等,都是对公共关系活动效果进行评估的重要资料。

(二)组织外部资料

公共关系工作程序需要协调多元主体间的沟通,因此需要从全方位、多维度进行公共关系效果评估。组织外部资料主要由以下方面组成。

(1)消费者和用户的信息反馈。营利性组织的首要公众正是消费者和用户,因此,该群体反馈的信息是公共关系效果评估的重要参考资料。

(2) 相关组织的信息反馈。组织在生产经营中,会与建立合作伙伴关系的原料供应者、产品经营者等主体进行沟通交流。这些相关组织不仅与组织本身联系频繁,并且会与大批消费者和用户发生联系,从他们那里可以获得有关公共关系工作成效的信息资料。

(3) 社区公众的信息反馈。组织带有社会性,社区关系就是一个组织的区域关系、地方关系和邻里关系,是一种与某个社会组织主体在地域上互邻、利益上相关的公众关系。他们因与组织地域相近而联系紧密。因此,组织能够从社区公众处获得较快的信息反馈,必须对此加以重视,并用以评估公共关系效果。

(4) 政府的信息反馈。政府对组织行为的支持程度、政府与组织关系的密切程度,可以反映出公共关系的社会效果。

(三) 传统新闻媒介

传统新闻媒介主要由以下方面组成。

(1) 报道量的分析。组织被传统新闻媒介报道的次数越多、频率越高,就越能引起公众的关注,从而提升组织的社会影响力。其中通常包含相关报道的总数量、参与报道的各类媒介的种类和总数量、参与报道的媒介的发行量和覆盖区域、报刊中相关报道的篇幅大小(以字数计算),以及广播电视中相关报道的时长(以分钟计算)等。

(2) 报道质的分析。对公共关系效果的评估不能仅看新闻媒介报道的数量,还需要衡量新闻媒介报道内容的质量。通常包含相关报道发布的时机是否适时、相关报道发表的版面是否重要、是否重点报道或全面报道、报道内容对组织及相关活动的刻画是否正面及准确,以及社会各方面对有关本组织报道的舆论反响程度。

(3) 新闻传播媒介影响力的分析。一般来说,传播媒介的发行量越大、覆盖面越广、权威性越强,其影响力则越大,报道所能收获的公共关系效果自然也就越好。因此,还需要对参与报道的媒介层次及影响力进行分析。

一直以来,重数量、轻质量是媒体报道测评的一大问题。过度追求海量的见报率,却忽视对报道内容作深入、细致的定性分析,将会使评估重点发生偏移,也会使公共关系活动所带来的效果被低估。因此,组织应将评估的重心更多转移到报道内容的质量和给公众带来的影响上。

(四) 网络媒介数据

大数据时代,数智技术和社交媒体平台的迅速发展,正给公共关系实践带来前所未有的巨大变革。智能终端和移动化的媒介技术已深度嵌入广大社会公众的日常生活,无所不在的数字触点使得公众的触网行为都会在网络空间中留下即时且公开的痕迹。无论是信息、行为,抑或是关系层面的公众数据,都可能被组织挖掘并加以分析,组织可以凭借对这些数据的沉淀和甄别,提升公共关系效果评估的准确性。但在另一方面,海量的数据也意味着信息质量的良莠不齐,这加大了组织甄别信息的难度,从而给公共关系人员带来新的挑战。因此,社交媒体分析,即监测、收集和分析社交媒体数据,正成为获取情报与核心洞察的有力资源,有助于提高公共关系绩效,并推动组织的发展。参考国际传播测量与评估协会(AMEC)提出的《巴塞罗那原则》[①],组织在衡量社交媒体平台上的公共关系效果时,应注意以下方面。

(1) 与针对传统媒体报道的测评类似,从定性和定量两个角度对社交媒体上的相关报道进

---

① 单承峻:《浅议公关测量与评估的"巴塞罗那七原则"》,《国际公关》2012年第2期,第92-93页。

行评估,包括报道的数量、报道内容的情感倾向、参与报道的媒体数量及知名度等。

(2)除了与传统新闻媒介相似的分析内容外,在进行网络媒介数据分析时应将重点更多放到目标公众的互动及关系建立上,包括网友的评论与交流、各大网络平台中与组织及活动相关的网友自建内容等。

(3)组织还能够依托数字技术对更广泛的数据进行整体把握,比如网站流量分析、网络搜索分析、客户关系管理分析、销售数据分析等。

主要的数据来源有百度指数、搜索排位、微博微信阅读量及转发量、广告页点击量等[1],数据会使评估公共关系效果更加便捷直观。

四、公共关系效果评估的指标

(一)评估的对象

《巴塞罗那原则》这一国际范围内的公共关系行业衡量绩效指南强调,公共关系效果评估的范围正在扩大。总体来说,测量与评估公共关系传播活动的重点正从监测、统计公共关系传播活动所带来的媒体报道量、到达率等活动产出(output),转向评估传播活动在目标公众当中所产生的实际效果(outcome),乃至和企业与机构的经营目标相结合所带来的贡献与影响(impact)。公共关系评估对象见表7-1。

表7-1 公共关系评估对象[2]

活动产出(output)	活动效果(outcome)	活动影响(impact)
传播(communication)	目标受众(target audience)	组织及社会(organization & society)
媒体的传播量	品牌的美誉度	销售完成度
报道的正负向	受众的品牌态度	利润空间率
关键词出现率	受众的品牌认知度	市场占有率
品牌的可见度	受众的购买行为	股价涨幅率

(二)关键指标

一般来说,我们往往从定性和定量两个方面的指标,来评估公共关系效果。本书列举的关键指标以互联网公共关系评估指标为主[3][4]。

1. 定性指标

(1)影响力分析。影响力分析包括有无媒体自发撰文讨论或引用,有无媒体在显著位置推荐,有无其他非合作媒体进行话题跟进以及二次传播放大,还可通过热门新闻排行榜中的自动

---

[1] 陈先红、张凌:《大数据时代中国公共关系领域的战略转向:基于扎根理论的探索性分析》,《国际新闻界》2017年第6期,第20-41页。
[2] 李靖:《每周热评|"销售业绩"是公关人衡量公关绩效的唯一标准吗?》,https://mp.weixin.qq.com/s/Gcdxi2sfeXMR2p_O0_iQkw,2022年3月3日。
[3] 周小波、曾霞、芦亚柯:《公共关系学》,北京理工大学出版社2018年版,第212页。
[4] 薛艳君:《水中捞月般的新媒体公关评估》,《国际公关》2015年第1期,第50-51页。

排序对此加以分析。

(2)舆论分析。舆论分析主要指网络舆论分析,包括:分析网络舆论的评论情况,即网络舆论正面、负面和中性的评论比率;统计被搜索引擎抓取的比例、页面排列的页次与位置;网民关注点。

(3)准确性。准确性是指信息是否有效传递,是评估不可缺少的一个内容,主要包括媒介策略、发布内容、传播定位、传播方法的准确性。

2. 定量指标

(1)曝光次数。曝光次数是指总体发布篇次、浏览量、点击量、被转载数、评论数等。进一步可考察日均发布篇次、日均评论量等。

(2)粉丝指数。互联网背景下,组织和公众的互动性增强。粉丝指数主要是指组织粉丝数和粉丝质量、真实粉丝互动量和粉丝转化率。

(3)广告当量。广告当量是指相关宣传内容折合成对应网站的广告刊例价。

(4)转化率。对比公共关系活动前后用户的使用、关注和参与数据,例如线上活动的注册人数、参与人数、销售量、网站 PV/UV 值等,即可得出转化率。在企业品牌公共关系活动中,转化率主要是指对公共关系活动销售转化的考核,以结果为导向,多维度考核诸如千人成本(CPM)、每点击成本(CPC)、点击通过率(CTR)等指标。

(5)第三方数据。在一次公共关系活动实施前后,对比百度搜索指数等数据,或委托第三方调研公司,调查品牌或产品的知名度及美誉度变化情况。

总而言之,公共关系活动的效果评估已由此前的关键绩效指标(KPI)导向逐步转为以投资回报率(ROI)维度为导向,更加关注公共关系投入所带来的效果回报。与此同时,在双向传播特征愈发明显的互联网背景下,组织与公众、公众与公众之间的互动性增强,需要更加关注与新媒体相关的评估指标,关注由用户自发的社交分享所带来的效果转化。这就要求组织提高对大数据应用的重视,依托相关技术使得公共关系效果评估更加科学合理。

第八章　公共关系专项活动

公共关系专项活动是一种十分常见的公共关系活动。它是组织以公共关系为主题，以公共关系传播为目的，有计划、有步骤组织众多人参与的特定公共关系活动①。几乎所有的社会组织自建立之初到发展壮大的过程中，都会定期或不定期地举办一些专项活动来宣传自己，塑造形象，建立关系，吸引公众。公共关系专项活动对于改善组织的公共关系状态有着重要意义，成功的公共关系专项活动往往能够给组织带来意想不到的效果，是塑造组织形象的有力武器。

公共关系专项活动通常是为了与某一类型的公众就某一个特定问题而展开的沟通，必须经过精心的策划才能实现。举办一场成功的公共关系专项活动既要求公共关系人员对公共关系知识有深度的理解，也要求其掌握并可熟练运用进行专项活动的技能，明晰专项活动的要求与原则，掌握专项活动的组织与实施方法。公共关系专项活动是围绕一个明确的主题而开展的短期的、集中的或一次性的特殊公共关系活动，是组织为了与部分公众就某一问题进行重点沟通。为了强化宣传效果，达到预期公共关系目标，公共关系人员通常还会采取一系列公共关系专项活动来配合整个公共关系方案的实施与执行。有别于一般的公共关系活动，专项活动涉及的范围较广，种类也较多，如庆典活动、新闻发布会、展览展销活动等。本章重点分析几种常见的公共关系专项活动。

第一节　公共关系专项活动概述

社会由不同的组织构成。任何一个组织，小到社区居委会，大到国家中央政府，都有与之对应的利益相关者。组织的行为对利益相关者造成影响，能力越大则影响越大。任何组织都希望能够达到自己的目标，并在社会中实现长期发展，在这一过程中公共关系人员发挥了积极作用。公共关系发挥作用的过程是一个渗透的过程，滴水穿石，公共关系人员围绕某一明确的目标策划和实施一系列特定的活动，靠长期的、持续性的有效沟通与组织的不同利益相关者建立关系，在组织与社会需求的结合点上加强组织与公众之间的联系，并将反馈传递给组织内部，明确组织的核心价值到底是什么，并利用专项活动来令公众体会到组织的作用，协助组织实践其核心价值。

一、公共关系专项活动的含义

公共关系专项活动又称公共关系特殊事件，是指社会组织为了某一明确目的，围绕某一特定主题而精心策划的公共关系活动。公共关系专项活动是社会组织积极主动与广大公众进行沟通，塑造自身良好形象的有效途径，是一项集操作性、应用性和技术性为一体的工作，国内外

---

① 李占才：《公共关系学概论》，上海交通大学出版社2005年版，第301页。

许多组织经常采用公共关系专项活动的形式来扩大影响,提高声誉①。

从传统大众传播时代进入互联网时代,公共关系专项活动的内涵并未发生改变,但形式更加丰富。为了在公众当中树立良好的组织形象,提高组织的知名度和扩大组织的影响力,以及为了宣传推介组织的产品和服务,组织仍然需要通过公共关系专项活动来达到上述目的。

二、公共关系专项活动的特点与作用

(一)公共关系专项活动的特点

公共关系专项活动有别于一般的公共关系活动,它是根据具体主题,借助大众媒体和内部宣传手段而展开的特殊活动,是组织与公众沟通的有效途径,主要具有以下特点。

1. 目的性

公共关系专项活动是组织在仔细分析当下形势之后,根据某种组织或者公众的某种特殊需要而举办的,主题与目标十分明确,活动的准备、策划与实施过程需要紧紧围绕这一主题而进行,而且活动要较为集中,能较好地解决某一特殊问题,针对性更强。公共关系专项活动往往都有明确的目标公众,这也使得其目的性更加鲜明突出。新媒体时代,借助大数据与算法技术能够实现内容的精准触达与推送,公共关系专项活动的目的性更加鲜明。

【案例 8-1】　　　　珀莱雅(PROYA)三八国际妇女节短片《醒狮少女》②

2022 年三八国际妇女节,珀莱雅(PROYA)延续"性别不是边界线　偏见才是"这一主题,以广州南兴合兴堂醒狮全女班为主人公,拍摄了短片《醒狮少女》,制作方邀请了中国女子国家足球队队员王霜进行配音,通过视频台词、宣传文案向公众诠释了当铿锵玫瑰遇到醒狮少女,当少女成为狮子,她们将冲破偏见,活出自己的故事。在这一特殊节点进行的公共关系专项活动中,珀莱雅(PROYA)通过主人公与内容的设置表达了品牌态度与理念——性别平等,女性一样可以有表达自己的权利与自由。短片在微博、朋友圈等社交媒体平台引发了大量转发,实现了活动目的。

2. 传播性

公共关系专项活动的本质就是传播媒介,活动策划者将活动视作信息传播载体,试图利用活动内容将信息传达给活动参与者,并进一步通过众多的传播媒介把信息扩散至更大的范围。

新媒体时代,不论是基于强关系的微信,还是弱关系的微博都发展迅速,它们利用在线评论、互动等方式成为社交媒体平台中的领头羊,有吸引力的专项公共关系活动也凭借着社交媒体的快速、及时、匿名等特点在网络空间中迅速传播。

3. 规范性

公共关系专项活动是一个多环节,强调团体性、组织性的公共关系活动。其规范性表现在各个方面与环节的协同与配合。一是目的与内容,明确的目的需要内容来呈现,二者之间适配才能完美呈现策划方案。二是内容与形式,俗话说"好马配好鞍",有创意性的内容需要恰当的

---

① 蔡炜:《公共关系学》,华东理工大学出版社 2014 年版,第 160 页。
② 萧玉华:《无惧人言!珀莱雅〈醒狮少女〉,再造女性营销经典》,http://www.4anet.com/p/f9a2ac9426c14a1d,2022 年 3 月 14 日。

形式与渠道来凸显。三是实施与操作过程,公共关系专项活动有着规范、完整的程序和步骤,各事项纷繁复杂,需要在项目实施过程中相互协调,保障活动井然有序地开展。一个能够达成预定目标的公共关系专项活动离不开活动策划与实施流程上的操作规范,离不开组织领导的合理分工与统筹,离不开策划人员对活动的整体把握,更离不开团队人员的相互协作与密切配合。

4. 灵活性

公共关系专项活动是根据组织或公众的具体需要而举办的,可以不受时间限制,举办时间可长可短,更可以依据需要选择任何合适的时间,与此同时,举办形式也十分灵活,活动内容、活动规模都可以根据需要而决定,在活动的举行过程中也可以参照具体实施情况实时调整,以便活动顺利施行。

组织需要具备能够根据当下最新形势及时调整活动方案、制定活动创意的能力,通过对电视、广播、报纸、杂志、社交媒体、户外媒体等多种传播渠道进行媒介组合,调配好活动参与工作人员,根据舆情变化及时调整宣传推广活动内容。

5. 效率性

公共关系专项活动的主体属性要求其具有一定的效率性。讲求效率性主要有两点体现。第一,注重投入与产出。专项活动在活动策划与执行过程中投入了一定的人力和物力,也有明确的活动目标,需要考虑项目投入与回报的关系。第二,时间回报率。公众花费了自己的时间来参加活动,在付出了时间成本的同时也希望自己能够从中获取一定的回报与收益,可能是精神文化层面的知识收获,或者是一些他们能够从中获取的一定形式的收益,如奖励、赞助等。

【案例8-2】　　　　　　腾讯、人民日报、敦煌研究院"点亮莫高窟"①

2021年新年期间,为宣扬国家文化底蕴,保护历史珍贵文物遗迹,腾讯联手人民日报与敦煌研究院推出线上小程序互动体验——点亮莫高窟。利用技术,让用户在沉浸式浏览洞窟之时,选取祝福话语,从而可以在洞窟中点亮福灯,迎新纳福。小程序互动体验让用户能够欣赏夜景模式下的3D敦煌莫高窟,打造临场感,在体会到敦煌莫高窟的历史风韵之时,也能点灯祈福生成敦煌福卡,分享自己对新年的祈愿与祝福。随着不同用户的点击,能够生成相应数量的祈愿之光,在小程序中也形成了一道特别的风景。对于用户而言,扫描参与互动不是单纯地点亮"莫高窟",在点灯活动结束之后,也会收到具有敦煌特色的微信红包封面,让用户获得一定形式的回报,引发分享与二次传播。

6. 新鲜性

公共关系专项活动需要富有特色,足够新颖。日常的公共关系活动由于现实条件的制约,内容创意与呈现方式可能较为传统单一。而公共关系专项活动为了达到高质量的活动效果,策划者常常追求创意、内容、手段等的创新,采用新奇的活动吸引公众,实现预定活动目标。在新媒体时代,随着AI、VR/AR/MR/XR等技术的逐步发展,开展专项活动的形式得到极大丰

---

① 《腾讯×敦煌研究院:点亮莫高窟,还原千年燃灯盛况》,https://www.digitaling.com/projects/193143.html,2022年1月19日。

富。不同于传统的直接触达,通过技术的运用为公众打造个性场景,可创造空间临场的沉浸式体验。

【案例 8-3】　　　　　王者荣耀高校联赛,技术赋能游戏 IP①

腾讯文娱事业部近些年来一直努力将娱乐与文化进行融合,平衡传承和创新的关系,在王者荣耀高校联赛中每次都会加入新的元素。2019年的王者荣耀高校联赛组织者现场利用 AR 技术交互赋能游戏 IP。选择以"汉字"及"艺术设计"为切入点,结合王者荣耀的文化属性,打造现场的创新体验。前宣 H5(HTML5)让玩家通过题目测试来验证自己的本命英雄,利用文字碎片组合成代表用户及相对应英雄的性格关键字,最终生成海报引导用户自我分享。高校联赛现场利用 AR 技术实现与游戏爱好者和游戏中英雄的跨次元壁合影,在现场引发用户大量参与和讨论。借助新的传播载体呈现内容,增强了活动的趣味性,为公众带来了新鲜的参与感,从而引导公众自发、主动地传播分享内容,进一步扩大活动方案。

此外,公共关系专项活动还具有内容丰富性、媒介渠道多元化、对象的广泛性、目标的层次性等特点。

(二)公共关系专项活动的作用

公共关系专项活动是有目的的策划,策划实施公共关系专项活动是具有挑战性和创造性的工作。通过公共关系人员别出心裁的设计,公共关系专项活动成为公共关系日常工作中的"重头戏",为组织创造机遇。公共关系的沟通对象是整个社会、整个企业的利益相关者,其实质是为了推广组织和品牌,建立共同的认知。公共关系专项活动主要有以下作用。

1. 促进作用

公共关系活动有许多方式和手段,当其他的公共关系活动效果不佳时,利用公共关系专项活动能够有效地直接促进组织与公众之间的交流沟通,拉近双方的距离、密切关系。新媒体突破时空限制的优势能够给公共关系专项活动的传播提供有效的沟通途径,打破时间与空间的限制,能够及时对公众的需求做出回应。2020年8月,网易云音乐因评论区的"无病呻吟"的伤痛文学评论,再谐音"网易云",使得"网抑云"成为网络热词,用来嘲讽那些为赋新词强说愁的人。在丧文化蔓延的背景之下,网易云音乐开始积极回应公众,推出"云村评论治愈计划",邀请心理专家与专业心理志愿者入驻云村治愈所,由数万名乐评达人组成乐评团发起乐评征集活动,同时对平台治理条约《云村公约》进行修改,加入对虚假编造内容的治理与规范,强调乐评礼仪,为真正有需要的用户提供专业的帮助。在对容易造成品牌负面形象的舆论即时回应之时,也强化对平台用户自创内容的约束,以上举措考虑到大众利用乐评进行互动的需要,打造了体贴用户的品牌形象,拉近了与用户之间的距离。

2. 感染作用

公共关系专项活动是一种直接与公众交往的活动形式,组织对公众利益的特别关爱、真情的直接表露、善意之举与行为的感性诉求等,常常打动公众。互联网时代,新媒体技术的发展

---

① 《王者荣耀高校联赛,现场 AR 交互赋能游戏 IP》,https://www.digitaling.com/projects/70818.html,2019年6月20日。

使得专项活动并不一定要在现场与公众面对面,数字化的媒体传播与多媒体的优势依旧能够提高传播效果,用内容感染公众。2021年底,快手联合13位用户用他们的特殊技艺来回顾2021年,建党百年、国士辈出、奥运壮举等一系列标志性事件构成了中国的2021年。这则短片,以真实的快手用户为主人公,让他们用自己的风格(舞蹈、模仿、剪纸、变装、绘画、泥塑等)来演绎2021年的大小事件。用真实的形式记录生活,无论是国家大事,还是普通人的平凡日常,都能在快手被看见。用普通人的方式致敬过去一年,致敬2021年里每一个平凡而闪耀的我们,短片的温情与写实赢得了大量的关注,引发大量传播与转载,并登上了热搜榜前列。作为一个社区属性强烈的平台,快手容易引起集体情绪与共鸣,在回应社会情绪、承载时代记忆之后,要用广阔视野关注个体的生活,并且利用代入感强的音乐和平实自然的文案更好地调动公众,最大化地引发受众共鸣,利用情绪进行传播①。

3. 轰动效应

公共关系专项活动中,往往都是与特定的公众进行沟通交流,能够在特定公众和一定范围中造成轰动的反应。公共关系人员的一些创新性举动常会令专项活动取得较好的反响。不同于传统的电视、广播、报纸、杂志等传播方式,新媒体的数字化能够促进信息的有效传递,海量的信息能够通过新的媒介渠道进行传输,极大增强了信息的承载量,快速集中的信息曝光能使得公众产生集中且强烈的反应。以网易云音乐"测一测你的人格主导色"的活动为例,通过线上H5形式在社交网络中收获了爆炸式反馈。2021年5月,网易云音乐制作并推出了一款性格测试游戏,根据用户对于八段音乐的不同感受生成一份专属性格的颜色报告,引发用户在朋友圈的分享。

4. 辐射作用

公共关系主要是通过大众传播和社交媒体的内容口碑来实现。公共关系专项活动有计划、有组织地向参与者传递活动信息,通过电视、广播、报纸、杂志、互联网等多元大众媒介渠道的传播,辐射到范围面更广的受众群,甚至会引起新闻媒体的再报道,从而引发社会较大的关注。富媒体化给内容的传播提供了多样的表现形式,文字、声音、图片、视频等能够融为一体,信息的呈现更加立体多维。"万物互联"的网络世界也为信息内容的快速传播提供了基础条件,一部联网的移动手机成为公众接触活动内容的最低门槛,新媒体时代的公共关系专项活动如何利用好互联网传播渠道成为影响活动效果的重要因素。

5. 感召作用

组织往往会以特定公众群体关注和感兴趣的主题来开展极有特色的公共关系专项活动,由于兴趣或利益驱动,公众会自发、主动地参与活动。公共关系专项活动的目的是指导和实施专项活动的依据,也是评估专项活动效果的标准。专项活动的目的必须与组织公共关系活动的总目标相符合,遵循组织公共关系的基本原则与规范②。以往的公共关系专项活动所面向的人群庞大,人群属性较为模糊,而新媒体能够通过碎片化的传播提供点对点的信息服务,促使公共关系专项活动从群体化走向个性化,更加具有针对性地感召公众。2019年10月28

---

① 《3天13位用户,快手年度大片,如何捕捉普通人的闪光点?》,https://www.digitaling.com/articles/694126.html,2022年1月29日。

② 栗玉香:《公共关系(第2版)》,经济科学出版社2007年版,第168页。

日,腾讯旗下的游戏《王者荣耀》迎来了推出四周年。以游戏中的"邀请"这一形式为主体,推出玩家故事纪实短片,通过五组玩家(情侣、同事、友谊、北漂、同窗)故事的呈现,让游戏爱好者切身感受到在《王者荣耀》中"邀请"这一动作所蕴含的情感内涵。基于《王者荣耀》的一局邀请,散发到人一生中会收到的无数个邀请,每一个邀请,都可能是一个故事的开始、一段关系的转变。一局《王者荣耀》的邀请,也会改变玩家、改变人们的彼时彼刻,让受众体会到温情,并在《王者荣耀》与实际生活中建立联系①。

此外,公共关系专项活动也客观地树立了组织形象,推动了产品销售和组织管理完善,扩大了社会影响。因此,公共关系人员需要努力掌握公共关系专项活动的技能,并在实践中加以运用。

三、公共关系专项活动的原则

原则是一种经过长期经验总结所得出的合理化的现象,是行事时所依据的准则。公共关系专项活动的目标是为了向特定公众传达特定信息,从而维护组织的信誉和社会形象。组织想要实现目标,就需要在公共关系专项活动开展过程中秉持和坚守公共关系专项活动的基本原则。

(一)遵守法律与社会公德的原则

公共关系专项活动的内容应当符合国家法律法规与社会公德。遵守法律法规应当是开展公共关系专项活动的首要原则。法律是一种概括、普遍、严谨的行为规范,是国家确认权利和义务并由国家强制力保障实施的行为规范,我国坚持依法治国,建设社会主义法治国家,违反国家法律法规的公共关系专项活动无法开展。同时,公共关系专项活动的内容也应符合社会公序良俗,违背社会公德的公共关系活动势必会导致公众的反感,对企业形象造成负面影响。

(二)贴近时代的原则

公共关系专项活动的主题与目标应当与社会大背景相匹配,立足于国际国内形势,紧跟时代发展步伐,符合时代精神,弘扬社会主旋律,不与社会主义核心价值观相背离。爱奇艺参与出品的电视剧《破冰行动》根据真实案件改编,提取剧集中"真实大案""致敬缉毒警察""马赛克人生"等维度,通过演员参与相关主题直播活动等形式宣传剧集,主流媒体争相报道,引发情感共鸣,形成社会影响力,通过输出价值观、佐证价值观、奠定价值观三个阶段进行价值观营销,从而进一步强化了爱奇艺的社会责任,让主流价值观走进人心②。

(三)真实可信的原则

公共关系的基本原则就是以事实为依据,在开展公共关系专项活动时,要树立良好的组织形象,在公众中获得良好的信誉,最基础的工作就是要坚持真实性原则。务必坚持实事求是,向公众传递真实的信息,讲真话,做实事,不能欺骗公众,否则会带来反噬。

---

① 《王者荣耀四周年:嗨,我邀请你》,https://www.meihua.info/shots/3492391821609984,2019年11月14日。

② 《〈破冰行动〉价值观营销彰显剧集社会责任》,https://www.meihua.info/shots/3391887904031744,2019年8月18日。

(四)平等互利,经济效益与社会效益相统一的原则

组织在策划公共关系专项活动时,需要积极寻找组织和公众利益的共同点,坚持平等互利原则,做到经济效益与社会效益相统一。一方面,专项公共关系活动需要公众的参与和支持,组织必须要策划公众感兴趣或认为有价值的公共关系专项活动;另一方面,公众通过参与公共关系专项活动,可增进对组织的了解与认同。

【案例 8-4】　　　　　　　　芭芭农场和阿里巴巴公益助农[①]

如今的年轻人,每天一杯咖啡早已成为日常生活的一部分。在咖啡豆的赛道中,国产咖啡正从默默无名的"小透明"逐步跻身一流。芭芭农场与阿里巴巴公益"助农为乐"走到了云南澜沧拉祜族自治县(以下简称澜沧县),为这里的咖农们解决问题。澜沧县是中国工程院定点帮扶县,澜沧县麻卡地咖啡是中国科学院科技扶贫项目。在科学院和工程院的加持下,澜沧咖啡作为根正苗红的"科二代"有了一个响亮的名字——科学咖,并打造朗朗上口、旋律洗脑的音乐MV,再结合年轻人喜爱的形式,利用 rap 来宣传澜沧咖啡豆。在科学咖成功出道的背后,隐藏着当地少数民族辛勤培育的无数昼夜,也见证了当地人民脱贫致富的历程。由于地处祖国边陲,澜沧县经济一直较为落后,咖啡的种植,不仅种出了生存的希望,更种出了生活的梦想。阿里巴巴派驻了乡村振兴特派员在当地长期帮扶,为让这款中国原产咖啡受到更多年轻人的喜爱,还特意设计新包装,并通过芭芭农场帮助搭建销售渠道。最终公益助农一上线就卖出咖啡产品超过 3000 单,销售咖啡豆 218 公斤,一下子冲到了天猫咖啡排行榜第二名并连续霸榜一周。来自边疆地区的咖啡豆凭借着阿里巴巴的电商资源,插上了数字化的翅膀。阿里巴巴也在利用企业资源保证企业经济效益的同时,坚守了社会责任,助力乡村振兴。

取之社会,用之社会,兼顾公共利益是众多组织的经营发展之道。组织要想在现在的社会长久发展下去,势必需要将公众利益摆在重要位置,让公众与组织不可分割,如若一味追求组织利益而忽视公众利益,那么会导致公众对组织的不信任与反感,组织发展也会失去良好的公众基础。损害公众利益的最终结果必然是损害组织利益,所以一定要把组织的能力、优势和公众的需求结合在一起,利用组织的优势、资源去满足需求、解决社会问题,达到提升美誉度的目的。

(五)保持和谐的原则

成大事,需要天时地利人和。公共关系也需要"人和",组织在开展公共关系专项活动时把保持与公众之间的和谐放在重要位置,不仅符合公共关系专项活动的原则要求,也顺应了建设社会主义和谐社会的时代需要。

"以和为贵"体现了和谐的重要性,公共关系专项活动要求组织内部和组织与公众之间都需要保持和谐,营造一种和谐的氛围[②]。

1. 以和谐为基调协调内部关系

组织内部的和谐是指策划者与领导、部门之间的关系等,只有大家拧成一股绳,力往一处使,形成合力,才能顺利完成共同的事业。

[①] 《阿里公益和芭芭农场合力助农 售卖云南澜沧咖啡》,https://39zn.cn/article/182218.htm,2022 年 4 月 27 日。

[②] 钱东霞、屠瑞恒:《公共关系》,大象出版社 2007 年版,第 116 页。

2.以和谐为基调协调外部关系

公共关系专项活动的一个重要目的是触及大范围公众,为组织积累群众基础。外部关系有许多种,根据组织类型的不同,关系也随之变化,以经济组织为例,有消费者关系、竞争者关系、媒介关系等。在处理好不同的关系方面,公共关系活动需要变阻力为动力,找准润滑剂。

(六)塑造形象的原则

公共关系的重点是打造组织的形象,在专项活动的策划中,树立良好的组织形象往往是一个重要的目的。任何组织都希望自己在公众心中是完美的、值得信任的形象,以此彰显组织的影响力。良好的形象不仅是组织的无形资产,更是组织发展的巨大精神力量。形象就像是无形的手,存在于公众的心中,可号召公众。

一个组织从籍籍无名到壮大发展都会经历一个长期的过程,即从不出名到出名,从没声誉到有声誉。组织需要通过一次又一次的公共关系专项活动来持续维持和强化其在公众心中的形象,利用新颖的活动打破传统的刻板印象,以求在公众心中焕然一新,获得公众信赖,实现组织的长久发展。

(七)协调一致的原则

注重发挥整体功能优势,保持各项环节协调一致是公共关系专项活动的内在要求。一项公共关系专项活动的实施程序规范且复杂,从前期的主题策划与创意构思,到中期的实施过程,以及后期的活动总结都有一套完整的流程,这些程序构成了公共关系专项活动的整体,每一环节的完成都是为了实现最终目标。

在对公共关系专项活动进行深入研究时,需要确立一系列重要的范式,以概括公共关系专项活动的重要特征和实质。只有把握公共关系专项活动开展的主要原则,才能保证从策划、实施到总结过程中的协调一致,实现策划创意的落地,聚集注意力,吸引公众。

四、公共关系专项活动的要求

胡百精曾对公共关系给出如下定义:"对话以形塑认同并成就共同体。"这一定义也对公共关系专项活动提出了要求,组织通过与公众的对话来获取公众的认同,用独特的连接能力,引导对话的能力来推动组织的进步与发展。

公共关系专项活动的特点使其能够具有良好的传播效果,为了保证公共关系活动能够达到效果,组织或团体还需要了解公共关系专项活动举办的原则与要求。在对公共关系专项活动特点与原则理解的基础上,开展公共关系专项活动策划也就不再那么棘手。公共关系专项活动策划与创意的成功与否,决定着专项活动效果的好坏,无论开展何种类型的公共关系专项活动,在准备和策划实施过程中都应遵循以下要求。

(一)分析公众,整体把握

公共关系专项活动是针对特定的公众群体开展的,要明白不同的公众有着不同的需求。在开展一项公共关系专项活动之前,首先需要分析公众对象,对专项活动的性质有一个基本的认识,通过分析组织的发展现状与未来发展方向,为活动目标与主题提供参考依据。

(二)确定目标

美国公共关系专家艾瑞克·亚威包姆指出:"任何公共关系活动或战术都应由以下四要素组成:新闻价值、商业信息、媒体目标、预期目标。"目标是公共关系专项活动开展的最主要依据,直接指导着整个活动过程,有着明确的目标不仅能够提高工作效率,而且能够保证活动的顺利进行。

公共关系专项活动的目标必须具体明了,不能模糊不清、摇摆不定。一般来说,一个专项活动只有一个主要目标,常见的目标有:让公众了解新产品或服务、消除公众对组织的误解与偏见、让公众感知到组织的创新与进步等。

在制定目标时,也要根据实际情况出发,确保活动目标具有可行性和实操性。

(三)明确主题

主题是目标的生动体现,是对专项活动内容的高度概括,主题的恰当与否将直接影响专项活动的效果。专项活动主题的选择既要考虑组织、公众的目标与兴趣,还要考虑是否与社会环境相适配。

主题看似简单,但是制定起来并不容易。一般来说,好的公共关系专项活动主题主要有四个特点:一是与活动目标相关照,二者协调统一并能够表现目标;二是信息新颖,主题传递出来的信息要具有独特性,并且能够充分凸显出组织的特点;三是容易引起共鸣,主题需要能够与公众产生共振,利用公众心理,打动人心,产生强烈的认同感;四是需要考虑到此次专项活动与前后活动的连续性,要给人连贯的感觉。

(四)活动方式选择

公共关系专项活动方式的选择是活动策划过程的主要内容,通过什么方式开展活动直接影响到活动效果。在选择活动方式时,公共关系人员应该充分发挥想象力与个性,选择新颖有趣的方式。

(五)细致筹备

公共关系专项活动程序复杂,为了保证活动开展的规范性,必须周详地考虑活动的筹备过程,需要做好以下工作。

1.定好名称

一个好的名称可以起到画龙点睛的作用,增强公共关系专项活动的吸引力。最佳的活动名称,既要能够直观地体现活动主题,又要具有艺术文学色彩。

2.选好时间

节假日、周年纪念日以及某些社会公益活动时间都是开展公共关系专项活动的最佳时机。但是要依据活动性质来确定活动时间,有的专项活动不能与重大事件或节日相冲突。

3.定好场地

公共关系专项活动最好安排在组织所在地或公众熟悉且有好感的地方进行,同时也需要考虑到场所的交通便捷程度。

4.确定参与人员

需要根据具体的目标选择特定的公众人群,此外还可以邀请与主题相符合的社会名人与嘉宾参与,从而扩大宣传效果。

5.做好接待

公共关系专项活动的效果与接待工作有着直接联系,而且也十分能够体现组织和团队的专业程度。要提前通知参与人员、精心准备活动内容、预先布置好活动场地,并对组织参与的工作人员进行培训,因为在活动过程中,工作人员的形象就代表了组织的形象。

6. 费用预算

专项活动需要有足够的经费保证,因此在筹备过程中需要合理地确定每一笔经费的支出,列出费用清单,在保证活动效果的同时,秉持节约的原则,追求投入产出比。

(六)策划宣传

利用大众媒介深入开展宣传工作是公共关系专项活动的重要环节。首先需要确定此次活动过程中宣传的主要内容是什么,一般就是根据主题进行宣传,利用好不同的媒体平台与传播渠道,向社会公众介绍活动的内容和特色,引发媒介关注和报道。还可以通过自办专刊或印发宣传资料等方式,及时向公众发布相关活动信息。如有条件也可以召开新闻发布会、记者招待会等,做好活动文字记录,进行摄像录影,通过电视、广播、报纸、杂志、互联网媒体等进行分发传播,扩大社会影响。

(七)灵活操作

公共关系专项活动内容丰富,形式多样,方式灵活,所以在开展专项活动的时候,需要灵活操作,依据各种反馈信息及时调整、修正活动方案。在活动实施开展过程中,在严格执行原定策划的同时,也要依据活动进行现状与公众态度的变化随机应变。

(八)活动评估

每一项公共关系专项活动在进行过程中都需要评估,实施过程中需要对每一环节进行评估,活动结束后需要对整个项目进行复盘总结,通过与原定目标相比对,找出不足,并在下次活动过程中努力避免。

【案例 8-5】　　　北京欢迎你——北京奥组委奥运歌曲推广①

2008 年中国奥运梦想终于变成了现实。从申奥成功开始,中国早已向世界敞开怀抱,福娃们向世界发出了"北京欢迎你"的热情邀约,一首《北京欢迎你》不仅将中华民族五千年的历史积淀和特有的民族风格浓缩融合在一起,更让全球华人音乐人参与奥运、分享奥运,用音乐支持奥运。

1. 分析受众、整体把握

利用 SWOT 分析活动的优势、劣势、机会与挑战,对活动进行整体把握。

(1)明确主要问题:如何通过《北京欢迎你》这首奥运歌曲在奥运会来临之前营造更加浓厚的奥运氛围,塑造北京积极向上的精神面貌。

(2)找准主要挑战:如何通过 MV 设计展现北京新风貌,现场拍摄时候如何管理等。

(3)找准目标公众:活动的主要受众为国内外关注奥运的人群,如全世界热爱奥运的群体、世界各地的媒体记者、音乐爱好者等。

2. 确定目标

通过百名歌手的演绎,呈现出具有北京特点的传统歌谣形式,用音乐向世界发出邀请,展

---

① 中国国际公共关系协会:《第九届最佳公共关系案例》,企业管理出版社 2010 年版,第 154-159 页。

现了国人的团结奋斗精神。将传播焦点确定为通过《北京欢迎你》展现2008年奥运会的最新风貌和北京的风土人情,以及中国五千年的历史文化和热情迎接国际友人到来的信息。

3. 活动方式选择

利用歌曲传播《北京欢迎你》,打造北京奥运会最强音,在歌曲的传播途径上以中国移动无线音乐俱乐部作为传播平台,在倒计时100天时结合纸媒、电视媒体、公交车流动媒体等联合宣传。

4. 细致筹备与策划宣传

2008年4月17日奥运会倒计时100天时在首都博物馆进行主打歌首发仪式,并通过多家电台首播。2008年4月30日参与录制的百名歌手在太庙北京奥运会倒计时100天庆祝活动上现场演绎。2008年5月5日MV独家上线,中央电视台、地方各级电视台、公交电视、城市电视、交通线路等都进行推广,在比赛期间,也在奥运村和比赛场馆播放歌曲和MV。

百名参与录制的歌手来自中国内地、香港特别行政区、台湾地区甚至海外,执行团队需要在短时间内确定好拍摄录制时间,也要根据中国元素为每位歌手进行视觉形象设计与包装,同时还要与北京的文物古迹单位沟通,随时调配好车辆与歌手行程,在视频录制期间,策划人员也协调了大量的安保工作,保证了录制的安全。

5. 灵活操作

根据主题内容的形式选择恰当的载体,联动全国性和地方性媒体,并通过其他屏幕进行联动宣传。

6. 活动评估

数字平台上歌曲下载量破亿,并快速传播开来,在社交媒体上发起全民翻唱活动,各个版本流传,响应全民奥运。

五、公共关系专项活动的类型

公共关系专项活动的内容十分丰富,也有多种多样的形式,大致可以分为以下四类[①]。

(一)按专项活动的规模分类

1. 系列活动

系列活动是指从同一目标出发,有着不同场所、不同形式、不同内容的多项活动,或者是由不同组织联合发起的多项活动。如上海国际电影节,主题活动有金爵奖、亚洲新人奖、短片大赛等竞赛单元,电影交易和项目市场,电影论坛,国际电影展映,特别项目等;德国慕尼黑啤酒节由开幕式和特色活动组成,一般是9月末到10月初举办,并且持续两周。

2. 大型活动

大型活动是指参与人数在千人以上,有目的、有计划、有组织的大规模活动,如国庆70周年天安门广场的阅兵式和群众游行、中央广播电视总台每年除夕举办的春节联欢晚会等。

3. 中型活动

中型活动是指人数控制在几百人范围的中等规模的活动,例如记者招待会、学术报告会、新闻发布会、企业年会等。

---

① 张芹:《公共关系学》,华中科技大学出版社2014年版,第208-209页。

4. 小型活动

小型活动是指在某个场所举办的人数控制在100人以下的活动,如生日宴会等。

(二)按专项活动的场地分类

1. 野外活动

野外活动在山地、沙漠等场所进行,要考虑活动中一些在都市活动中不需要的设备设施,如救援设备、卫星通话设备等。

2. 室外活动

进行室外活动时,需要考虑到场地条件与天气状况,在布置场地时需要注意到安全问题以及公众对环境的适应程度。

3. 室内活动

在举办室内活动时,需要注意到人员规模与场地的适配性,要保证室内通风设施的安全性、房间的整洁性、出入通道与安全通道等是否可以正常使用等。

(三)按专项活动的性质分类

1. 商业性活动

商业性活动是指以推销促销商品为主要目的的活动,如商品交易会、展览展销会等。

2. 公益性活动

公益性活动是指组织承担社会责任,为促进和改善社会公益事业的各种形式的活动,如环保、救灾募捐等活动。

3. 专业性活动

专业性活动是指以某一项专业内容为主题而进行的活动,如音乐节、电影节等。

4. 综合性活动

综合性活动是指集合了多种性质的专项活动,如旅游节、文化节等。

(四)按专项活动的形式分类

1. 会议型活动

会议型活动是以开会讨论为主要形式的活动,如学术研讨会、座谈会、新闻发布会、技术交流会等。

2. 庆典型活动

庆典型活动一般是组织为了庆祝某些重大事件而组织的活动,如开业庆典、周年庆典、开学典礼、表彰大会、节日联欢会等。

3. 展示型活动

展示型活动是以公开展示为主要形式的活动,如展览展销会、开放组织、参观等。

4. 综合型活动

综合型活动是指集各种活动形式为一体的系列活动。

第二节　主要公共关系专项活动

公共关系专项活动是相对于日常公共关系活动而言的,随着时代的进步与发展,公共关系专项活动的形式、手段也越来越多样。主要活动形式有公益赞助活动、新闻发布会、庆典活动、开放组织、展览展销、举办会议等,这些活动内容丰富,手段多样,也有许多值得学习和掌握的方法技巧。

一、公益赞助活动

公益赞助活动是指组织通过不计报酬的捐赠方式出资或出力,支持文化、体育、社会福利事业或者市政建设等某种社会活动或社会事业的公共关系专项活动。公益赞助活动是组织对社会做出贡献的行为,是通过综合运用多种手段树立组织社会形象的公共关系专项活动。公共关系不仅对组织有价值,也对社会有价值。越来越多的组织在发展中意识到了承担社会责任的必要性与重要性,开始进行公益赞助活动,彰显责任与担当。

【案例8-6】　　　　　　　　"一元购画"公益活动

2017年8月29日,上海艺途公益基金会联合深圳爱佑未来慈善基金会共同在腾讯公益平台上发起了"艺术点亮生命——小朋友画廊"线上公益募捐互动活动。"一元购画"活动中有36幅画作公开出售,这些画的创作者是11~37岁的自闭症患者、脑瘫患者、精神障碍患者、智力障碍患者。用户在微信App上花1元钱可以购买一幅画的使用权,将其保存作为手机壁纸。借助微信朋友圈的病毒式传播,仅7个小时,就有581万人次在线参与,筹集了1500万元。这是一场全民级别的公益活动。

"一元购画"活动充分发挥了微信平台的技术优势,引发参与活动的用户进行主动的病毒式传播。微信平台为该活动提供了巨大的传播空间,微信超过8亿的活跃用户是这场活动的传播基础。微信现有平台技术为H5设计提供了灵感:用户只要通过微信内置的"识别二维码"功能就能快速查看这个活动,想参与这个公益活动的用户,通过微信支付可快速便捷地一键购买画作,H5支持一键分享到微信朋友圈和微信群,传播速度快,影响面广。

作为腾讯公益的项目,在微信平台推广,让用户对腾讯的信任度转化为对这个活动的信任度,活动本身的透明度也大大加强了公信力。用户打开页面后,可以看到每个受助者的名字、年龄、病况和部分人的照片,听到受助者的语音感谢,这种听觉和视觉的真实性激发了人们的信任。而且,微信用户的好友大多建立在熟人关系的强联结上,容易互相产生影响,来自熟人的传播和意见让用户更有安全感。"朋友圈"成为该事件传播的主要场所。

腾讯借助新型媒介在用户体验上的多元性和立体性的优势,以较低成本进行了一场传播效果好、影响面广的公共关系活动。现代的参与式传播从一种与社区分离的垂直信息传送模式转变为草根民众参与的横向和自下而上的传播模式,使传播更倾向于多元化、小规模、本土化,更强调用户的参与性、主动性、主体性。"一元购画"凭借优质内容、社交属性、低门槛设置吸引众多用户主动参与,积极传播。

(一)公益赞助活动的作用

公益赞助是组织改善与社会公众之间关系最直接有效的方式之一,具有以下作用。

1. 公益赞助活动是一种市场传播的技巧

通过公益赞助活动来传播品牌与产品,一方面让公益赞助活动成为组织广告宣传的载体,借助活动产生的良好社会效益来营销宣传,通过服务公众来强化公众心中的好感;另一方面,通过赞助来利用"冠名权"等优先曝光,刺激产品销售。相较于传统的商品推广与促销,公益赞助淡化了商业气氛,适当的社会活动又激发了公众强烈的兴趣,更能增加公众的好感和认可。

2. 公益赞助活动是一种塑造形象的方法

公益赞助活动需要以组织的经济实力为保障。组织在发展的过程中,除了获取经济效益以外,还需要承担相应的社会责任和义务,也能凭借这一活动获得政府和社区的支持,获得生存发展的保障,让公众看到组织的强大实力,并且在公众心中形成有公德、关心社会的良好形象,实现"名利双收"。非营利组织公共关系的主要目标是为特定公众服务,以获取特定公众的信任,争取更多志愿者并扩大影响力为己任,促进公众对组织的认同,创造筹资环境。

3. 公益赞助活动是一种获得公众支持与信赖的手段

通过公益赞助活动,组织能够较为容易地获得新闻媒体的关注,从而成为关注焦点,扩大影响。通过举办主题内容一致、与目标公众密切相关的公益赞助活动,能够拉近与公众之间的距离,培养与公众之间的情感,加强联系,让公众自发自觉地成为组织的支持者。

4. 公益赞助活动是一种开拓市场的先行武器

公益赞助活动往往是与组织所在地区紧密联系在一起的,当公益赞助活动被企业用于扩大市场和推介新产品时,能够借此发展细分市场。健力宝集团的成功就是与其赞助活动分不开的。1984年,健力宝作为中国第一款运动饮料,成为中国奥运代表团专用饮料,以实物赞助的形式伴随体育健儿出征第二十三届洛杉矶奥运会。中国女排在此次奥运会中击败东道主美国,夺得奥运会女排金牌,日本记者从女排选手饮用的健力宝中挖掘新闻,将其誉为"中国魔水"。1987年第六届全运会在广州举行,健力宝取得了全运会运动饮料专用权。1990年,健力宝独家赞助亚运会火炬接力运动,并且再一次获得了赛事指定饮料专用权。通过对大型体育赛事的赞助,吸引了大量的关注与视线,带动了企业经济效益的增长,让健力宝发展迅速。

(二)公益赞助活动的目的和类型

任何组织发起的赞助活动都有其具体目的,一般而言,组织或企业发起的各种公益赞助活动,主要出于四种目的:利用赞助活动进行广告营销,增强广告的公信力;营造组织关心社会公益事业的良好形象;培养和其他组织之间的友谊;实现组织的社会效益并承担社会责任。

为了实现以上目的,公益赞助活动的常见类型如下[①]。

1. 体育赞助

这是组织公益赞助活动中最常见的形式之一。随着我国人民生活水平和体育运动水平的提高,人们对于体育运动越来越感兴趣,而且体育运动往往是媒体关注的重点,因此,组织通过对体育运动的赞助,往往容易增强对公众施加影响的广度和深度。常见的体育赞助形式有赞助训练经费和用品、冠名赞助体育竞赛活动、设立专门奖励项目等。2009年,安踏成为中国奥

---

① 李泓欣、冀鸿、冯春华:《公共关系理论与实务》,北京大学出版社、中国农业大学出版社2011年版,第201—203页。

委会合作伙伴，2019年，安踏签约成为国际奥委会官方体育服装供应商。在2022年北京冬奥会期间，全体工作人员、志愿者的制服都是由安踏提供，直接带动了品牌销量在行业整体下行时逆势增长了35%。自2009年起安踏连续七次为中国奥运代表团打造装备，累计赞助了近30支奥运国家队。作为中国运动领导品牌，安踏通过赞助与奥运IP紧紧绑定，获得了国家、中国体育对安踏另一种形式的认可，也在公众心目中打造了安踏国民体育运动品牌的强势形象。

2. 教育赞助

教育事业是一个国家、民族发展的根本，组织赞助教育事业，是一举两得的事情，一方面为组织与有关院校建立良好关系打下基础，有利于组织的后备人才培养；另一方面为组织树立起关心教育事业的崇高形象。常见的教育赞助方式有出资赞助学校建图书馆和实验楼、设置某些奖学金、资助校内贫困学生等。较为著名的有如香港邵氏集团的董事长邵逸夫先生出资赞助我国教育事业，许多学校内的"逸夫楼"便是最好的见证，还有武汉大学设立的雷军奖学金、蓝月亮奖学金等，不仅促进了教育事业和学生的发展，也传递了企业的声誉。

3. 文化赞助

文化赞助主要是利用文艺界、体育界的名人效应，来提高组织的声望。这类赞助有两种形式：一种是对文化活动的赞助，如赞助大型联欢晚会或文艺演出；另一种是对文化事业的赞助，即定期或不定期地对某个文化艺术团体进行赞助，通过这个文化艺术团体来扩大组织在社会上的影响力和知名度[①]。

4. 社会公益赞助

公益事业与公众的利益相关，组织出资参与市政公共建设等既能给予社会事业一定帮助，又能为公众带来便利，更能赢得公众的好感与信任。

5. 社会福利事业赞助

社会福利事业赞助又常被称为慈善赞助，组织往往没有直接的营销目标，但具有社会价值和社会需要。社会福利事业赞助是组织和政府等建立友好关系，扩大组织社会影响力的重要途径，是组织对整个社会承担义务和责任的重要手段，也是组织在社会获得知名度和美誉度的重要方面。如向资助慈善机构捐赠，在一些地区或单位遭受灾难时提供资助等。

6. 学术研究赞助

组织为学术活动提供赞助，如提供开会地点、资助经费等，既可以利用学术会议提高组织的知名度，又能得到学术工作者的建议，从而进一步促进组织的改革与完善。

7. 环保事业赞助

我国正在努力建成资源节约型、环境友好型社会，环境保护事业既符合国策，也与公众切身利益息息相关，是公众和媒体关注的焦点。组织对环保公益事业的赞助，最能打动公众的心，引起公众的好感。进行环保事业赞助可实现经济效益、社会效益、生态效益"多赢"。例如，奥妙曾联合绿色江河公益组织发起了"净护三江源，共创洁净未来"，发布《不怕脏的人》公益短片诠释公益理念，以真实的志愿者捡垃圾的故事为原型，鼓励人们参与公益行动。随后，利用

---

① 蔡炜：《公共关系学》，华东理工大学出版社2014年版，第163页。

三江源地区的垃圾,以艺术的方式堆成了一座"塑料雪山",搭在昆仑山玉珠峰下。为了让更多的人感受到塑料垃圾的危害,又在上海外滩复刻了一座,并进行展览。通过一种行为艺术的方式,奥妙唤醒了人们对于塑料垃圾问题的重视,也与品牌理念相契合①。

8. 其他赞助活动

除了上述的几种常见的赞助形式,还有赞助设立各类奖励基金、赞助公共节日庆典活动、赞助展览或比赛等。组织也可以根据需要,创新出更多的赞助形式。

(三)开展公益赞助活动的原则

赞助各种公益事业,在推动社会公益活动发展的同时,也可使组织获得关注并提升知名度,这是一种行之有效的公共关系手段。公益赞助活动属于实操性较强的专项活动,在实施过程中需要遵循以下基本原则。

1. 合法

合法是开展公益赞助活动的基本要求。赞助的对象要合法,赞助的方式要合法,要严格遵守法律法规,符合社会利益与公众利益,不然不仅会损害组织形象,更会导致法律风险。

2. 目标明确,内容契合

所赞助的项目必须适合本组织的特点和需要,有利于提高本组织的社会影响,或有利于扩大业务领域。赞助活动的内容既要与公众相匹配,也要与组织的发展战略相契合,更要与组织平常所展示的形象相一致。

3. 社会效益至上

组织有义务、有责任积极承担社会责任,展现社会担当。把社会效益放在第一位需要认真研究和确认被赞助的组织、个人或社会活动本身是否具有良好的社会声誉,是否有积极、广泛的社会影响,以保证赞助活动取得良好的社会效益。一定要把组织的能力、优势和当地的社会问题结合在一起,用组织优势、资源去解决社会问题,达到提升美誉度的目的。

4. 适度而为,量力而行

在开展公益赞助活动时也需要考虑到赞助的额度和规模是否在组织的可承受范围内,不要盲目攀比,如果一味追求数量,不考虑实际情况,容易使组织面临困境。

5. 懂得创新

一般来说,凡是符合社会及公众利益的赞助活动,都会引起社会各界,特别是新闻界的关注。赞助方式的创新大多会有更好的传播效果。

6. 把握时效性

强调公益赞助活动的时效性原则,需要建立快速反应机制,在事情发生的第一时间,有效地开展公益赞助活动。当重大事件发生时,全社会的关注度都很高,如果组织能够第一时间响应,必然能引起更多公众关注与媒体报道,达到四两拨千斤的效果。

---

① 《奥妙塑料雪山:一座由塑料垃圾堆积成的雪山》,https://www.digitaling.com/projects/179178.html,2021年10月1日。

【案例 8-7】 　　　　　　　　王老吉向地震灾区捐款 1 亿

　　2008 年 5 月 12 日汶川大地震后,在 5 月 18 日的央视地震赈灾晚会上,王老吉宣布向灾区捐款 1 亿,引起轰动。随之各论坛和社区开始讨论这个案例,并引起了门户网站和传统媒体的关注。5 月 20 日,一篇名为"让王老吉从中国的货架上消失!封杀它!"的帖子,再一次将事件推向高潮,并且给王老吉带来了巨大的曝光,"要喝就喝王老吉""这样的品牌不支持不行"成了在网友之间迅速传播的口号。

　　这个案例是公益赞助活动的典型案例,在互联网平台中网民的大量参与使事件走向高潮,并且借一篇具有调侃歧义的文章提高了王老吉的知名度,扩大了企业品牌的影响力,树立了企业形象,也树立了王老吉的公益形象。

(四)公益赞助活动的实施步骤

1. 进行调查研究,选好赞助对象

　　在开展赞助活动之前,进行调查研究是一个十分必要的环节。组织需要从公共关系目标、政策等入手,调查社会所需要的公益事业情况,考量活动对公众、组织是否有益,以此来确定组织的赞助方向和政策。开展公益赞助活动的根本目的是确保组织与社会共同受益。调查研究的内容主要包括组织自身的公共关系目标、公共关系政策、被赞助者的公共关系状况、社会公众的意愿、此项赞助的社会效益、组织能够收获的经济效益、组织的经济实力等,以确保组织与社会能够共同受益。

2. 制订赞助计划

　　根据调查研究的结果,组织需要对赞助的目标、赞助的对象、赞助的方式、赞助的费用预算、赞助的具体实施方案制订出切实可行的计划。计划内容需要具体,也要留有余地,方便赞助负责人能够及时调整。

3. 审核评定赞助项目

　　对赞助项目的每一个流程与环节都需要进行评估与检查,以确定其是否符合开展公益赞助活动的原则与方向,另外要对赞助效果进行质和量的估计。

4. 实施赞助方案

　　组织需要派出专业的公共关系人员去负责赞助方案的实施落地,负责人需要充分利用有效的公共关系技巧,尽可能扩大赞助活动的社会影响,与此同时,也要考虑到公益赞助活动需要与组织的形象保持一致,以谋求公众的好感。

5. 评估监测赞助效果

　　赞助活动结束之后,需要进行效果监测,收集不同方面对此次赞助活动的看法、评论,看实际效果是否达到预期目标,与评估中的内容是否符合,找出形成差距的原因,通过文字形式的总结报告留档保存,以便为再次开展活动提供经验。

(五)公益赞助活动的注意事项

　　在开展公益赞助活动过程中,除了需要按照活动原则和实施步骤进行操作外,组织与策划人员还需要注意以下事项。

1. 需要优先考虑赞助活动类型

将对各种社会福利事业和活动、公益与教育事业的赞助提到更重要的位置,更能体现组织的社会责任与担当,赢得公众的好感。

2. 跟踪舆论动态与公众反响

由于公益赞助活动的形式特殊、覆盖面广,需要及时关注舆论反应,并且要关注公众动态。当出现负面反应时,要及时调整修正方案。

3. 利用不同的宣传和营销手段辅助活动

新媒体时代的公共关系传播渠道更加多元化,公众在接收信息时普遍呈现出碎片化、圈层化的状态,如何组合好不同媒介进行信息的分发与扩散成为组织需要考虑的问题。

二、庆典活动

庆典活动是指组织内部发生值得庆祝的重要事件时,或者在人们共同庆祝的重大节日中举行隆重的公共关系专项活动。这种庆典活动是一种展示组织形象,促进公众对组织了解的典型公共关系专项活动。组织所举行的庆典活动一般可以分为开幕庆典、闭幕庆典、周年庆典、节庆活动和特别庆典等。

【案例8-8】　　"一起向未来":北京冬奥会开闭幕式彰显中国理念

第二十四届冬季奥林匹克运动会,简称2022年北京冬季奥运会,于2022年2月4日开幕,2月20日闭幕。在北京冬奥会的开闭幕式上,各项文艺表演向世界展现了一个阳光、自信、开放、充满希望的中国,让世界对中国道路有了全新的认识,用大音希声的艺术方式激起了世界对"人类命运共同体"的共鸣。开幕式呈现了由各参赛代表团的91朵小雪花共同组成一朵大雪花的美美与共的浪漫故事,闭幕式上借助AR技术呈现巨型中国结,与雪花交相呼应,伴随着歌曲《我和你》,各参赛国家和地区的执旗手向中央汇聚,五环缓缓升起,与下落的雪花火炬交错,所有的雪花以视频和AR呈现方式分散而回到天地之间。

"世界大同,天下一家"是北京冬奥开闭幕式的主题理念,2008夏季奥运会与2022冬季奥运会交相呼应,既向世界展示了中国五千年的灿烂文明,又立足未来,通过技术与艺术的结合向时代传递了"一起向未来"的美好主张。

(一)庆典活动的含义及要求

1. 庆典活动的含义

庆典活动是组织为了向公众展示自身,体现领导能力、社交水平和文化素养,并借此机会扩大组织知名度,最终获得更大的经济效益与社会效益,在重要的节日或组织内部具有纪念意义的重大事件发生时而举行的各种仪式、庆祝会和纪念活动的总称①。它可以是一项专项活动,也可以是大型公共关系活动中的一个环节。任何一个组织都一定会有值得庆祝的事情,也会有值得纪念的日子,庆典活动是组织举办专项活动最直接的形式。

在现代社会中,随着经济的发展和公众自主意识的提升,企业间的竞争日益加剧,如何令

---

① 徐白:《公共关系》,同济大学出版社2008年版,第149页。

组织在激烈的竞争环境中崭露头角,成为每个组织不得不着重考虑的问题。现代企业组织的管理者应当合理运用庆典活动的各种形式,在公众心中留下深刻的印象,渲染气氛,强化组织的影响力,进一步提升组织的声誉。

2. 庆典活动的要求①

举办庆典活动的总的要求是喜庆的氛围、隆重的场面、热烈的情绪、灵活的形式、较高的规范性和礼仪要求。

喜庆的氛围由庆典活动的内容确定,组织庆典活动体现着吉利、祥和、欢喜,要求组织者应当突出欢乐喜庆的基调。

隆重的场面要求活动组织者在开展活动的环境与规模上下功夫,通过场景的布置来体现盛大与吉庆。在布置庆典活动的场地时,使用较多的道具有标语横幅、彩旗、彩灯、鲜花等,许多级别较高的庆典活动往往也会邀请专业的主持人和有身份的嘉宾出席,从而提升活动的档次,吸引媒体报道与公众关注,扩大活动的社会影响力。

热烈的情绪是指由喜庆的氛围和隆重的场面对庆典活动的渲染加工,或者依靠活动组织者对活动流程或环节的精心设计激发参与者的兴趣与情绪。

灵活的形式是指庆典活动并不是一成不变的典礼仪式,可以通过活动创意,借用联谊活动、文化艺术活动等来彰显活动个性,也可以通过对技术的运用增强活动的效果,例如使用AR、VR技术来为参与者带来沉浸式体验与新鲜感。

较高的规范性和礼仪要求是指庆典活动的举办需要符合参与者的文化背景和心理要求,注意礼仪。一方面,活动的组织者与参与者在参与活动时需要注意自己的着装,注意个人仪表与礼节,如出席晚宴时男士需要穿西装,女士需要着礼服等;另一方面,则强调组织活动的礼仪服务,在庆典活动中,主要的礼仪服务有迎宾、引导、接待和送宾等。礼仪服务是庆典活动举办过程中的重要环节,活动的组织策划者既要注意这一内容的一以贯之,又要使其渗透在活动的各个环节与各个部分,这不仅是营造庆典活动喜庆氛围的需要,也是尊重参与者,协调关系,彰显组织实力并塑造组织形象的需要②。

(二)庆典活动的作用

庆典活动是组织向公众展示形象的好机会,有助于加强公众对组织的了解与熟悉,让公众形成对组织的认同与共鸣。组织庆典活动的作用主要有以下三点③。

1. 引力效应

组织可以通过举办庆典活动吸引公众的注意力。很多时候,由于缺乏合适的时机与事件,组织开展的许多工作并没有能够及时获得公众的注意。通过庆典活动能够为组织宣传造势。

2. 合力效应

通过举办大型庆典活动,能够强化组织内部的协同作用,增强组织内部的凝聚力,提高公众对组织的信任感。

---

① 邓月英:《公共关系》,复旦大学出版社 2009 年版,第 132 页。
② 任正臣:《公共关系学(第 2 版)》,北京大学出版社 2016 年版,第 200 - 201 页。
③ 申作兰、崔敏静:《公共关系理论与实务》,中国轻工业出版社 2017 年版,第 82 页。

3. 实力效应

举办庆典活动是以组织的经济实力为基础的。举办庆典活动,能够让组织在公众面前展现出自身实力,凸显组织的优势。

(三)庆典活动的类型

庆典活动在形式上一般有以下类型:法定节日的庆典活动,如春节联欢晚会;某一组织的节日庆典活动,如武汉大学百年校庆;有组织为了宣传自己,利用开幕、周年等关键时间点举办的庆典活动;还有闭幕典礼、就职典礼、捐赠仪式等。这里主要重点介绍节庆活动、周年庆典、开幕庆典、闭幕庆典和特别庆典五种典型的庆典活动。

1. 节庆活动

节庆活动是组织利用盛大的节日或者共同的喜事而举行的表达欢乐或者纪念的庆祝活动。节日可分为官方节日和民间传统节日。常见的官方节日有妇女节、劳动节、儿童节等。民间传统节日也有中外之分,中国有春节、元宵节、清明节、端午节、中秋节等,国外有复活节、感恩节、情人节等。许多地方也会依据自身的地理环境、文化传统、风俗习惯、特产、民族特点等举办具有浓厚地方特色的节庆活动,如彝族、白族等民族的火把节,慕尼黑的啤酒节等。

节庆活动一般有两种目的:一是组织为与公众联络感情、协调关系,利用节日举办具有娱乐、联谊性质的活动,提供一些优惠或者免费的服务;二是为宣传组织的社会形象,维持和提升组织声誉。

【案例 8-9】　　　　　　　　哈尔滨国际冰雪节

哈尔滨位于我国东北地区,坚冰厚雪为哈尔滨提供了开展冰雪活动得天独厚的优势。20世纪 80 年代初,哈尔滨冰灯已经十分出名,滑冰、冬泳等运动也为哈尔滨的冬天增添了群众参与的活力,冰雪文化活动开始受到政府部门重视。目前,哈尔滨国际冰雪节已与日本札幌冰雪节、加拿大魁北克冬季狂欢节和挪威奥斯陆滑雪节并称世界四大冰雪节,每年的 1 月 5 日成为盛大节日。每年一度的哈尔滨国际冰雪节,以"主题经济化、目标国际化、经营商业化、活动群众化"为原则,集冰灯游园会、大型焰火晚会、冰上婚礼、摄影比赛、图书博览会、经济技术协作洽谈会、物资交易大会、专利技术新产品交易会于一体,不仅成为中外游客旅游观光的热点,而且还是国内外客商开展经贸合作、进行友好交往的桥梁和纽带。

2. 周年庆典

每个组织在发展壮大过程中都有值得纪念的日子,有对组织成立时间的纪念,如工厂的厂庆、学校的校庆、电视台的台庆等,也有对组织或企业之间友好关系的周年纪念,还有对某项产品问世的周年纪念等。组织通过周年庆典,能够宣传组织的历史文化,凝聚内部人心,扩大宣传效应,协调公众关系。组织的公共关系人员在策划周年庆典时,也要注意以下问题①。

---

① 李泓欣、冀鸿、冯春华:《公共关系理论与实务》,北京大学出版社、中国农业大学出版社 2011 年版,第 207 页。

(1)作为组织发展编年史中的里程碑,周年庆典需要体现总结过去、展望未来的内涵。2018年是新中国电视事业诞生60周年,也正好是中央广播电视总台成立元年,为了展现新中国电视事业60年来,特别是党的十八大以来取得的辉煌成就,中央广播电视总台于9月26日特别策划了文艺汇演活动。本次文艺汇演以"中国电视再出发"为主题,十年一个结点,用初创、跋涉、转折、成熟、世界、融合、新时代为关键词回顾了60年来一系列具有里程碑意义的重要时刻,在激励中央广播电视总台干部职工的同时,也体现了总台成立后推进中国电视事业阔步新征程的未来展望①。

(2)作为组织自己的节日,周年庆典应加强对内部人员的培训,增强向心力。例如,可以通过定制组织文化衫、举办类似校园文化节等系列主题活动,起到庆祝和教育的双重作用。

(3)作为庆典活动的一种,周年庆典也要突出欢乐的氛围。要按照庆典活动的具体步骤落实每一个环节。

(4)周年庆典应围绕组织周年纪念这一中心内容来策划。要增强活动环节和内容的新颖独特性,加强对公众的吸引力。

3. 开幕庆典

开幕庆典,即开幕式,指第一次与公众见面的展现组织面貌的各种庆典活动,包括各种博览会、展览会、运动会和文化节日的开幕典礼,组织或者企业的开幕典礼,重要工程的开工典礼或奠基典礼,重要设备及工程首次运行的庆祝活动。

组织举行一次热烈、隆重的开幕庆典,会迅速提高组织知名度,给公众留下深刻的印象,因为这是第一次向公众展现组织以及组织的活动。开幕庆典的组织工作主要有以下方面。

(1)拟定邀请人员名单。出席开幕典礼的人员一般包括政府有关部门负责人、知名人士、行业代表、公众代表、新闻记者等。同时也需要提前与嘉宾进行联系,以便协商好时间。

(2)安排活动程序。活动一般程序为宣布典礼开始、宣读重要参与者名单、重要代表讲话致辞、剪彩、礼毕。其中讲话致辞人员一般是在社会上具有较大影响力的人。

(3)做好活动接待工作。活动策划人员需要提前组织安排好相关服务接待人员,提前做好培训。

(4)组织来宾参观。在开幕庆典结束之后,可以组织参与者进行参观,切实获得体验。

(5)广泛征求意见。通过一定形式征求意见,形成活动总结与经验教训。

4. 闭幕庆典

闭幕庆典,即闭幕式,包括各种博览会、展览会、运动会和文化节日的闭幕典礼,重要工程的竣工典礼,学校的毕业典礼等。在准备闭幕典礼的时候,组织需要注意以下事项。

(1)闭幕典礼是活动的尾声,需要体现欢迎再聚和展望未来的特点。

(2)不是所有的活动都需要闭幕典礼,这需要根据组织的公共关系目标和经济情况来决定。

---

① 中央广播电视总台央视职工之家:《栉风沐雨一甲子 中国电视再出发:中央广播电视总台纪念新中国电视事业诞生60周年职工文艺汇演》,http://news.cnr.cn/native/gd/20180930/t20180930_524375380.shtml,2018年9月30日。

5. 特别庆典

特别庆典是组织为了提高知名度和声誉,利用一些具有特别纪念意义的事件或者为了达到某种特定目的,策划组织的庆典活动。一般来说,根据目的不同,特别庆典可以分为以下类型①。

(1)以制造新闻,吸引关注为目的,如大型展览会上企业可以举办迎来第 1 万名参与者的庆祝活动,乐园可以举办迎来第 100 位游园顾客的庆祝活动。

(2)以强化观念,引起注意为目的,如 3·15 晚会等。

(3)以关心组织员工,增强凝聚力为目的,如退休员工纪念活动、高中生的成人礼、企业的集体婚礼等。

(4)以关心社会,宣传组织为目的,如组织开展植树活动、保护环境主题活动等。

公共关系人员需要具备能够辨别时机,在正确的时间做正确的事情的能力,要能够策划出具有创意的庆典活动。

(四)庆典活动的组织实施

无论是庆祝活动,还是典礼活动,都具有较为浓厚的表演色彩,虽然举办的形式多样,但不管是哪种庆典活动,组织的决策者们都需要精心筹备、认真实施才能达到预期的效果,保证活动开展的有效性。

1. 庆典活动的准备工作

想要举办成功的庆典活动并不容易,尤其是大型庆典活动,由于所涉及的层面更广,情况更为复杂,更需要公共关系人员的周密安排与精心策划,需要做好以下工作。

(1)做好前期调查与宣传,合理策划。组织需要根据自身的性质、特点和想要面对的公众,做好广泛的调研,充分了解公众的意愿与需求,保证在举办活动时能够最大程度地满足公众。现在的活动宣传形式不仅只有线下,也要考虑到社交媒体等线上平台,根据不同平台属性制作不同内容。

(2)确定活动时间、地点、形式与规模。选择最佳的时间举办庆典活动更容易形成轰动效应,同时组织还应当结合自身的性质、活动的主题与目标等因素,考虑组织自身规模的大小与经济实力等,确定好活动举办的场所、形式与规模。

(3)精心选择对象,邀请来宾,确定出席嘉宾名单。当活动的场所与规模确定之后,需要选择并拟定邀请出席活动的人员名单,如当地行政机关领导、上级组织的负责人、社会知名人士、社区公众代表、同行组织代表、组织内部人员和媒体记者等。

(4)合理安排庆典活动的程序。程序一般是主持人宣布典礼开始、介绍莅临嘉宾名单、组织的重要领导或嘉宾致辞讲话。有一些庆典活动(例如开业典礼,还有剪彩的环节),参观、典礼仪式完毕之后可根据情况安排活动。

(5)安排好接待工作。在典礼开始之前需要有专人负责嘉宾接待工作,妥善安排出席嘉宾的休息与出场时间。

(6)现场的后勤和安保工作。提前准备好活动所需要的器材设备,并进行调试,也可根据活动主题在现场准备一些酒水饮料,方便参与者随时享用。如果有赠送给嘉宾的纪念礼品也

---

① 钱东霞、屠瑞恒:《公共关系》,大象出版社 2007 年版,第 125 页。

需要提前备好,并且做好现场的安全保障工作,确保活动顺利举办。

(7)活动后续的宣传报道。在庆典活动结束之后,需要让媒体记者及时发布新闻宣传报道,并关注社会公众的舆情反应;做好报道资料的存档,制作相关影像片段;及时完成活动总结,为之后的活动提供经验。

2.庆典活动的注意事项

组织的庆典活动能够反映出组织的形象,体现组织的筹划能力与领导者的组织能力。在举办庆典活动时需要注意以下问题。

(1)庆典活动的安排有计划。庆典活动应纳入组织的整体规划,要符合组织的整体效益。组织者应对活动进行通盘考虑,切忌想起一事办一事,遇到一节庆一节。可以设立一个专门的工作部门专职负责相关专项活动,让组织内部成员有条不紊地完成本职工作。

(2)庆典活动的举办要选择好时机。调查研究是开展公共关系活动的基础。庆典活动需要以广泛的调查为基础,找准时机,让活动与大背景相符合。

(3)需要制作标识鲜明的宣传品。在活动的前期筹备阶段,组织需要设计并制作有关宣传册、广告标语等。在宣传品上需要突出强调组织名称、活动主题等。

(4)做到科学性与艺术性的统一。公共关系活动是组织科学地推广产品进行外宣的过程,但是在活动过程中也要注意艺术性,带给公众独特的体验,给他们留下美好的回忆,这样能够达到更好的活动效果。

(5)要制造新闻。庆典活动的本质意义是为了通过活动的举办提高组织的知名度,媒体的反应则成为活动是否成功的重要评判标准之一,所以适当地邀请新闻记者参与庆典活动是必要的。活动过程中的环节设置需要考虑到其是否能够成为新闻素材。要积极联系媒体记者在活动结束之后及时发布新闻稿件,使活动的新闻价值得以发挥。

(6)认真做好活动的总结工作。公共关系活动要求一致性和连续性,庆典活动需要与其他的专项活动协调一致。在活动结束之后,需要认真总结经验,以便指导其他专项活动的开展。

三、新闻发布会

(一)新闻发布会的含义

新闻发布会,是政府或者某个组织定期、不定期或者临时举办的信息和新闻发布活动,直接向外界发布政府政策和组织信息,解释重大新闻或重大方针政策,再让记者就此进行提问,然后由会议发起者进行回答。组织的新闻发布会是在发生了具有重大影响的事件时,组织向社会公众发布信息,借助新闻提升组织形象的一种公共关系专项活动,是组织为了谋求新闻界对某一事件进行客观报道的手段,也是组织与新闻界建立良好沟通的重要途径。

新闻发布会是组织传播各类信息最直观的形式之一,需要邀请记者与相关人员参与。通过出席发布会的新闻媒体记者的报道,相关信息能够迅速通过大众媒体进行传播。组织召开新闻发布会可以达到两个目的:广泛传播组织的重要信息与政策,与新闻界、公众保持密切联系[1]。

任何社会组织都可以依据自身实际情况与需要举行新闻发布会。

---

[1] 李红、刘学俊:《公共关系学》,北京理工大学出版社2017年版,第189页。

(二)新闻发布会的特点

新闻发布会通常都有较为正规的形式,符合一定的规模,同时会参照发布会所宣布内容确定召开场所,并邀请记者与相关部门人员,实现了时间、地点、人员、媒体的集中。相较于其他的公共关系专项活动,新闻发布会具有以下特点。

1. 权威性

一般而言,新闻发布会的组织者都为组织官方,其召开目的是为了应对某些具有重大影响的突发事件或传递重大信息,从举办主体与主题来说具有权威性。从形式上而言正规隆重,而且会邀请组织或政府领导出席。

2. 及时性

新闻的一大特点是时效性,新闻发布会也具有这一特点。通过新闻发布会,媒体记者能够及时掌握组织的第一手信息。在新媒体时代,融媒体报道成为重要形式,5G技术的运用能够令直播更加高清、低时延,同步同时同频地传播信息。

3. 广泛性

新闻发布会需要邀请各类媒体的记者参加。记者在获取到有价值的新闻信息后,必定会通过一定的媒介,如电视、广播、报刊、网站、社交媒体等,在全国各地或各类的社会成员中进行传播,由此引起社会公众的广泛关注。

同时新闻发布会答记者问这一固定环节的设置,可方便记者就自己感兴趣的问题进行提问,使发布会呈现的信息更加广泛深刻。

4. 准确性

真实性是新闻的一大原则,新闻发布会上所发布的新闻信息符合新闻的原则,是经过组织确认的,具有不容置疑的准确性,因而可以避免信息传播中的"失真"。

5. 持久性

凭借新闻发布会,组织能够与媒体记者和新闻界建立沟通与联系,保持长期持久的密切联系,为组织构建信息传播网络,并且通过与记者的一对一交流,更能促进记者对组织的了解和认同。

因为涉及较多人员,新闻发布会相比于一般的公共关系活动而言,所耗费的成本也相对较高。

6. 有效性

组织在发展过程中难免会发生一些无法避免的问题或危机事件,如受到公众批评、同其他组织发生纠纷、工作出现错误等。遇到这种情况,组织可以通过举行新闻发布会向公众解释、说明或澄清,取得公众的支持和谅解[1]。

当组织需要提高知名度,推出某款新产品或者新服务时,为了能够强化在公众心中的形象,往往也会召开新闻发布会或者产品发布会。例如,2021年8月10日,小米举行以"我的梦想,我的选择"为主题的2021秋季新品发布会,小米集团董事长兼CEO雷军进行演讲与致辞,

---

[1] 张洒英、巢莹莹:《公共关系学(第3版)》,同济大学出版社2019年版,第211页。

从小米的十周年历史出发,讲述了小米在市场竞争中的激荡与起伏,既发布了新品,也回望了品牌的历史,强调了用户的力量,拉近了小米与用户的关系,也赢得了用户好感。

(三)新闻发布会的组织实施

召开新闻发布会能够有效地向媒体与公众传达组织的重要进展和信息,但是同时也需要事先进行周密的计划。

1. 前期筹备阶段

(1)策划。要提前想好发布会过程值得重点宣传和突出的内容,可以从具有话题性、创新性、传播力等的角度出发。

(2)确定主题。主题是新闻发布会的关键环节,既要符合组织利益,又要符合公众利益。要选择鲜明的、具有价值的、能给公众留下深刻印象的主题。

(3)选择地点与场所。在新闻发布会的举办地点选择上要考虑到交通位置的便利性,场所的相关设备要齐全,要有合适的座椅方便记者就座与记录。会议尽量不选择在重大节假日和重要社会事件发生时举行。

(4)敲定会议主持人和发言人。主持人的任务是调控现场气氛,把握会议节奏,要善于表达,头脑灵活。发言人一般是组织的代表或领导,也需要有极强的反应能力,能及时组织语言,巧妙应对记者的提问。个人的公共关系素养、洞察力、敏感度都特别重要,发言人要有突出的个人能力和善意的沟通技巧。

(5)准备发言稿、报道提纲和宣传资料。在会议召开之前,组织内部需要通气,确定好口径,由专门人员负责发言稿与提纲的撰写,供主持人、发言人、记者使用。要提前准备好宣传资料,如有必要可以制作宣传手册等。

(6)邀请和接待记者。根据组织性质、发布会主题尽可能邀请相关记者,要照顾到不同的媒体机构,并在会议当天做好接待工作。

(7)确定经费预算。根据会议规模制订经费预算,并提前向组织申请经费。

(8)组织和安排活动。在新闻发布会结束之后,可能需要带领记者参观组织场所或举行相关宴会,需要提前确认活动流程并进行人员安排,保证衔接顺畅。

2. 会议开展阶段

新闻发布会不必持续很长时间,但是会议开展的程序一定要明确、清晰,只有这样,才能保证新闻发布会达到预期效果。

(1)签到。在会场外设置专门的签到处,会议组织方根据签到表确认嘉宾,并安排专人在签到处对与会嘉宾进行引导。

(2)发放资料。会议开始之前,将会议议程和相关资料有礼貌地分发给记者,以便其在主持人介绍会议相关信息时对会议有初步了解。

(3)召开会议。由主持人发言,简要介绍开会目的、会议有关情况说明、会议出席人员名单等。发言人应就发言内容做详尽、完整的说明阐释。

(4)回答记者问题。由主持人引导记者有序提问,发言人灵活回答记者提出的问题,与此同时,主持人也需要控制时间。

(5)会议结束,进行参观或其他活动。会议结束之后可根据安排带领记者实地参观考察,并加强与记者的沟通交流。

3. 总结评估阶段

新闻发布会结束之后,会议召集者需要及时做出响应,评判会议是否达到了预期效果,并对会议进行总结评估。

(1)会后总结,归档资料。会议结束之后,需要对会议召开情况及时进行总结,对发言人发言、问答环节内容、会议组织与举办过程等——进行梳理,总结经验,同时将会议材料进行归档留存,为下次会议召开提供借鉴与参考。

(2)跟进报道,分析内容。确认相关与会记者是否发布与会议有关报道,认真分析报道内容,如出现不实报道应立刻联系新闻媒体机构进行更改,如出现不利于组织的负面报道也应及时向公众做出回应,并在组织内部做好应对工作,弥补损失。

(3)关注舆论,及时响应。在媒体报道之后需要及时关注公众对新闻发布会与会议议题的态度。

(4)收集意见,继续改进。收集与会记者对本次发布会的意见,从会务工作、会议流程等环节,看是否有值得改进的地方。

(四)新闻发布会需要注意的问题

1. 正确区别新闻发布会与记者招待会

新闻发布会与记者招待会是有差别的。新闻发布会侧重于发布新闻,如组织做出重大决策或想要推广新产品;而记者招待会不一定发布新闻,主要目的是与新闻界进行沟通。

2. 严格遵守流程,做好会务工作

新闻发布会流程繁杂,程序较多,涉及许多不同的参与者,所以一定要做好会前准备与会务工作。

3. 选好新闻发言人与主持人,灵活应对提问

新闻发言,即持续使组织保持阳光透明的状态,把组织的一举一动都呈现在公众视野中。组织越透明,公众的信任度就越高。新闻发言人在新闻发布会的主要作用是问答,是对基本文件的深入解读,体现发言人代表的机构与公众真诚沟通的愿望。因此对发言人与主持人的选择十分重要,在会议召开与提问环节,他们需要始终保持冷静、礼貌、灵活,彰显组织形象。

【案例8-10】　　　　　　　　　新闻发言人制度

新闻发言人,其职责是在一定时间内就某一重大事件或时局的问题,举行新闻发布会,或约见个别记者,发布有关新闻或阐述本部门的观点立场,并代表有关部门回答记者的提问。1983年4月23日,中国记协首次向中外记者介绍国务院各部委和人民团体的新闻发言人,正式宣布我国建立新闻发言人制度。这是在当时改革开放的形势下,为了满足对外宣传的需要而建立起来的。自2009年以来,我国各地建立的新闻发言人制度是地方政府通过新闻发言人向媒体,并通过媒体向公众介绍政府的政策,通报某个事件的真实情况,说明就某个事件某个问题政府所持的立场和采取的措施,并回答媒体提问。2009年12月29日举行的国务院新闻办公室2009年度新闻发布会上,时任国新办主任王晨表示,推进党委新闻发言人制度建设,是2010年新闻发布制度建设的一项重要任务,也是2010年新闻发布工作的一个亮点。中国共产党第十七届四中全会通过的《中共中央关于加强和改进新形势下党的建设若干重大问题的

决定》中首次明确提出的"要建立党委新闻发言人的制度"。这是贯彻科学发展观,加强和改进党的建设,进一步推进党务公开,增强党务工作透明度的具体要求,也涌现了一批深入人心的新闻发言人。建立和完善新闻发布机制和新闻发言人制度的主要作用在于通过及时向公众通报相关重要信息,保证公众知情权的实现;通过及时主动地发布新闻、信息,在舆论引导中把握主动权、减少不利报道;通过及时准确地公布各类信息,阐述政府或组织的观点立场,树立良好的形象。

四、开放组织

(一)开放组织的含义与作用

开放组织是公共关系专项活动的重要方式之一,是组织与社会公众直接接触的一种方式,容易在公众心中形成信任。

1. 开放组织的含义

开放组织是指将本组织的工作场所或工作程序对外开放,欢迎社会各界人士或有关公众代表前来参观考察的一种社会活动。通过开放的形式接待来访者,不但能够直接向公众展开宣传,展示组织形象,而且能够直接了解公众对组织的看法,使得沟通更加便捷高效。

2. 开放组织的作用

通过举办开放组织活动,可以激起公众对组织的兴趣,强化组织对公众的了解,塑造组织的社会形象。如果公众对组织存在偏见或不良印象,通过开放组织活动可以消解公众对组织的误解。

【案例 8-11】 蒙牛工厂开放日[①]

蒙牛工厂开放日是蒙牛开放工厂的日子,在这一天,蒙牛会让消费者来参观工厂。早在 2011 年,蒙牛就设立了"工厂开放日",活动一直延续至今,而且蒙牛酸奶工厂的开放活动在内容和形式上也越来越丰富。2019 年 3 月 15 日,蒙牛集团在酸奶工厂体验日邀请家长和小朋友探秘,研发人员从专业角度为参观者悉心讲解酸奶的生产过程和制作工艺。通过蒙牛研发人员的讲解,加上专业有趣的科普视频,妈妈们将学会如何更专业地为孩子挑选一杯营养健康的酸奶,从此告别在超市购买酸奶时的"选择困难症"。

开放日的面对面沟通让消费者近距离接触了奶制品的生产过程,看到了一个更真实的蒙牛,向消费者展示了蒙牛的实力与真诚。

(二)开放组织的类型与内容

1. 开放组织的类型

根据活动的举办频次,开放组织的类型可以分为开放日对外开放和经常对外开放。

根据面对人群规模大小,开放组织的类型可以分为小型开放组织和大型开放组织。

[①] 《您想了解的酸奶秘密全在这里!蒙牛酸奶工厂 3·15 开放参观》,https://www.sohu.com/a/301121332_391439,2019 年 3 月 14 日。

2. 开放组织的内容

根据组织举办开放组织活动的目的以及参与者的需要与兴趣的不同,主要会涉及组织的发展历史,组织的发展环境,组织的设备和工艺流程,组织的人员培训,组织的管理措施,组织提供的产品和服务质量,人性化的娱乐、福利等设置,领导层的决策能力和拓展能力。

(三)开放组织的组织实施

开放组织不仅是提高组织知名度、名誉以及与社会公众直接沟通的重要方式之一,也是激发组织成员自豪感与凝聚力的有力措施。因此,开展这一活动成为许多组织经常的选择,做好开放组织活动,需要安排好以下环节。

1. 明确目的

任何开放组织活动都需要有一个明确的目的,并且根据这一活动目的确定参观形式、参观路线、开放时间等。

2. 确定主题

根据活动目的,确定好开放组织活动的主题。根据活动主题准备宣传材料、制作宣传标语、布置路线与场地。

3. 设立专门机构

开放组织活动会涉及组织相关要素的公开性问题,因此需要成立一个专门的筹备机构或者小组,成员需要包含决策层、公共关系部门人员、行政部门人员等。

4. 确定路线与内容

要制定合理的参观路线,既要符合公众的兴趣爱好,又要符合安全原则。开放区域需要尽可能全面展现组织,又不能影响组织的正常工作。可以在活动开始之前,沿路设置路标和警示牌等。

5. 安排时间

在确定参观的日期时,需要注意不与某些重大节假日和社会事件日期发生冲突,最好是选择对组织具有特殊意义的日子,例如周年纪念、开业庆典等。同时也需要注意预留时间以做足准备工作,并且要考虑天气状况。

6. 确定邀请对象,控制人员数量

活动开始之前需要根据活动目的与性质,确定好参与人员名单,无论是经常对外开放,还是开放日对外开放,都需要掌握参观者的具体情况,以便后续具体的安排。

7. 做好宣传工作

要想让开放组织活动取得较好的效果,离不开正确的宣传工作。线上提前利用互联网媒体平台进行预热宣传,线下场所可以制作朗朗上口的标语,提前布置好展品、展室,编写好解说词,定制相关纪念品,并提前与新闻媒体进行沟通,利用媒介报道扩大活动影响力。

8. 做好解说与接待工作

在活动过程中,需要安排专门的向导人员与解说人员。对解说人员要事先进行培训,使他们熟悉了解参观路线相关的知识点,做好引导与接待工作。要提前安排好参观者的休息场所,还可以适当提供茶水、点心和娱乐场所等。

9.做好欢送工作,收集参观者意见

在参观结束之后,要做好欢送工作,收集参观者对组织的意见与建议,整理后提交给有关部门,并且向意见建议的提出者反馈。

10.制定应急预案,全盘考虑

组织者需要对活动进行全盘把握,制定应急预案,以及时应对活动中可能发生的突发情况。

五、展览展销

展览展销,也被称为展览会,是组织为了展示产品和技术、拓展渠道、促进销售、传播品牌、加强沟通、建立合作而进行的一种宣传活动。在实际运用中,展览展销的含义与名称十分复杂,博览会、展览会、样品陈列、庙会等都能被称之为展览展销。组织如果想要展览展销取得更好的宣传效果,需要依靠新闻媒体和专业团队提供策展服务,一般来说,组织都十分重视通过展览展销活动来展现良好形象。

【案例 8-12】 首届中国(武汉)文化旅游博览会成功举办[①]

2021年11月28日,首届中国(武汉)文化旅游博览会圆满落下帷幕。本次文化旅游博览会,以"美丽中国 美好生活"为主题,由中宣部、文化和旅游部、湖北省人民政府共同主办,由中共湖北省委宣传部、武汉市人民政府、湖北省文化和旅游厅承办。主展馆划分设置为"美丽中国""极目楚天舒""武汉英雄城",许多省区市和国家旅游主管部门与机构应邀参展,同时,展览也吸引了故宫博物院等16家全国知名博物馆,苏绣、宜兴紫砂等10个全国知名非遗项目,以及中国青年旅行社、携程、美团、湖北省文化旅游投资集团有限公司、湖北交通投资集团有限公司等头部文旅企业参加。举办了湖北文化和旅游重点项目招商签约大会,共签约50个文旅项目,总金额达1655.86亿元;组织了"湖北·武汉之夜"专场推介会,重点推介了湖北省、武汉市优质旅游资源和产品;举办了2021年中国文化和旅游高峰论坛,共邀约66位文旅领域国内外重量级嘉宾作主旨发言;举办了首届"湖北礼品"评选展示活动;发布了湖北"十大人气礼品"和"十大创意礼品"榜单。还先后举办了湘鄂赣三省旅游消费大联动、全球旅行商大会、全球房车营地自驾游大会、"生命惊奇:泰康艺术精品展"及艺术品拍卖、武汉文化旅游嘉年华、武汉两江四岸主题灯光秀等系列配套活动。

各类活动吸引298.8万人次现场参与,其中武汉国际博览中心的主场馆超过1000家企业参展,近10万人次免费预约参观。此次博览会还充分运用了VR、AR、大数据、人工智能等科技融合创新成果,发挥湖北"光芯屏端网"的产业优势,打造沉浸式和互动式的体验场景,给观众带来全新的文旅体验。中国(武汉)文化旅游博览会的举办不仅有利于推动湖北文旅事业的发展,加快"让世界看见湖北,让湖北走向世界",还有利于全国文旅事业扩大对外开放、深化交流合作,通过交流与合作带动全国文旅事业高质量发展。

[①] 《首届中国(武汉)文化旅游博览会成功举办》,https://m.thepaper.cn/baijiahao_15597057,2021年11月28日。

(一)展览展销的含义与分类

1.展览展销的含义

展览展销是一种综合运用多种媒介、手段,来推介产品和服务、宣传组织形象和建立与公众间良好关系的公共关系活动。展览展销是一种综合性的大型公共关系专项活动,因参与人数众多,常是新闻媒体的关注重点。

2.展览展销的分类

要举办展览会,先需要了解展览的类型,大致可以依据性质、内容、场地、规模、时间等进行划分。

(1)按展览的性质分类,可以分为贸易展览会和宣传展览会。展览的性质由组织决定,可以通过参观者反映出来。贸易展览会一般会进行实物产品的展出,其根本目的是为了销售产品,例如我国的中国(上海)国际技术进出口交易会。宣传展览会一般是为了宣传某个观念、思想,例如北京国际图书博览会。

(2)按展览的内容分类,可以分为综合性展览会和专项性展览会。综合性展览会一般包括全行业或数个行业的展览会,会涉及某一主题相关的全面情况,更具有整体性,例如中国进出口商品交易会(广交会)。专项性展览会是指围绕某一行业或者某一种产品的展览会,要求主题聚焦明确,例如深圳礼品展。

(3)按展览的举办场地分类,可以分为室内展览会和室外展览会。大部分的展览会都会在专用的展览场馆举办,场地的选择需要依据展览内容决定。展览场馆可以分为室内和室外:室内场馆多用于展示一些常规展品,例如汽车;室外场馆一般用于展示超大展品,例如飞机。在多个国家、多个场馆轮流举办的展览会被称为巡回展,常见的主要为画展和艺术展。

(4)按展览的规模分类,可以分为大型展览会、小型展览会。大型展览会一般需要专门的策展单位来协助组织举办,规模大,参展项目多,需要娴熟的布展技巧,例如上海世博会;小型展览会在组织程序上较为简单,一般组织自己就可以完成策划,较为常见的形式为在组织内部的资料陈列室、样品室等举办的展览。不同规模的展览有不同的效果和特点,应当根据组织自身情况进行选择。

(5)按展览的时间分类,可以分为定期展览会和不定期展览会。定期展览会一般是长期展览,时间频率由组织决定;不定期展览会根据需要举办,同时还有长期、短期之分。

此外展览会还可以根据涉及地区、范围进行划分,有国际、国家、地区、地方、单个组织之分,还有一些特殊形式的展览,例如灯会展、食品展等。

(二)展览展销的特点与作用

1.展览展销的特点

组织在特定环境下会利用展览展销的形式宣传自己,是因为展览展销与其他公共关系专项活动相比具有以下特点。

(1)传播媒介的复合性。展览展销采用的媒介渠道不是单一的,往往会同时使用多种媒介一同传播,包括实物媒介、文字媒介、声音媒介、图像媒介、人体媒介等。通过多种手段来突出展会主题,烘托氛围,传递信息。

(2)传播方式的生动形象。展览展销通常以实物展出为主,通过图片、视频的形象进行传播,因此展览会是一种直观、生动、形象的传播方式,能够让公众近距离接触展览内容。

(3)传播过程的双向沟通。展览展销为组织与公众之间搭建了一个双向交流的沟通平台,公众通过参观了解组织,组织也能通过展览介绍产品、宣传自己,并及时根据公众的反馈意见改进工作。

(4)传播效果的关注性。展览展销是一种高效率和高度集中的沟通方式,汇集了许多行业的不同展品,同时又是一个大型活动,容易引起新闻媒体的关注,往往会成为媒体报道的对象与题材,组织需要借助展览展销的机会利用好与媒体的关系,扩大报道与宣传。

2.展览展销的作用

展览展销除了最基础的信息传递、教育公众等功能,还有很多其他方面的作用。

(1)找到自我。借助展览展销,产品或服务能够得到推介,并有机会得到社会的认可。

(2)宣传自我。作为一种大型的公共关系活动,展览展销一般都是公开对外开放。通过展览展销,可以不断融入科技成果,可以树立企业形象、推广产品和服务,也可以树立城市形象。展览展销是许多商业组织进行营销的重要方式,能够将行业内的商家集中到同一地点,商家可以迅速全面了解行业动态与行情发展,顺应趋势变化调整自身工作安排。

(3)增加效益。展览展销活动往往需要覆盖到许多国际、国内企业组织,通过举办活动能够发挥经济辐射作用,带动相关企业发展。通过大型的线下场馆展览,也可以带动当地旅游产业发展。具有经济联系的组织能够通过展览展销直接进行商贸沟通与合作。同时,一些高水平的会展也能够带动城市的基础设施建设,从而促进地区经济发展。

(三)展览展销的组织程序

1.确定展览展销的主题与目的

如同其他专项活动,展览展销也必须要有明确的主题和目的,并在此指导之下确定参展单位、参展项目与参展标准。

2.认真培训工作人员,如讲解员、接待员和有关专业人员

工作人员的工作质量直接影响到展览展销的效果和公众评价,需要对工作人员进行专业知识、公共关系技能、社交礼仪等方面的培训。

3.准备资料,做好预算

要确定好参展的物品,也可以根据展览主题设计相关宣传手册,对展会内容进行解释说明。同时要提前做好预算工作,因为场地、设备、宣传、物料、人员劳务等环节都需要资金。

4.认真设计布展

围绕主题,精心选择展品和相关宣传资料,并准备好相关录影摄像器材,然后根据展览大纲撰写布展脚本,统筹美术、摄影、灯光、音响、装修等方面的工作人员进行展厅布置。

5.做好宣传

通过新闻媒体、广告、海报、传单、邀请函等方式将展览会信息传递出去,吸引观众,扩大影响。

6.设计制作展览会标志,准备相关纪念品

一般大型的展览会都具有相应的标识设计,也可以根据展会主题、展会内容等制作相关纪念品,供参与者收藏。

7. 做好接待工作

展览展销往往会涉及多个组织与单位,需要成立专门的管理机构,安排专职接待工作小组,做好与会组织和人员的接待工作,确保参会体验。

8. 展览结束之后,及时做好总结工作

在展会结束之后,可以通过问卷调查、电话短信抽访、当面采访等形式询问参与者意见,及时整理并向上级反馈,并对活动情况进行复盘,形成文字报告,及时留存。

(四)展览展销应注意的问题

1. 必要性和可行性分析

展览展销一般会动员较多的参与人员,往往是面向全社会开展的,再加上新闻媒介的宣传效果,社会影响广泛,而且考虑到场地和相关设施需要花费大量人力、物力、财力,因此组织在做出决定之前,需要衡量多方面因素,充分论证活动举办的必要性和可行性。

2. 活动场地选择要谨慎恰当

需要提前预估参加活动人数,选择合适的场地。场地过小,容易使现场拥挤不堪,还可能会发生踩踏等安全事故;场地过大,又会显得冷清,效果不好。

(五)数字时代的展览展销

随着数字化、信息化、全球化的快速发展,展览展销也开始向非物质化、虚拟化发展。数字时代也出现了一种新的策展模式——数字策展。技术的发展令传统的展览会实现了从物理空间到数字空间的转型,数字技术的介入使物理场所和虚拟空间混合在一起,为公众带来了新的体验空间。通过对AR、VR、MR技术的运用,为公众提供沉浸式体验,线上数字展厅、线下实体展厅相结合,改变了公众的参与模式,在观展过程中也能融合社交、技术,激发参与者主动分享传播,扩大活动影响。

六、举办会议

举办会议是一种自人类诞生以来就有的社会现象。原始社会,为了生存和分配劳动成果,就已经出现了"氏族议事会",随着社会的发展,会议在人们的交往实践中成为一种重要的交流形式。组织通过举办会议,可以密切内部人员的交流,也可以加强与其他组织的往来。

【案例8-13】 **2021中国汽车经销商大会召开**[①]

2021年5月28日,由中国汽车流通协会主办的以"新动能新引擎"为主题的"2021中国汽车经销商大会"在浙江温州举行。会上,中国汽车流通协会会长在致辞中指出,流通领域的创新不等于颠覆,要不断完善服务来满足消费者日益增长的消费需求,渠道不会消失。他肯定了渠道在汽车流通领域发展中的重要作用。温州市副市长出席大会并发表致辞。中国汽车流通协会副秘书长对2020年度行业情况进行分析,表示经销商对经济和社会的贡献依然强劲。国务院发展研究中心市场经济研究所原所长发表了《"十四五"开局之年的经济形势和汽车流通

---

① 中国汽车流通协会:《2021中国汽车经销商大会召开》,https://www.sohu.com/a/469598717_121119178,2021年5月31日。

业转型发展》主题演讲,她表示汽车流通在国家扩内需、稳增长过程中需顺势而为,且大有可为。经销商集团代表向社会共同发声并签署《2021汽车经销商服务承诺公开》,将积极承担企业社会责任,向社会公众亮出自己的态度。

(一)举办会议的含义与分类

1.举办会议的含义

举办会议是指组织有目的的言语沟通,相关人员被召集在一起,围绕一定主题发言、提问、讨论、答疑,通过语言交流信息,表达意见,讨论问题,解决问题。

会议一般由议论、决定、行动三个环节构成。无论是国际组织、国家机关,还是企事业单位,抑或是国家与国家之间、组织内部开展交流,都需要通过举办会议来进行有效沟通。

2.会议的分类

会议的类型复杂多样,会议的区分标准也有许多。按照会议主办单位来分,有政府部门会议、专业协会会议、教学单位会议等;按照会议性质来分,有法定性或制度性会议(如党代会等)、决策性会议(如董事会)等、工作性会议(如动员会、联席会等)、专业性会议(如论坛、研讨会等)、商务性会议(如招商会、促销会等);按照会议规模来分,有大型会议、中型会议和小型会议;按照会议参与者是否涉外来分,可以分为国际会议和全国会议;按照会议举行周期来分,可以分为定期会议和不定期会议;按照会议举行地点来分,可分为线上会议和线下会议。同时也可以根据会议的主题种类、与会者范围、会议手段等来进行划分。

(二)举办会议的特点

1.鲜明的目的性

会议是为达到某一具体的目的而举行的公共关系专项活动,或布置任务、协调员工关系,或总结工作、交流经验,或弘扬精神、表彰先进等。

2.周密的计划性

举办会议前不仅需要有明确的目的,往往也离不开一定的计划。一般召开会议需要有主持人、会务人员等,也需要确定会议主题、会议议程、会议时间与场所等一系列程序。

3.交流方式的多样性

传统的会议以口头和书面交流形式为主,往往需要在线下的场地进行,但是随着科技的发展,电脑、手机等不同终端的出现,使得会议可以通过录像或者直播的方式进行,即使相隔千里,也能通过网络相聚。

4.群体沟通性

一般而言,会议至少是有3人以上参加的群体性沟通。随着交流方式逐渐多元,尽管可以通过电话、邮件、短信进行沟通,但是会议直接的沟通作用依然是无法替代的。

(三)成功举办会议的条件

1.各会议要素统一于会议目标

任何会议都是由一定的要素组成的,想要成功举办会议,各个要素需要统一服务于会议目标。会议时间、会议地点、参与人员、会议议题、会议程序是最基础的要素,会议可能还受很多其他因素影响，但是所有会议举办的首要条件应当是各要素均符合会议的目标。

2.组织具备相匹配的物质经济条件

会议的场所和布置等往往需要耗费人力、物力、财力，组织需要根据自身的实际情况，选择最佳方案。

3.拟定完整周全的会议计划

举办会议之前，需要根据既定目标和组织的工作情况制订会议计划，衡量会议召开的必要性和重要性。在召开之前提前完成相关工作，例如某些会议因性质原因需要提前向有关部门备案，有些会议需要提前安排负责记录的工作人员。

(四)举办会议的实施步骤

1.会议筹备

(1)确定需要召开会议。衡量是否有需要开会的必要性，及时请示上级领导与有关部门。

(2)确定会议议程。拟定会议名称、会议主题、会议时间、与会人员，以及各部门人员分工，并明确职责。

(3)准备会议资料。提前将参会人员所需资料准备好，当会议资料较多时，需要将会议资料按照一定顺序收集整理，如果会议有相关纪念品，也可以随资料一同发放。

(4)选定地点，布置会场。组织需要对各种因素进行综合考量，选定会议场所，并在会议召开前依据与会人员数量进行场地布置。如有需要，也可准备嘉宾桌签等。

(5)准备视听设备。根据会议需要与要求，提前准备好视听设备，如音响、播放器、话筒等。

(6)派发会议通知。会议召开之前需要发送通知，一般分为口头和书面两种形式。无论是哪种形式，都需要做到及时、准确、简要，根据与会人员名单进行比对，保证通知发放无误。

2.会议进行中

(1)会前签到。为保证会议效果，确保事先邀请的与会人员已经出席，应在会议场地入口处设置签到处。随着通信技术的发展，现在许多会议也采用电子签到的方式。

(2)会议接待。会议接待工作与组织形象直接挂钩，因此接待人员需要提前接受培训，并在会议过程中，礼貌做好相关会务工作。

(3)会议记录。会议记录是对会议情况直观的反映，需要安排好专门的记录人员，对与会人员的发言进行记录，对会议内容做好留底。重要会议可能还需要录像和录音，相关资料也需要留档保存。

(4)会议调度。会议调度是指依据会议举行过程中的实时情况对会议程序、会议内容进行灵活调整。组织人员需要把握全局，及时依据突发情况调整会议流程。

(5)会议服务。在会议召开过程中，可参考会议时长，设置茶歇环节，提供餐点与休息场所。

3.会议结束后

会议结束之后，需要对会场及时进行打扫清理，如会议内容涉及保密问题，需要对会议资料进行销毁清理。撰写会议纪要，整理发言与讨论内容，形成会议报告，将报告留存归档，如出现与组织发展相关的要点，应及时向上级汇报。

(五)举办会议要注意的问题

为了确保会议成功举办,需要明确目的和主题,拟定时间和地点,保持多个环节的协调统一。同时,会议主持是一门学问,会议主持人应该了解和具备基本的会议主持礼仪,保持自然大方的主持姿态,穿着得体,具备较强的思维能力,当面对临时突发情况时能够灵活应对。

七、新媒体公共关系专项活动

新媒体与传统的大众媒体不同,它是利用数字技术,通过计算机网络、无线通信网、卫星等渠道,以及电脑、手机、数字电视等终端,向用户提供信息和服务的传播媒介。随着5G、大数据、云计算等技术的应用与发展,新媒体技术与新的媒介形式在传播中起着愈发重要的作用。新媒体时代是人人传播的时代,传播无处不在。

新媒体公共关系专项活动,主要是指组织为达到某一明确目的,围绕主题开展策划时,主要利用新媒体渠道进行传播推广的公共关系活动。不同于传统的电视、广播、报纸、杂志等,新媒体具有更加快捷、便利、迅速、海量等特点。当前新媒体公共关系专项活动迎来了发展机遇,企业需要抓住时机,实现活动目标,加强与公众的互动沟通,建立良好形象。

(一)新媒体公共关系专项活动的机遇

1. 信息的双向传播令互动更便捷

新媒体成为组织与公众之间沟通交流的重要平台,新媒体具有便捷化、碎片化、随时随地等特征,打破了传统大众传播时代的传者本位,受众拥有自主意识,开始掌握信息流通中的主动权,不再一味接受,而是开始主动分享、主动创造、主动传播,主动互动。这样更能让组织随时了解公众意见与想法,做好活动效果监测与评估。

2. 活动信息的传播更加及时广泛

新媒体突破了时间和空间的限制,电脑、手机的普及使得信息能够快速通过网络传递给用户。凭借着传播界限的打破、信息传播模式的解放与数字储存技术的发展,新媒体信息的发布、传播与利用达到了前所未有的高度[1]。

3. 数字化与富媒体化能提升活动效果

新媒体的数字化能够促进信息的有效传送与转化,同时新媒体能够将多种传播形式融合,利用"融媒体"这一形式多维度、多层次表现文字、声音、图片、视频等元素。

4. 活动受众触达更加精准化

新媒体时代的受众呈现出精细化的特点,个性化的用户标签、智能化的推荐系统能使信息更加精准地抵达受众,满足公众的个性化需求。

(二)新媒体公共关系专项活动的关键

1. 充分利用网络媒体发布信息

新媒体时代,互联网具有信息海量、覆盖面广、影响力大等特点,内容是新媒体时代传播效果的重要衡量标准。组织可以采取文字、图片、视频等多种形式发布产品信息或活动信息,吸

---

[1] 苗俊玲、崔紫君:《新媒体时代政府公共关系能力提升研究》,《湖南行政学院学报》2020年第4期,第13-19页。

引公众关注;也可以通过网络媒体发布组织重要信息并澄清误解,树立良好品牌形象。

2.恰当进行媒介组合,采取多元传播策略

技术的发展使传播手段不断更新与进步,微博、微信、短视频等社交媒体平台,以及传统门户网站都是信息发布的渠道。组织需要灵活处理,随机应变,在开展专项活动时,需要有整合营销传播的思维,除了传统的广告宣传,也可以结合组织文化等开展专项活动,并通过多元化的媒介组合,抓住新闻点,及时进行报道宣传,在公众心中树立良好的组织形象,并增强组织的传播能力。

3.加强与目标公众进行沟通

信息发布是基本,如何与目标公众建立情感连接才是关键。组织需要积极进行社交媒体互动,与粉丝进行沟通,及时回应粉丝关切,在互动交流过程中可以打造一定人设,并妥善使用互联网语言。

4.周密策划,严格执行

新媒体公共关系专项活动需要精心筹备。组织需要开展前期宣传与准备工作,利用新媒体平台进行预热。活动过程中也需要及时在网络媒体上更新活动"玩法",发布宣传资料,引起讨论与关注,并及时与粉丝互动交流。活动结束之后还需要及时对活动效果进行复盘与总结。

5.关注舆情,建立预警机制

一句无心的评论、一个随意的举动都可能成为网络负面舆情的源头。组织需要做好舆情管理,意识到正面信息可以带来大量曝光,负面消息也可以。组织需要重视舆情动态以及与新闻媒体和新媒体平台建立密切友好的关系,当危机发生时,冷静应对,转危为机。

第九章 危机公关

危机公关是特殊的公共关系状态。危机公关作为组织必备的技能,在新媒体时代已经上升到战略层面,组织需要对危机公关有足够的认知和重视,也应在危机公关发生时,掌握一定的原则和方法,帮助组织渡过难关。本章重点阐述危机公关概述、危机公关的一般程序和危机公关的策略与技巧。

第一节 危机公关概述

公关危机和危机公关具有不同的含义,受互联网环境影响,公关危机的特点、影响因素与预防发生了许多新变化,实际情况纷繁复杂。危机公关需要遵循一定的原则,以不变应万变,将公关危机带来的影响降到最低,防止扩散和蔓延,甚至在产生初期便遏制住苗头,维护组织的形象和声誉。

一、公关危机与危机公关的含义

危机是潜伏或现实中的危险,是指对个人、组织、地区或国家具有潜在或直接破坏力的现象或事件。所谓公关危机,是指受组织内外因素影响,使组织声誉下降、形象受损,为社会舆论所包围的公共关系状态,若没有得到及时处理或处理不当,将会置组织于不利的境地,甚至直接威胁组织生存。新媒体时代环境复杂多变,组织的一举一动均置于公众视野之下,面临的潜在公关危机数不胜数,发生频率也大大提升。

危机公关,是指组织面临突发危机事件时,为了尽可能地减少损失,维护和扭转组织形象所进行的公关应对,即有针对性地开展一系列控制行为,也包括公关危机预防措施。正因为环境中危机四伏,对危机公关的预防也就显得愈发重要。危机公关往往遵循一定的原则和步骤,一旦处理不当容易引发次生危机,外加新媒体的传播速度和广度,为组织带来难以预料的后果。

二、公关危机的特点、影响因素与预防

(一)公关危机事件的特点

1.传播迅速,影响恶劣

传统媒体时代,主流媒体充当着"把关人"的角色,具有绝对优势,传播者根据原则和要求,外加自身主观倾向筛选和加工信息,再通过一定的渠道进行传播,受众只能被动地接受。互联网技术的迅速发展带来海量的信息内容,移动互联网的去中心化、互动性、便捷性等特征使得主动权逐渐让渡到用户手中,信息获取的途径多样化,言论表达也更加自由,人人都可以在互联网上发声,在各类平台上表达观点、抒发感受,再经过网络大量转发,加快信息传播速度。相较于传统媒体,新媒体以时效性著称,正因为不受时间和空间的限制,随

着各方的涌入,容易加快危机事件的爆发速度,使企业陷入被动的处境。受人际传播的特点和网络环境的影响,在事件发酵的过程中,经过层层加工的信息真假难辨,感性压过了理性,容易产生夸大或情绪化的言论,调动群体情绪,同时也给谣言的滋生提供了环境,这些信息在网络上进行全方位传播,以几何倍速扩散,会引发严重的公关危机,损害组织形象和声誉。

2. 事发突然,缺少防备

公关危机具有突发性,常言道:"千里之堤,溃于蚁穴。"一段话、一张图片、一条评论就可能引发严重的公关危机,"蝴蝶效应"不可小觑,但也不是毫无规律可循。公关危机看似偶然,实则在发生前已有了一定的积累,称得上是"意料之外,情理之中"。如三鹿奶粉事件,高层领导放任含有三聚氰胺的奶粉在市场上流通,在有网友反馈奶粉出现问题时,三鹿集团宣称网友买到假货并赠送奶粉进行补偿,企图将事件遮掩过去。陆续收到患泌尿系统结石病的投诉后,三鹿集团虽然开展调查并采取一定措施,却一直未向政府报告,直至9月份毒奶粉事件爆发,引起全国上下一片哗然,相关责任人被处理,三鹿奶粉彻底失去消费者信任并最终退出市场。因为企业不作为,没有维护好和消费者之间的关系,对于负面评价抱有不以为然的态度,小问题的逐渐积累,引发系统运作的失衡,公关危机爆发成为必然。

3. 次生危机,毁坏声誉

在面对公关危机时,往往因为处理不当产生次生危机,加重负面舆论,任何一个被疏忽的细节都可能被网友无限放大和过分解读,给组织带来二次伤害,比如泄露的内部聊天消息截图、组织成员解决危机时方式欠妥、创始人过往在公众场合或社交平台上的不当言行等。如2018年某意大利奢侈品牌发布的广告涉嫌辱华,引起中国网友不满,该品牌没有正面回应,默默删除视频,其联合创始人在社交媒体上与网民发生争执、公开辱华,促使危机进一步加剧,众多明星宣布取消合作。迫于压力该品牌公开道歉,其解释很快被推翻,被指责不够诚恳,该品牌形象和业绩一落千丈。危机产生时持相同意见的网友迅速聚集,若企业处理失误,会促使更多原本在观望的网友转变态度,组织的声誉不可挽回。

4. 恶性竞争,危机加剧

新媒体环境下用户可获取的产品和服务大大丰富,由卖方市场转向买方市场,企业之间的竞争关系则由垂直变为水平,变为多维度、全方位的竞争。企业的竞争对手可以利用新媒体平台对企业进行抹黑攻击,影响消费者对企业的印象,对企业不满的消费者也可能会在网络上发表对企业不利的言论,若企业采取不以为然或忽视的态度,经过媒体放大和扩散,可能会演变成公关危机事件,或加剧已产生的危机。

互联网为企业的公关危机处理带来重重挑战,同时企业也面临多种机遇。传播的多样化使企业拥有多元的发声渠道,可选择文字、图片、视频或音频等方式,主动性大大提高。平时积极宣传,与用户进行良性互动,可拉近与用户的距离,塑造企业形象,提升用户好感度,增强在面对公关危机时的抵御能力。对用户而言,他们能表达自己的问题和不满,在问题得到处理后有效缓释了情绪,减少了企业潜在危机。综上所述,公关危机在当下呈现出许多新特点,互联网为传播创造了新平台,对于企业而言是一把双刃剑,机遇和挑战并存,如何在其中找到平衡是企业需要思考的问题。

(二)公关危机事件的影响因素

1. 危机意识不足，无法有效预防

网络成为公众生活的一部分，舆论监督功能被进一步放大，为公关危机的产生增加了不确定性。很多组织成员危机意识淡薄，对新媒体环境下多元主体给组织带来的潜在威胁和困难没有深刻认识，缺少人文关怀，没有树立"以用户为中心"的意识，不重视用户的诉求和批评，缺乏后续跟进解决，很容易失去消费者的信任和支持。没有建立相应的应急机制，不能在危机发生前进行有效的预防和监督。在公关危机产生后也缺乏足够重视，没有意识到危机为组织带来的破坏力。公共关系部门消极怠工、形同虚设，进行冷处理或处理不及时、不恰当，激发公众负面情绪，偏激言论和伴随而来的不实消息进一步催化，等到组织意识到其严重性时往往已经难以补救。

2. 整体战略欠缺，难以及时应对

针对不同类型的消费者，企业应有不同的公共关系策略，在产生问题时能在整体战略的指导下有条不紊地解决。有些企业缺少整体战略，同时缺乏公共关系意识，没有建立公共关系部门、制定公共关系策略、划拨专项预算并安排专人组织开展公共关系活动，且缺乏这方面的人才，无法与消费者形成良好的关系。各个部门之间职责划定不清晰，在公关危机到来时踢皮球和推卸责任，没有及时进行应对和处理。

3. 自身质量问题，品牌危机加剧

质量是产品和服务的核心价值，在瞬息万变的市场环境中，优质是企业立于不败之地的不二法宝，也是消费者最为关心和重视的特质。一些企业的领导者和成员为追求经济效益不择手段，以次充好或售卖不合格的假冒伪劣产品，给消费者的心理和生理造成损害，为品牌带来信任和生存危机。从震惊全国的三聚氰胺奶粉，背后的三鹿集团最终宣告破产，到每年的央视3·15晚会列出有质量问题的产品清单，如2022年一家酸菜企业的制作流程曝光，质量问题会对企业造成严重损害，动摇企业的根基。

4. 市场竞争加剧，产品缺乏创新

随着市场竞争的加剧，不断涌现的产品和服务令人眼花缭乱，同类产品竞争激烈，有些企业因循守旧，缺乏创新精神，没有根据环境的变化调整企业内外策略、洞察消费者的需求，创新增长乏力，产品或服务跟不上市场节奏，容易被淹没在市场的洪流之中。值得注意的是，有时对手采用的不正当竞争手段也会给企业带来公关危机。

5. 政府履职监督，不定因素增多

随着相关法律法规的完善，政府对假冒伪劣产品、企业欺瞒消费者的行为打击力度加大，管理更加规范严格，同时健全投诉举报路径，有效发挥群众监督的作用，一大批企业被通知整改或关闭，相关管理人员得到严肃惩处。这体现了社会环境对企业的影响，政府部门只是其中一方，文化因素、政治因素、经济因素等也会产生影响。如当一个品牌进入别国市场，容易因为不够了解当地文化给自身形象造成损失，也会受到政策法规的阻碍。在经济全球化背景下，经济形势易发生波动，经济下滑时甚至会使企业宣告破产。

(三)公关危机事件的预防

新媒体环境下信息传播速度快,公关危机处理黄金时间大幅缩短,由于噪声干扰影响较大,危机处理难以获得理想的效果。建立企业危机预防机制的重要性愈发凸显,应防患于未然,提高处理公关危机的效率。

1. 进行员工管理培训,增强员工危机意识

使员工意识到公关危机对企业造成的严重影响,培养其面对工作的警惕性和认真态度,同时使其掌握危机公关的知识,提高其应对能力和心理素质,以便在公关危机来临时临危不乱,有序地开展工作。

2. 建立危机预警机制,密切关注舆论走向

对自身长短板和竞争对手的优劣势进行比较分析,做好心理准备,利用大数据和算法技术收集和分析用户反馈信息,进行动态监测,找出可能引发危机的因素,安排专人跟进处理,把危机扼杀在摇篮之中。例如,某餐饮企业在疫情后恢复营业时上调菜品价格,引发顾客和社会各界不满,公司立刻采取措施发布道歉声明,称是管理层的错误决策,并将中国内地的门店菜品价格恢复到疫情之前,将其不利影响和危害降到最低。

3. 打造专业公共关系队伍,增强危机公关能力

建设高素质人才队伍专门处理公关危机。例如,国务院于2018年成立应急管理部,指导各地区和部门应对突发事件,可见其重要性。确定新闻发言人代表企业发声,与公众代表、媒体、政府有关部门沟通,开展专项公共关系活动,如记者招待会、新闻发布会等,内外统一口径,力求真实、专业、完整和具有说服力,增进公众对企业的理解,塑造可信赖的形象,同时要澄清事实真相,把握舆论风向,减少谣言的产生。平时应重视日常公共关系工作,提升企业的知名度和美誉度。

4. 制定危机应对方案,定期进行应急演练

对可能产生的公关危机进行预判,对常见危机进行整理和分类,并制定基础应急方案,明确分工和部署。将具体责任落实到人,在危机来临时快速介入、及时应对,使得危机处理有章可循,并根据实际情况对方案进行调整和修改,在这个过程中积累经验教训、优化工作流程。学会借助媒体、政府等第三方力量,提高权威性和公信力。定期进行危机应急演练,找出方案中的缺漏之处并进行优化,体现组织对危机应对的重视程度,做好危机预警和预控工作。

三、危机公关的基本原则

(一)重视预警预控

很多危机在一开始时并不严重,是因为没有得到关注和处理,加上网络的辐射带动作用才演变成危机。互联网在为每个人提供发声渠道的同时,也使企业产生危机的可能性和频率大大提高。危机对企业带来的损害有时不可逆转,企业需要在后续付出努力和成本才能重建组织形象,这将是一个极其漫长的过程。只有重视危机的预警预控,将危机发生的可能性降到最小,才能为企业创造一个稳定的发展环境,将更多精力投入到提升产品和服务的质量中,提升用户的体验,实现长远发展。

(二)快速做出反应

公关危机一般分为危机酝酿期、危机爆发期、危机蔓延期和危机消失期等几个时期。在传统媒体时代,危机事件的产生和爆发往往需要一个过程,而如今互联网不光加大了危机事件对企业的冲击和破坏力度,也缩短了企业应对危机的反应时间,曾经的危机公关"黄金 24 小时"现在已不适用,一天的时间足够使危机发展到难以遏制的地步。优秀的公关团队都会遵循"黄金 8 小时",甚至在 3 小时内表态并做出回应。一旦企业沉默得太久,纵容舆论发酵,会被公众认为逃避责任,谣言和猜测甚嚣尘上,此时再进行回应会使沟通效率降低,损害经济效益和企业声誉。

(三)尊重事实真相

在危机事件发生后,公众的情绪往往极不稳定,企业需要了解公众的诉求并积极回应,掌握舆论的主导权。倘若迟迟不回应,则容易引发猜忌,给谣言可乘之机,难以扭转公众的印象,失去对舆论的控制。越是公开透明,发布权威消息,减少小道消息的传播,越能够获得各界的理解和支持。同时企业应成立调查组,委派专人公布调查结果和事实真相,确保内容真实可靠,切忌避重就轻、推卸责任、有所隐瞒甚至欺骗,否则不仅不能推动事件解决,一旦暴露将会造成信任危机,给企业带来更大的影响和损失。

(四)勇于承担责任

企业应坚持以人为本,从消费者的角度出发,真诚地回应其诉求,做到开诚布公,主动披露事实,承认并反思错误,用平等的态度和公众进行交流,体现企业的人文关怀和同理心,而不是敷衍了事。企业应找出相关责任人并依法依规进行处置,关注在危机中受到影响的群体,进行慰问和经济赔偿,尽可能地弥补损失,获得公众的信任和谅解,体现企业的责任和担当,尽快平息危机事件带来的风波,使问题迎刃而解。

(五)上下协同一体

企业应上下齐心协力、共同应对危机。对内沟通协调,做到信息公开,稳定人心、鼓舞士气;对外统一口径,安排发言人及时公布进展,建立专业的形象,提高沟通效率,赢得外界的信任。若部门之间各自为政,前后口径不一,不仅会反映出公司组织管理上存在的问题,也会造成信息紊乱,引起公众猜忌,此时若别有用心的人散布对组织不利的消息,干扰公众视线,引发公众恐慌,则会严重影响到危机事件的处理进程和效果。

(六)积极采取行动

企业不仅要及时迅速对负面消息进行回应,表明企业的诚意,对公众和社会各界坦诚相待,不回避和推诿责任,勇于承担过错,更要拿出实际行动,让消费者真实地感受到企业的人性化服务和真诚的企业文化,这样才更具有说服力。如果只是停留在嘴上说说,迟迟拿不出可靠的解决方案,也会引起消费者和公众的不满。应对外公布行动计划,接受社会各界的监督,做好赔偿和安抚工作,后续开展多样化的公共活动,消除危机事件带来的不利影响,重建企业口碑和形象。

【案例 9-1】 川航驾驶舱玻璃爆裂,机长冷静处理并成功备降

2018 年 5 月 14 日早上,四川航空公司由重庆飞往拉萨的 3U8633 航班在飞行至 9000 多米的高空进行巡航时,驾驶舱玻璃突然出现爆裂,驾驶室失压,气温迅速降到零下 40 多度,大部分仪器出现失灵,甚至一度将副驾驶吸出窗外。在如此危急的情况下,航班机长刘传建挺身而出,依靠自身高超的技术和专业素养,凭借过硬的心理素质和迅速的反应速度,在民航各部

门的通力配合下,最终于上午7时42分将飞机成功安全降落在四川双流机场,机上119位乘客和9名机组人员的生命安全。备降过程仅仅用了20分钟。这短短20分钟的手动备降,也被称为中国航空史的"史诗级备降"。

在此次事件中川航的危机公关同样可圈可点。在事发一小时后官方发布微博,尊重公众知情权,及时回应关切并打消疑虑,而不是选择隐瞒,采取公开的方式把握主动权,防止公众被其他媒体带偏思路。展示机舱图片,强调此次事故是意外,并无人员受伤,争取公众的理解和支持。公司高层和领导进行视察,第一时间安排人员对相同批次和同一类型飞机进行集体检修,在网上公布调查进度,体现公司对于此次事件的重视程度。与媒体保持一致,重点宣传机长光辉事迹,突出事件的紧迫性和备降难度,体现机长刘传建临危不惧的品质和优秀的专业技能,展现驾驶员和公司的业务能力。加上后续根据事件改编的电影《中国机长》上映,极大程度上提升了公司的知名度和公众的信任度,塑造了专业可靠的企业形象,带来了正面的舆论效果。可见危机公关之于企业的重要性。

第二节 危机公关的一般程序

危机公关需要遵循一定的程序和步骤,即成立公关小组,内部合理分工,对事件开展调查并实时通报进度,安抚公众情绪,依据问题制定对策,积极组织公共关系活动修复组织形象,并对此次危机公关处理进行总结,积累经验。

一、组建专班,制定方案

在企业产生公关危机时,应第一时间成立危机公关小组进行应对,在组织内部选择主要负责人担任领导,成员之间职责要划定明晰,并商讨制定方案和对策,有序开展工作。对内部人员发布通告,各部门之间相互协调,随时待命配合工作,以统一口径。通知有关政府部门和媒体,争取对方的理解和合作。了解受害者的情况并倾听其赔偿要求等。企业需要委派专人和事件中涉及的各方进行对接,以控制事态蔓延,减轻危机影响,为后续程序的进行提供支持和保障。

例如,2017年10月,杭州王先生买了10支名叫申捷针的救命药,选择用某品牌快递寄回老家,寄件时曾强调"这是抢救病人的药"。快递员对其承诺4天内可送达。然而药品运输过程中,却因快递公司分拣出错被送到了昆明,13日,王先生的亲戚被医院宣布脑死亡,而快递还在路上,引发网友热议。处于事件中心的该快递公司当日发表声明,表示病人仍然在接受治疗,并不存在因上述药品延误导致身故的情况,事发后该快递公司成立专项工作小组和24小时陪护小组,慰问家属并提供贴身服务,帮助联系北京协和等知名医院咨询专家意见和建议,表示后续会持续关注此事,该危机公关事件得到了妥善的解决。在整个处理过程中,该快递公司第一时间澄清事实,组建工作小组分别采取行动,体现人文关怀,有力维护了公司声誉。

二、真诚沟通,及时回应

此时危机已经形成,由于披露信息不全面、传播范围有限,公众还处于观望态度,并没有急着站队,企业应该牢牢掌握主动权,及时进行回应,避免其他信息来源出现干扰视线,一旦公众形成先入为主的印象则很难改变。在回应时要遵循实事求是的原则,将既定事实和盘托出,附上证据表明诚意,对于不确定的情况不能随意发表意见,而是说明事件仍在调查中,后续会及时更新调查进度和结果,而非隐瞒真相、文过饰非,导致错过应对危机的最佳时机。要用真诚的态度博得公众的同情和好感。

三、收集信息,找到症结

企业要对事件的来龙去脉展开调查,尽可能全面地收集信息和各方观点,从中立客观的角度分析事件的真实性及产生的原因,辨别哪些是真实存在的,哪些是经过夸大后的消息和谣言,并分别进行处理。危机产生可能是由外部因素影响,如经济下滑、行业竞争等,也可能是由内部因素造成,如企业整体战略欠缺、管理体系紊乱、产品和服务的质量存在问题等。要找到事件症结所在,形成完整详细的报告,必要时可对外公开,体现企业对事件的重视程度和责任感,为后续工作奠定基础。

四、对症下药,确定对策

在危机公关小组的领导下,企业需要针对具体情况采取不同的措施。若是谣言和不实消息,应立刻予以澄清,并提供相关证据,维护自身权益,必要时可追究造谣者法律责任,起到震慑的作用。若情况真实存在,则应真实详尽地公布调查结果,真诚回应各界的质疑和问询,追究相关人员的责任,对受害者进行道歉赔偿,逐一解决危机事件造成的不利后果。

五、形象再塑,重建信任

企业要向媒体和公众及时公布调查过程和结果,进行赔偿和整改,创造积极真诚的企业形象。通过危机公关应对,危机事件暂时告一段落,并不意味着企业可以彻底"躺平",对后续发展不管不顾,而是要在热度完全消散之前做好善后工作,进行品牌形象重塑,彻底消除负面印象。危机一旦得到妥善处理,也可能转化为企业发展的机遇。开展营销活动和正面宣传,强化在消费者心中的印象,提高消费者的品牌认可度和忠诚度,这将是一个长期的过程,需要坚持和积累。

六、评价总结,改进工作

在公关活动结束后,保持谦逊的态度,回头审视活动开展中存在的不足以及尚未彻底解决的问题。若过程中出现了较大疏漏,使企业陷入舆论包围,形象严重受损,对企业的经营状况形成冲击,则更应该认真开展自我评价,形成一篇详细完整的报告,形成警示、吸取教训、总结经验,针对其中提出的缺点进行改进和优化,提升面对危机的反应速度和应对能力,增强内部人员的信心,重振士气。只有在平时做好准备工作,对内做好企业建设,才能在危机到来时从容不迫。

第三节 危机公关的策略与技巧

除了具有普适性的常规方法外,危机公关表现出更大的灵活性,组织可以充分调动自身主观能动性,创新危机公关策略与技巧,利用新旧媒体组建传播矩阵,及时传达消息和进行互动沟通,内部一致对外,做好危机公关处理,维持与公众的良好关系,转危为机,为长远发展保驾护航。

一、尊重公众意见,重视社会舆情

新媒体时代的公共关系要求将公众当作个体而非群体看待,公众拥有话语权,可以在互联网上自由地发表言论。维权意识的提高,使公众更加积极地维护自身权益,寻求解决办法。往往一个不起眼的小事件就能引发舆论热议,从个人不满演变为集体讨伐,每一次未得到妥善处理的遗留问题,都可能为未来留下隐患,超过"临界点"后便会集中爆发。

为了防患于未然,将危机带来的负面影响降低到最小值,企业应放低姿态,畅通沟通渠道,近距离倾听公众的意见,采纳合理的建议,健全投诉机制,对于公众遇到的问题及时反馈和解决,避免负面舆情的产生,减少危机产生的可能性。企业要树立以人为本的理念,利用媒体平台打造亲民的企业形象,拉近和公众之间的距离,促进品牌人格化,在公关危机产生时尽快进行回应,用真诚的态度和积极的行动打消消费者的疑虑,通过增强与消费者之间的互动,获得其喜爱和拥护。在企业被舆论推上风口浪尖之时,也是利用关注度开展公共关系的大好时机,应增强主动性,提升危机公关处理的个性化和互动性,让更多人了解和支持品牌,彰显企业的价值观和社会责任感。

二、坦诚面对媒体,及时回应关切

常言道:"诚信处处行,失信步步难。"建立诚信的企业形象并非一日之功,需要多年勤奋耕耘,然而信任的崩塌却在一夕之间,特别是消费者在互联网上发表的不利于企业的言论会迅速扩散,加深公众对企业的怀疑和误解。由于信息来源渠道多样,无法在各个关口进行把控,其造成的负面影响难以彻底消除,公众对企业原有的信任逐步减退,这时若企业选择隐瞒真实情况、推卸责任或偷换概念,也许刚开始会取得一些效果,营造事件得到控制的假象,但在消息来源多样化的当下,很快就会被识别出来,从而爆发新一轮舆论危机,失去媒体和公众的信任,使企业失去主动权。

隐瞒或逃避不可取,对内认真自省、对外真实坦诚才是解决之道。要在平时维系和媒体的关系,危机事件产生时积极向媒体提供与企业有关的信息,遵循公开坦诚的原则,争取媒体的合作与支持。借助媒体的力量向公众公布事情的真相,回答公众关心的问题并承诺解决方案。企业也可以利用自有媒体及时同步公布事件处理最新进展,畅通和公众沟通的渠道,收集公众的意见和诉求并及时反馈。企业应高度重视危机事件可能带来的后果,公关危机产生已为企业带来损害,接下来的每一步都要小心谨慎,权衡利弊,参考以往应对危机的经验教训,将伤害降到最低,积极面对媒体和公众,控制事态发展,达成化解危机的目的。

三、新旧媒体并重,密切携手合作

媒体是企业与消费者沟通的桥梁,对社会的政治、经济、文化等方方面面均会产生影响。媒体把握着舆论的风向。过去企业在产生公关危机时多采用新闻发布会、记者招待会等形式,与传统媒体进行合作,借助其权威性和公信力为企业背书。在新媒体蓬勃发展、传统媒体寻求转型的当下,企业也应认识到新媒体的重要性,信息传播渠道复杂,意味着消费者接收信息路径多样,互联网平台为每个人提供发声的机会,同时也为企业进行传播信息、与消费者互动提供便捷的渠道。

企业应将媒体的作用最大化,在日常工作中新旧媒体并重,与媒体维持良好的合作关系。建立健全与消费者的沟通机制,开创多元化传播渠道,利用大数据等技术监督企业舆情,预防危机的出现。在公关危机产生和解决阶段,通过各类媒体发布权威信息,提高信息传播辐射面,保持认真谨慎的态度,表明企业立场,通过媒体回应质疑。了解各方批评意见和主要诉求,根据实际情况制定沟通和解决策略。在公关危机结束后需要重塑品牌形象,更离不开利用多样化的媒体平台，可展开营销与宣传，提高企业知名度和好感度，打造品牌名片。

四、借助意见领袖，推动正向发展

用户出于利益或兴趣等原因在网上聚合成一个个团体，推动互联网向圈层化方向发展，其中更具专业性等优点的人从中脱颖而出成为意见领袖，拥有较高的话语权，对网络舆论产生深刻影响。企业在处理公关危机时应特别注意发挥具有强大感召力的意见领袖的作用，他们可能是明星、知名学者或微博大V等。企业公关危机的爆发，往往有意见领袖在其中推波助澜，凭借其号召力引导舆论走向，如进行点赞、转发，或在社交媒体平台上直接发布质疑，吸引成千上万的用户关注，推动舆论走向高潮。企业需要对意见领袖的价值有深刻认识，听取意见领袖的意见，与其建立紧密联系，发挥其正向作用，推动事件往好的方向发展。

五、创新沟通策略，争取公众好感

互联网开放、多元、包容的环境使公众的话语特征和消费心理发生了很大的变化，各种段子和梗层出不穷，消费场景更新迭代，公众更乐意为喜好买单，特别是年轻人群往往是潮流的引领者，极具冒险精神，是企业推广新产品的首要目标群体。在此基础上企业若使用传统的危机公关手段，过度重视专业性和严肃性，而忽视与公众的沟通和共鸣，虽能在一定程度上达到危机公关的目的，帮助企业渡过难关，但却难以在此基础上更加深入，实现"化危为机"。

在激烈的市场竞争环境和嘈杂的传播环境中，每一次让公众认识企业和品牌的机会都来之不易，企业应创新沟通策略，建立与消费者共通的话语体系，拉近和消费者之间的距离，提升消费者好感度，以期实现舆论的逆转。这就要求企业放低姿态，明确品牌诉求，读懂消费者心理。适当的"抖机灵"不仅能为品牌创造话题和流量，吸引用户的讨论，也能塑造更真实且有亲近感的品牌形象，传递情感与温度，凸显品牌个性。但也需要把握一个"度"，以免引发公众反感，既要能体现品牌的创新精神和幽默感，又要让公众感受到品牌的诚意，博得公众的同情，挽回口碑和信誉。

六、以社会责任与创新重建口碑

危机事件的负面影响和危害难以根除，企业首先应做好善后工作，对问题进行跟进处理，表达企业的歉意，做好受害者情绪的安抚和启动经济赔偿等工作，树立负责任、有同理心的企业形象，获得受害者的谅解和公众的支持，重建消费者对企业的信心。企业危机公关不应止步于此，在危机事件引起的关注和讨论彻底消退之前，企业应开展公关活动重塑企业形象，借势获得最大的传播效果，积极处理公众反馈，对企业运营和产品或服务中存在的问题加以改进，做好危机处理的总结工作，降低次生危机产生的可能性。

企业公关应上升到整体战略的高度，安排预算，不定期举办公关活动，构建良好的企业和公众之间的关系，如企业投身公益，进行产品创新以惠及少数人群等，将品牌与社会责任感联系起来，体现了以人为本的企业价值观，增进了公众对企业的认同和信任，提升了知名度、满意度和美誉度，重建了企业口碑，为企业积累了无形资产。可推出新产品或新服务，利用科学技术革新企业生产经营的各个环节，开展公关宣传，转移公众注意力，建立良性的企业认知，淡化负面印象，助推品牌发展。拥有良好公关关系的企业即便发生危机，依靠其良好的形象也能争取到部分公众的理解和支持，提高抵抗风险的能力，为危机处理提供助力。

第十章 国际公关

随着经济全球化的逐渐深入,中国企业与国际市场的交往也日益频繁。据商务部、外汇管理局统计,2021年,我国对外全行业直接投资9366.9亿元,同比增长2.2%。其中,我国境内投资者共对全球166个国家和地区的6349家境外企业进行了非金融类直接投资,累计投资7331.5亿元①。但是探索国际市场的道路上并非一帆风顺,因为经济全球化一方面为企业提供了腾飞的机遇,另一方面企业在参与其中时也存在着巨大的风险,在政治、经济、文化等因素的影响下面临着诸多挑战。国际公关作为公共关系的重要类型,在企业国际形象塑造与传播的过程中发挥着重要作用。因此,如何在国际市场上规避风险,顺应潮流,真正实现"走出去",是中国企业在国际化过程中面临的重大问题。

全球化不仅为企业提供了更多的机遇,也为政府提升国际形象提供了重要渠道。在国际社会中,政府如何利用国际公关与国际接轨,增强与国际公众之间的沟通与互动,加强与他国或国际组织之间的交流与合作,在国际间树立良好的国际形象,打造良好的国际环境,也是政府和企业的重要课题。

第一节 国际公关概述

国际公关作为公共关系的重要分支,不论是对政府,还是对企业来说都具有重要战略价值,厘清国际公共关系的概念有助于抓住国际公关的本质与特征,把握其传播的基本原则,为国际公关主体制定策略提供参考与依据。

一、国际公关的概念

公共关系是综合运用现代传播的手段,以提升国家、政府、企业及各类社会组织或个人的形象和声誉,提高公众理解、认同与信任为目标,为构建互利互惠关系而进行的传播活动及管理行为。国际公关作为公共关系的一大分支,是公共关系在国际范围内的延伸。Wilcox、Ault等人提出国际公关是指企业、机构或政府与他国公众之间建立互利关系的有计划的、有组织的活动②。郭惠民指出国际公共关系通常指这样一类公关活动,即一个组织在本国以外地区所进行的公关活动或对国外有着显著影响的公关活动③。

一般来说,国际公关主要分为政府型国际公关与企业型国际公关。政府型国际公关是指以政府作为公关主体,通过国际间信息传播与国际公众沟通,提升、维护本国国际形象的一种

---

① 商务部:《2021年我国对外全行业直接投资简明统计》,http://fec.mofcom.gov.cn/article/tjsj/ydjm/jwtz/202201/20220103239001.shtml,2022年1月24日。
② Dennis L. Wilcox, Phillip H. Ault, Warren K. Agee, "Public Relations Strategies and Tactics", *Harper & Row*, New York, Vol. 15, No. 1, 1989, p. 101.
③ 郭惠民:《当代国际公共关系》,复旦大学出版社1995年版,第159页。

公共关系;而企业型国际公关是指以企业作为公关活动主体,加强与国际公众的沟通,提升与维护企业、品牌国际形象的一种公共关系。本书重点探讨的国际公共关系侧重于企业型国际公关。

　　国际公关活动的目的是赢得国际公众、媒体、政府的支持与合作,为组织打造一个良好的国际环境,主要有两大职能:一是为组织处理好与国际公关客体之间的关系,在国际上开展公共关系活动,塑造良好的国际形象;二是为组织提供国外社会文化环境、经济环境、政治环境和社会公众的相关信息。我国政府、企业在国际环境下开展公共关系活动,首先在文化背景上与国内公共关系有极大差异,不同国家、地区的风俗习惯、宗教信仰使得政府、企业在进行国际公关时需要因地制宜,考虑不同地区的不同文化背景差异。其次,不同的国家、地区也可能会存在不同的意识形态、政策法规等。此外,不同国家、地区的媒介发展状况、传播环境对于国际公关的传播效果也有影响。因此,国际公关不仅仅要开展国际活动,提升国际形象,还需要收集不同对象国、不同地区的经济、政治、文化、媒介等各方面信息为公共关系活动策略的制定提供依据。

二、国际公关的基本原则

　　组织在进行国际公关活动时,要考虑国际市场上存在的意识形态、政策法规、文化习俗、宗教信仰等诸多因素,必须遵循以下原则,才能保障国际公关的顺利实施与开展。

(一)国家形象至上原则

　　国家形象至上是国际公关主体在国际市场活动的首要原则。在国际市场上,企业的一举一动都可能会影响到国际公众对于本国国家形象的认知,一些不当行为可能会被外媒大肆渲染用以抹黑国家形象。而国家的稳定与支持是企业进行国际经营活动的根基,因此,国际公关的首要原则就是国家形象至上原则。作为企业的营销服务人员,在从事企业国际公关的任务时,不仅要确保本国在国际社会中树立良好的形象,还要忠于祖国、忠于人民、忠于企业,在平等互利的商业活动中把国家的利益置于最高位置,维护国家的形象[1]。维护良好的国家形象对于国际公关主体在国际市场开展经营活动有百利而无一害,必须要坚决杜绝一切有损国家形象的行为。

(二)事实公开和真诚沟通原则

　　国际公关面临着诸多障碍因素,在国际市场或国外区域市场进行国际公关时,公关客体对于企业认知度较低,因此企业国际公关的不透明极易引发影响公众对企业形象的猜测。坚持事实公开能够有效避免这一现象,同时应保持真诚沟通的态度,这是企业与公关客体积极沟通的前提。对于企业来说,遵循事实公开和真诚沟通原则需要做到以下要求:一是以事实为基础的公开沟通,企业传播信息要力求真实,所公布的内容一定要经过核实,尽可能全面、客观地传播信息;二是以满足公众信息需求作为出发点,避免刻意的隐瞒与推卸责任,通过企业与公众的双向沟通与协调,使企业和公众可以互惠互利[2];三是以科学的理论作为指导,在国际公关活动中尽可能征求科学和专业的意见,满足发布信息科学性的要求,达到促进企业和公众建立良好关系的目的。

---

[1] 《政府国际公关的定义和动作原则》,《公关世界》2010年第8期,第70-71页。
[2] 王建军:《国际公关原则与外宣工作方式探析》,《对外传播》2008年第3期,第54-55页。

(三)遵循传播规律原则

不同国家的不同国情所衍生出的媒介架构与生态对于国际公关策略的制定与实施有着极其深刻的影响。不论是企业,还是政府,在国际公关过程当中都需要严格遵循国际传播环境与传播规律,要厘清不同媒介平台的特点,进行差异化运作,结合不同平台的传播特色,构筑多层次、立体化的国际传播网络,将真实的企业形象传递到国际公众面前,才能算作是有效的国际公关。在国际公关的过程中应该遵循全球性传播规律与共识,了解与熟悉国际传播的策略与技巧。

(四)尊重文化多样原则

国际公关作为一种跨越国界的公共关系,本质是跨文化传播,其对象相较于国内公关要更为复杂,涉及宗教信仰、文化习俗等方面的差异问题,在国际传播的背景之下,进行国际公关还要尊重对象国和地区的文化背景,允许文化差异的存在。国际公关主体想要进行国际公关,就必须要融入本土,融入本土的前提之一就是尊重当地的文化,使得传播的信息符合对象国和地区公众的语言、文化、信仰与习惯,从而为公众所接受。所以对于企业而言,一方面需要尊重当地宗教文化习俗,履行国际企业应有的社会责任,将对文化尊重的理念深入贯彻落实在企业成员的认识上,尽可能融入当地社会①,以"接地气"的方式完成企业国际公关的相关任务,这是企业本土化发展的基础。另一方面,企业需要加强自身文化建设,增强企业文化输出的能力,把每一项工程、每一件产品、每一次服务都当作一次对企业的宣传实践,树立起中国企业尊重当地文化的典范标杆。对于政府国际公关来说同样如此,尊重他国文化是进行跨国友好往来的基础。

(五)兼顾法律与伦理道德原则

国际公关主体在进行国际公关的过程中,法律是制约国际公关的底线,同时也要保障企业的国际公关不逾越伦理的范畴。国际公关的目的在于树立并维护良好的国际形象,一旦出现超越伦理与法律的行为,对于国际形象会造成难以修复的损害。随着中国企业国际市场的不断拓展,为了避免国际社会对于中国企业的不信任和猜忌,企业要遵守当地的法律秩序和伦理道德,切实履行中国企业的社会责任,与国外民众和谐相处。对于国际社会而言,中国企业的行为也直接影响国外民众对于中国政府形象的了解,从这个意义上讲,"走出去"企业是塑造中国"负责任大国形象"的重要载体,反过来中国良好的国际形象可以为中国企业在国外投资发展背书。由此可见,国家形象和企业形象相生相伴,互相影响,一个兼顾法律和伦理道德的企业就是在为中国国家形象建设锦上添花。

三、国际公关的战略意义

国际公关作为促进利益互惠和价值认同的重要方式,获得了政府和企业的广泛关注。首先,获取国际市场上政府、国际媒体、国际公众的认可与支持对于亟需拓展国际市场,走上国际舞台的企业的重要性不言而喻。企业在国际市场上的占有率、认可度、美誉度依赖于企业国际公关来树立并维护企业国际形象,协调国际市场上的各方利益关系,优化社会与传播环境。企业国际公关能够让企业在国际舞台上占有一席之地,树立起良好的国际形象,拉近与国际公众

---

① 王国庆:《提高企业国际公关力,展示国家良好国际形象》,《公关世界》2010年第7期,第38-39页。

之间的距离。与此同时,以盈利为目的的企业进行国际公关的费用相较于投放国际媒体广告更低,对于企业经营来说性价比更高。

其次,对于政府而言,充分的国际公关所展现的现代化中国更是摆脱一百多年贫穷与落后的屈辱,奋力追求现代化,并彰显丰硕成果的标志与隐喻[1]。尤其是随着中国经济20世纪90年代中后期以来的快速增长,引起了国际社会的广泛关注。对于中国的快速崛起,西方部分个人与组织对中国的国家形象产生了误读,所谓"中国威胁论"等不和谐的声音时有发出。树立改革开放以来的国家形象,并为中国在国际社会上获得舆论和话语支持,赢得和平与稳定的发展环境是中国政府国际公关的重要意义与价值[2]。

(一)对于企业的战略意义

1. 提升企业国外市场认可度

企业在国外市场所获得的认可包括国家对于企业的认可、合作伙伴的认可和消费者认可[3],这些认可因素对于企业在国外市场能否获得成功具有重要影响。企业在国际公关中需要着力获取国外市场的认可,营造良好的国际商业环境。第一,政府和国家机构的认可是企业的敲门砖,没有国外市场所在的国家颁发的经营许可资质和政策上的许可,企业难以在国外开展相关的事业,即使得到国外政府机构的许可,也并非可以一劳永逸地解决企业在国外市场的公关问题,但是国家和相关机构的认可是企业出海的基础。第二,国外合作伙伴的认可是企业在国外市场发展的依靠和帮手。有了国外本土企业的合作与引路,可以避免很多跨国企业在国外市场"水土不服"的困境,从而可较为便利地进入国外市场。第三,消费者的认可是企业在国外市场发展的根本保障,也是企业赖以生存的基础。在这方面,企业的产品质量和服务质量是企业赖以生存的基础,消费者对于企业的认可会促进消费者的购买行为,因此对于国外企业而言,质量与服务才是最好的"公关工具"[4]。

2. 促进企业国际经济效益

随着时代的快速发展,市场竞争形势产生了翻天覆地的变化,传统的"酒香不怕巷子深"已经不再适合当下的国际品牌传播的形势。随着经济全球化的发展,消费者的选择范围越来越广,同类竞品越来越多,企业在国外市场的竞争已经从简单的产品竞争上升到了品牌竞争、营销传播竞争乃至文化竞争[5]。面对这种情况,消费者往往会选择熟知的品牌购买,所以一个较为知名的国际化品牌意味着该品牌拥有更多的忠实消费者,也意味着该品牌在国际品牌市场的红海中占有一席之地。因此,作为出海的中国品牌,想在夹缝中寻求生存,唯有建立品牌国际公关的策略与意识,才能够促使中国企业和中国品牌在经济全球化潮流中成为中流砥柱,也才能够扩大中国品牌的国际影响力,占有更多市场竞争份额,提升在全球资源配置和利润分配上的话语权[6]。

---

[1] 胡百精:《社会转型、专业化与新世纪以来中国公共关系史纲:中国现代公共关系三十年(下)》,《当代传播》2013年第6期,第12-17,20页。
[2] 任孟山:《国际公关与国家形象构建的中国考察》,《东南传播》2010年第9期,第28-30页。
[3] 周永生:《走出去企业的国际公关与文化整合》,《国家智库》2012年第1期,第90-98页。
[4] 杜建芳:《"走出去"企业要注重国际公关与文化整合》,《中国经贸》2011年第5期,第16-17页。
[5] 王文丽:《中国企业品牌国际化的对策分析》,《中国商贸》2010年第29期,第184-186页。
[6] 张德智:《中国品牌国际化之路怎样走得更远》,《人民论坛》2017年第26期,100-101页。

3. 企业公关促进国家形象

"一流的国家必定有一流的企业,一流的企业必定有一流的品牌,企业势力影响国家势力,企业形象关乎国家形象。"①我国的"一带一路"倡议承载着文化、经济和精神的传递,但是"一带一路"倡议更需要落到实处。我国制造业品牌的出海对"一带一路"倡议产生重要影响,国外消费者通过对中国产品品牌产生好感,进而促进国外消费者对中国国家形象产生好感。可以说,中国企业形象是中国国家形象的具象化表现。从这个角度来看,中国企业更应该注重经营管理和产品形象的塑造,促进我国制造业品牌走向国际市场②。

(二)对于国家的战略意义

1. 提升中国国家形象

政府国际公关是指在一国政府在与他国的交往之中,通过国际之间的信息传播活动,达到增进本国政府与他国公众之间的了解和信任,维护和发展本国政府的良好国际形象的效果③。在经济全球化背景下,全球政治和经贸往来日趋频繁,政府国际公关在迎来更多机遇的同时,也面临更大的挑战。通过政府国际公关,不断促进人类命运共同体的建设,增进与国际社会间的政治、经济、文化合作,能够帮助我国树立良好的国家形象。

软实力是指国家的沟通能力,也是国家在经济全球化背景下的信息传播能力④。中国的硬实力有目共睹,但是软实力也不可或缺,政府的国际公关能力体现了中国政府对于国际社会现实的接轨速度和深度,是社会开放和政治开明的重要表征,也是国家形象的重要促进力量。

2. 促进话语权建设

中国政府国际公关行为依附于国家话语权的框架,而充分且有效的国际公关会促进中国国家话语权的提升。话语权本身是一种权力,依托于国际社会的秩序和现行规则,国际话语权往往与国际政治格局有较大关系,如新冠肺炎疫情暴发以来,西方国家的社会秩序和经济发展遭到了巨大而严峻的冲击,但其主要的国际媒体对于中国的"污名化"行为和舆论引导权却没有发生明显的变化⑤,争夺国际社会话语权任重道远。中国近年来已通过学术界、文化界等国家间交流的行为开展了一系列国际公关。中国政府在疫情期间的对外援助和向国际社会展现中国防疫成果的公关行为,促进了世界其他国家对于中国的了解和认可,体现了国际公关的丰硕成果,强化了中国形象中的积极一面,降低了负面色彩和平息了谣言⑥。总体来说,国际公关活动推动政府对外传播话语内容得到尊重和重视,并合理地将其向国际公众传播,起到了预期的作用,达到了预定的目标,对于树立良好的国际声誉和国家形象、增强国际影响力有着巨大的作用。

---

① 王国庆:《国家形象宣传片中的品牌与人物:企业公关在展示良好国家形象中能够发挥重要作用》,《公关世界》2011年第1期,第42-45页。
② 姚琦:《"一带一路"倡议对中国制造业品牌国际化的影响:基于原产国形象理论视角》,《企业经济》2019年第4期,第5-11页。
③ 吴友富:《政府国际公关在塑造中国国家形象中的作用》,《探索与争鸣》2009年第2期,第73-76页。
④ 任孟山:《国际公关与国家形象构建的中国考察》,《东南传播》2010年第9期,第28-30页。
⑤ 周庆安:《从国际语境变迁到话语权提升:试论中国国家公关的机遇和挑战》,《新闻与写作》2010年第10期,第15-18页。
⑥ 谭达顺:《在失衡的格局中失权:我国国际体育话语权现状分析及拓展路径研究——基于伦敦奥运会不公平事件的思索》,《成都体育学院学报》2013年第5期,第20-24页。

第二节 国际公关的构成要素

国际公关的构成要素除了公共关系学普遍意义上的主体、客体、内容、渠道之外，环境也是国际公关的重要组成部分。

一、国际公关的主体

国际公关的主体是指在国际公关中作为主动方的组织，如政府、企业和其他社会组织等。企业国际公关的主体主要是有国际公关需求，进行国际公关活动的企业。政府国际公关的主体可以是中央政府，也可以是地方政府。对于国际公关的主体来说，其作为组织的功能越健全，对于国际公关的维系和发展就越全面。

二、国际公关的客体

国际公关的客体是指组织进行国际公关工作的对象的总称，即与特定国际公关主体发生利益关系的国外公众，主要包括对象国政府、企业、工会、舆论机构以及行业组织等。国际公关的目标就是要赢得对象国公众的支持与认可。因此，企业在进行国际公关时关注对象国公众的具体情况是必不可少的。在国际背景下，不同国家的政治、经济、文化发展水平不一，不同区域的政府对于企业的跨国经营的态度也不相同，此外，舆论机构、行业组织的话语权等因素在跨国企业进行国际公关时都要加以考虑。

三、国际公关的内容

国际公关的内容是指国际公关传播的信息的总称，即国际公关的主体通过国际公关活动想要传递给国际公关客体的内容。关于国际公关的内容一般分为两大类。

一类是信息的传播，指具体宣传、传递企业的消息，包括新产品、新政策等。在信息传播的过程中需要把握"准确定位"的原则[①]，因为企业国际公关的目的，是为了塑造形象、扩大影响，在公众心目中建立良好的信誉，因此企业更需要抓稳自身定位和市场定位。对于企业自身定位来说，企业在国内面对的市场环境和市场结构相对单一，但是当企业选择置身国外市场，就需要考虑企业自身的定位。比如美国人对中国企业存在"技术水平低、附加值低"的刻板印象，因此中国企业在走向美国市场时需要对自身有明确的定位，尤其是高新技术产业，必须通过企业公关活动传递"高技术附加值"的企业信息，才能做到有的放矢。

另一类是情感的传播，即拉近国际公关主体与国际受众之间的心理距离。"情感"本身是人们对于世界的好恶倾向，而国际公关需要充分利用情感传播的特点，采用积极的情感策略打动对方，使对方在情感方面产生与企业主体一致的感情倾向，进而达到采取合作或者相互理解的公关效果。因此对于参与国际公关的企业来说，精心策划和理性回应固然能避免疏漏，但也会因为态度过于冷静，情感表达缺失，让公众产生隔离感，最终导致国际公关活动处于被动的状态。因此，对于参与国际公关活动的企业而言，要有意识关注情感共鸣问题，引导公众情绪，使之朝着有利于自身的方向发展。

---

① 程曼丽:《国际传播中的企业传播探析》,《广告研究(理论版)》2006年第2期,第83-87页。

四、国际公关的渠道

国际公关的渠道是指国际公关的主体向国际公关的客体传递信息的媒介。开展国际公关的传播渠道非常广泛,总体来说国际公关有三种渠道选择:第一种是传统媒体与新媒体渠道,包括参与电视台和电台节目、设立网站、在国外社交媒体开设企业或者政府的官方账号、与国外新闻通讯社合作、资助与企业或者政府利益契合的相关学者的研究出版、参与国外电影制作、投资国外影视广告等;第二种是传统的宣传渠道,包括召开新闻发布会、采访约见相关媒体等;第三种是举办活动,包括企业开放工厂邀请国外媒体以及公众参观、政府组织相应的仪式活动、企业和政府联手促进国外当地的环境保护和人道主义建设等。可谓是"无处不公关",这三种渠道并非是孤立和割裂的,而是内外互通、资源互用、能效互补的。

渠道的选择对于国际公关来说至关重要。首先,国际市场变幻莫测,渠道是否畅通是需着重考虑的因素。其次,企业在国际公关中的渠道选择关系到企业能否在国际环境中将想要传递的信息精准地传递给目标受众,直接影响到国际公关的传播效果。此外,公关渠道的畅通不仅能够帮助企业传递信息,还能帮助企业收集信息。在国际市场中,企业通过公共关系活动与当地媒体、政府等形成良好的关系,能够为企业下一步计划积累信息资源,在市场中抢占先机。特别是在当前新媒体快速发展、媒介生态环境更加复杂的营销传播环境下,应高度重视国际公关的渠道选择。

五、国际公关的环境

国际公关的环境是指国际公关主体在国际市场上面临的政治、法律、经济、社会、历史、文化、资源、人口等环境以及国外同行对其可能产生的影响。国际公关的环境具体可划分为市场环境与传播环境。市场环境对于国际公关具有重要的影响,不同的市场环境直接影响国际公关主体的公关策略的制定与实施。传播环境的变迁也为国际公关提出了新的要求与挑战。国际公关的环境与国际公关的活动存在着相互制约性。国际公关主体在开展国际公关时,要根据具体的国际公关环境进行灵活应对。只有在适应国际环境的基础上开展沟通与合作,才能使国际公关实现积极效果。

第三节 企业国际公关

企业国际公关是国际公关中的重要类型。本节将从国际品牌公关、国际文化公关、国际公益公关、国际名人公关、国际媒体公关与国际危机公关六个方面阐释企业国际公关策略。

一、国际品牌公关

国际品牌公关是指在处理企业与社会、公众、媒体关系时,充分利用公共关系的职能为企业塑造良好的国际品牌形象,提高企业的品牌价值。国际品牌公关的最终目的是提升企业品牌国际形象,通过新闻媒体对新产品、新服务及企业动态等内容进行宣传。在企业国际化的进程中,品牌的国际化直接关系到企业国际化的质量与程度。对于企业国际公关而言,在国际市场上利用国际公关为企业树立良好的国际形象是企业进行国际品牌公关的核心价值。国际品牌公关不是简单的关于企业信息的传递,更是企业与国际公众之间双向度的交流、沟通与互动。一方面,传统的宣传已经不再适用于现如今的品牌传播;另一方面,在国际环境之中,品牌与国际公众之间的交流沟通显得尤为重要。通过沟通,消除疑虑,消除企业在国际市场上作为"跨国品牌"的陌生感,才能进一步提升知晓度与认知度。

中国企业在进军国际市场时,需要利用品牌公关在国际市场形成统一、清晰、可识的品牌形象,提升企业品牌资产,不仅企业需要国际化,品牌也需要国际化,二者相辅相成,密不可分。

企业在进行国际品牌公关时要面对巨大的文化差异、政策差异等,需考虑全球化的政策、文化等进入市场的影响因素。此外,囿于国外市场对于中国品牌固有的刻板印象,企业的国际品牌公关面临着错综复杂的关系与压力。

当前,我国企业国际化正处于从"走出去"向"走进去"和"走上去"的重要转折时期。根据蓝色光标发布的《2021中国品牌海外传播报告》显示,中国品牌在欧洲和美国市场的能见度虽然逐年增长,但比重仍不如新兴市场。这也再次印证了中国品牌在新兴市场的优势。在欧美,消费电子产品、服装配饰、玩具和家电仍是中国品牌最具竞争力的行业,其他行业在新兴市场则各具优势。社交媒体和数字广告仍是全球消费者了解中国品牌的最重要渠道。中国品牌在透明度、客户参与度和情感联系等方面的好评度均有上升,但可持续性仍有待提高。研究报告认为,尽管疫情限制了流动,中国品牌在海外的认知度仍在不断提升,尤其是在新兴市场,孕育着巨大的机会。对于中国品牌来说,东南亚、拉美、中东、非洲等新兴市场在新冠疫情过后仍将有巨大的机会。尽管新兴市场的经济和消费复苏可能相对欧美较慢,但嗅觉敏感的品牌应在此时针对环保、气候变化、减贫、数字鸿沟等新兴市场关注的话题建立知识领导力,在新兴市场构建品牌忠诚度和知名度。建立品牌信任和信誉是中国品牌海外扩张成功的关键,这既是它们最大的挑战,也是它们最大的机遇。如果品牌想让海外消费者产生信任,需要从情感上,而不仅仅是理性上吸引他们。为此,品牌管理者需要关注人类的洞察力和创造力,利用洞察力和创造力来建立信任[1]。

(一)打造差异化的清晰品牌标识

国际市场产品、品牌同质化严重,没有差异化的品牌标识,很难脱颖而出,差异化的品牌标识是企业、品牌进行一切活动的基础。只有品牌有记忆点,品牌公关活动才有意义。

长城汽车在开拓中东地区业务时,在对当地地理特征、风土人情以及消费者偏好进行深入研究后,在产品研发设计方面进行了本土化处理,在中东地区形成差异化的品牌。比如,中东高温炎热,地貌以沙漠为主,长城汽车的中东版车型空调压缩机升级为大功率版,120公里/小时车速报警改为标配,以充分适应并满足当地法规要求。

中国平安集团是中国第一家股份制保险企业,致力于成为国际领先的科技型个人金融生活服务集团。平安集团无论是在LOGO设计,还是在公关活动策划中,都体现了其"金融+"和专业化、国际化等品牌战略价值观念。其品牌文化核心随着公司状况和时代的发展在不断更新变化,以适应市场和企业发展需要,在国外打造"中国品牌",树立负责任的品牌形象。如在疫情期间,平安好医生与东南亚打车租车服务供应商Grab合作开发在线医疗服务平台GrabHealth,助力印度尼西亚抗击新冠肺炎,疫情期间,每日咨询数量达到近1万次[2]。在印

---

[1] 《中国广告协会 & 蓝色光标:2021中国品牌海外传播报告》,https://accesspath.com/report/5730669/,2022年3月27日。

[2] 《山河异域、风雨同担|中国平安向印尼捐赠150万美元抗疫物资》,https://mp.weixin.qq.com/s/y1EjkNfX3oApgBFlb7KX2w,2020年3月27日。

度尼西亚反响较好后逐步推广至全球。在疫情期间结合国际需要推出企业专业化服务不仅能够切实满足其他国家、地区民众在疫情期间的就医问诊需求,还能够达到差异化的品牌公关效果。

(二)通过并购实现品牌升级

企业国际并购不仅是企业在国际上快速占领市场的重要举措,更是企业品牌在国际上提升形象的重要方式。通过并购企业能够获得被并购方品牌国际形象的迁移①。

《2021年中国游戏产业报告》显示,2021年中国游戏市场销售收入增幅渐缓,用户数量也趋于饱和②,而据腾讯2021年第三季度财报数据显示,腾讯国外市场游戏收入增速远高于国内市场,腾讯开始加速在国外游戏市场的布局。腾讯游戏进行国际品牌公关主要有两种方式。第一种是不断收购国外知名游戏工作室,不断将高质量品牌纳入腾讯自身的品牌体系以提升形象。仅2021年上半年,腾讯就在全球收购了超过50家游戏公司。又比如美的在国际市场先是收购Miraco、Clivet等公司,然后收购了Eureka吸尘器品牌以及日本东芝生活电器株式会社股权,获得了东芝品牌40年的全球授权以及5000多项专利技术等。美的以其前期积累的雄厚资本并购大量国外企业,通过一系列的外延式并购扩张,实现了国际多品牌运营格局,提升了整体形象及品牌市场地位。第二种是由于腾讯在国际市场上的游戏品牌Tencent Games需优化升级,因此腾讯在2021年用Level Infinite替代Tencent Games,实现腾讯国外游戏业务的品牌资源整合,与Level Infinite同时在国际市场上发布的还有9款高质量游戏。腾讯希望能够借此为新品牌树立良好的用户口碑,打造良好的企业形象,通过品牌替代进行全新升级,彻底改造。

(三)品牌合作打造联合效应

随着经济全球化的快速发展,国际品牌联合作为一种重要战略方式,越来越受到企业的重视。国际品牌联合是企业国际品牌公关的重要策略,是提升企业、品牌国际形象的有效途径。通过国际品牌联合,可借助合作品牌在国外市场的影响力与信誉度拓展自身品牌在国际市场上的占有率,提升国际形象。通过与当地知名本土企业联名合作也能够在区域内获得消费者认同,降低区域内消费者对外来陌生品牌的抵抗心理,快速打开新市场。

【案例10-1】　　　　OPPO跨界联名,打破边界提升影响力③

OPPO作为中国手机行业的知名品牌,在与国际顶级品牌进行"跨界"联合方面极具代表性。早在2015年,OPPO就与全球顶级球队巴塞罗那足球俱乐部(FC Barcelona)达成合作协议,除了双方合作推出定制手机产品与配件外,OPPO品牌也出现在诺坎普球场。之后,OPPO还与国际板球理事会(International Cricket Council,ICC)有过类似跨界合作。在其他顶级品牌跨界方面,2018年6月,OPPO在被誉为"人类历史顶级艺术殿堂"的巴黎卢

---

① 王晓玉、汪俊:《跨国并购对本土品牌国际化形象的提升效应》,《软科学》2017年第6期,第129-133页。

② 覃澈:《〈2021年中国游戏产业报告〉:收入近三千亿,电竞市场增速放缓》,https://baijiahao.baidu.com/s?id=1719274591385880050&wfr=spider&for=pc,2021年12月16日。

③ 《百年法网首牵中国品牌,OPPO玩转全球跨界营销有何诀窍?》,https://mp.weixin.qq.com/s/Nn5Zss63zhpr4P_WQ0c46w,2019年5月23日。

浮宫发布了 Find X 手机,并宣布了与意大利超级跑车品牌兰博基尼汽车展开独家合作。2019 年 5 月,OPPO 与玛格南图片社共同推出"OPPO 玛格南影像创造力计划"。玛格南图片社在国际上享有盛誉,是人类影像、艺术与历史的结合体,被称为"世界的眼睛"。通过此次合作,OPPO 品牌在国际专业影像领域的影响力,以及结合 OPPO 产品在影像方面的创新力可以更好地传递给全球用户,这是传统品牌营销方式很难突破的边界。OPPO 借助品牌联合效应,迅速开拓了国际市场,获取了用户信任,打下了用户基础,并且提升了品牌在国际市场的知名度。

二、国际文化公关

企业文化是企业在长期发展过程中形成的难以被模仿的核心竞争力所在。构建适合国际化发展的企业文化,有助于企业在国际市场上的长期发展。

国际公关对于跨国企业来说是跨文化的公关与传播,企业不仅面临着经济、政策等方面的阻力,还面临着来自不同国家和地区的文化冲击。在国际市场上,企业不论是弘扬自身民族文化,还是融入国际文化,都能够给品牌、企业注入新鲜活力,更好地融入国际市场之中,促进其长足发展。

在国际文化公关中,政府、企业作为国际公关的主体,对于国际文化公关的重视程度不同。相较于企业,政府更加注重对外弘扬中国传统优秀文化,因为国际文化公关能够主动向外传播本国优秀文化,塑造良好的国家形象、政府形象。但是对于企业来说,也需要重视国际文化公关的作用。企业需要利用好文化的作用,运用文化公关打开国际市场的大门,通过国内外知名企业的成功实践,可以看到国际文化公关蕴含的巨大能量。

民族文化和世界文化是支撑企业文化的两大核心体系。对于国际企业而言,民族文化是企业得以走出国门的核心优势,为企业创新提供生命力与活力,是中国企业在国际市场上提升竞争力的重要因素。世界文化是企业与国际市场接轨的基础,只有融入世界文化,在国际范围内赢得国际公众的认可,才能在国际市场中占据一席之地。

【案例 10-2】　　　　　　　华为广告:潜移默化影响认知[①]

华为将"以客户为中心,以奋斗者为本,长期坚持艰苦奋斗"作为其企业文化并将其贯彻在企业宣传片、广告片之中。2021 年,华为在开发者大会上发布了一部广告片,广告片描述了三个真实案例:陶新乐开发了一款可以精准识别与翻译的软件,无意间帮助视障人群搭建起了用文字沟通的桥梁;朱晨清开发了一款软件,让使用者能够通过游戏的方式加深对鸟类、自然的理解,助力濒危鸟类的保护工作;管征超开发了一款可以用 AI 识别农作物病害虫的软件。通过这三个真实案例,折射出华为作为国际知名品牌的社会责任与担当,也反映了华为科技致善的美好愿景,更是华为企业文化的深刻体现。通过开发者大会这一国际关注的事件展示自身企业的文化与价值观,潜移默化地在国际上影响公众对于企业的文化认知。

---

① 《一支有温度的广告片——华为开发者的故事》,https://mp.weixin.qq.com/s/cRZQFTGCXDMasEOBQdGU4g,2021 年 11 月 6 日。

三、国际公益公关

国际公益公关能够帮助跨国企业树立良好的企业及品牌形象,提升整体知名度。公益公关在企业拓展国际市场、塑造良好形象中起到不容忽视的作用。通过成功的公益公关,企业能够在国际市场上收获知名度与美誉度。企业在国际市场上开展公益公关,是企业履行社会责任的体现。企业进行国际公益公关的目的是提升与促进品牌形象,但在变幻莫测的国际市场上,是否真的能够对企业形象起到促进作用,受到很多因素的共同影响。跨国企业在进行国际公益公关时应结合行业趋势、政策环境等具体考量,并基于企业及产品自身特点,策划契合企业文化、品牌调性的公益活动。

(一)公益利他,赢得好感

2020年2月,我国正处于新冠肺炎疫情防控的关键时刻,因新冠病毒特殊的传染性,疫区医院需关闭空调,医护人员在严寒的天气中坚持抗疫引发了社会各界的关注,波司登随即驰援价值3亿元的羽绒服助力政府解决疫区医护人员的御寒问题。在随后举办的伦敦时装周上,由于国内疫情原因,多个中国品牌与企业未能出席,波司登代表中国品牌登上时装周,在服饰展示结束之后,设计师与模特共同高举中国国旗,在国际舞台为中国抗疫加油。波司登在一个月之内的两次公益公关,不仅在国内引发强烈共情与积极反馈,在国外也引发了一定的热度,塑造了良好的企业形象。波司登作为国产羽绒服品牌,在疫情共克时艰时期,结合自身企业、产品的特殊属性,为中国的抗疫做出自己的贡献,不仅用物资给在一线抗疫的医护人员带来了温暖,也在国际时装周温暖了世界,展现出中国企业、中国品牌的社会责任感,更展现了中国品牌的力量与自信。

策划契合企业的国际公益公关活动并不能保证国际公益公关的有效性,好的活动必须配合系统、持续的正能量传播,才能实现企业品牌和社会效应的双赢。同样以波司登为例,因企业在驰援疫情重灾区时引发了广泛关注,受到国内各大主流媒体报道,优质的媒介资源为波司登的公益公关事件的传播更添一把火。在国际时装周为中国加油时,一方面,伦敦时装周作为时尚界的重大事件,本身就具有极高的关注度,另一方面,企业通过短视频迅速在国内外进行传播扩散,让国内外民众都亲眼见证了波司登的责任与担当,树立了良好的中国品牌形象。

(二)主动参与,扩大影响

除线上吸引公众参与之外,企业也能够通过线下的方式直接与国际公众面对面沟通交流。例如,碧桂园在马来西亚联合当地的慈善机构举办线下公益活动,通过参与海草养育与维护以改善周围生态环境,为学校提供赞助等方式与当地民众拉近距离,既在当地建立了一定的民众基础,又扩大了企业在国外的影响力。企业公益行为需要通过传播进行扩散,企业进行慈善活动的目的一方面是承担社会责任,另一方面也是为企业经营活动、品牌形象助力。通过举办线下公益活动,能够迅速在该区域内吸引目标人群参与,并可以通过人际传播等高信任度的方式提升品牌信任度。

【案例10-3】　　　　　　　小米国际公益公关"Paint Mi Orange"[①]

2018年秋季,小米在英国的官方推特账号发布一条消息,根据国外战略发展需要,小米将在伦敦White City的Westfield开设英国首家小米线下旗舰店。为做好新店造势活动,小米联合慈善机构Right to Play策划了一场名为"Paint Mi Orange"的国际慈善公关活动。游戏规则为在Facebook或者Twitter上传一张有橙色元素的照片,可以是涂鸦、衣服,也可以是道具,然后再将自己在社交媒体上的分享截图发送到小米社区即可参与,小米承诺每分享一张照片,小米就对Right to Play捐款10英镑,同时参与者还有机会赢得一台Mi Mix 2S。"Paint Mi Orange"活动的消息一经发布,就激起了英国消费者极大的热情,参与活动的门槛极低,只需要拍摄一张照片,在社交媒体上简单操作一下,就能够助力慈善事业,对于英国消费者来说有着极强的吸引力。对于小米品牌来说,活动主题包含了小米品牌的两大元素:品牌名称"Mi"与小米品牌的代表性橙色,在该活动中,品牌露出频次高,记忆度佳。通过慈善公关,有助于在开拓国际市场时树立起勇于承担社会责任的良好企业与品牌形象。另外,该活动主要阵地在国外两大社交媒体Facebook和Twitter上,且用户主动参与与分享度高,极具传播效应,大大提升了小米品牌在英国的知名度与影响力。

四、国际名人公关

国际传播中,名人的"光环"及其追随者能够提升传播效率,同时名人的"他者"视角能够增强公关内容的客观性,减少国际公关的阻碍。随着国际互联网的发展,国际网络KOL也逐渐成为国际名人中的重要力量。不论是通过提升企业CEO个人品牌形象,并与企业品牌进行深度绑定,还是利用垂直领域的专业人士进行背书公关的方式,都已经在实践中得到成功检验。

(一)企业CEO,官方正名

2015年4月23日,小米在印度新德里召开小米4i发布会,雷军用英语与印度消费者互动。雷军的英语口音引起了国内外网友的关注,随后B站的一位用户以雷军在发布会上的演讲作为素材剪辑了鬼畜视频 *Are You OK* 并发布在B站平台,随即播放量急速上升,达到数千万次,在Facebook、Twitter、YouTube和Instagram等平台也有转载。雷军本人对于该鬼畜视频并未生气,反而在后续多次主动接梗,拉进了与受众之间的关系。这一鬼畜视频处理不当可能会影响雷军个人以及小米公司的企业形象,但是由雷军本人出面进行大度回应,而非小米公司的公关部代替发言,瞬间化解了一场潜在的危机。

(二)垂直领域,专业背书

20世纪40年代,美国传播学者保罗·拉扎斯菲尔德(Paul Lazarsfeld)等人提出了"两级传播""意见领袖"等观点。对于企业来说,在进入国际市场时由行业领军者、权威人物进行品牌背书能够极大减少阻碍。同时,在媒介全球化的环境下,KOL庞大的粉丝量保障了其基础的影响力,能够给品牌带来极高的关注与曝光量,并且KOL在垂直领域的专业性与话语权能够提升品牌和产品的可信度,加强品牌与受众之间的情感联系。因此国际网络KOL具备影

---

① 《小米来英国啦!英国米粉这波造势却让我笑死了……》,https://mp.weixin.qq.com/s/ok0AyWOpNoKAUvoTXNk-zA,2018年10月31日。

响、改变国际公众对于企业、品牌认知、态度的能力。行业权威可提升企业信任度,网络 KOL 可提升企业知名度。

【案例 10-4】　　花西子借国际顶尖美妆 KOL 融入国际市场①

2022 年 2 月,国货美妆品牌花西子出现在美国知名美妆博主 Jeffree Star 的美妆测评视频中,并被 Jeffree Star 盛赞,而后迅速提升了在国际市场的知名度,从正式进入国际市场至在国际市场站稳脚跟,花西子只花了一年时间。Jeffree Star 是美国知名的眼光毒辣、以真实闻名的博主,因此在国外市场上具有较高的信任度。花西子的品牌理念是"以花养妆,东方彩妆",被 Jeffree Star 盛赞的花西子同心锁口红产品在设计时引入了中国传统文化,为产品注入了活力,这对于国际消费者来说有着巨大的吸引力与诱惑力。只要有足够的文化自信,在产品中合理融入中国传统文化的元素,就能够做出代表本土文化和研发产品能力的品牌。

同时,在开拓国外市场,提升品牌形象时,可选择本行业具有较高知名度、号召力、信任度的专业人士为产品进行背书。Jeffree Star 虽然是一名美妆博主,但是以往的视频风格塑造出的人物形象就是只按照产品品质进行测评,因此在国外网民心目中信任度较高。经其推荐过的产品,知名度与信任度都能更上一层楼,并且 Jeffree Star 在国外网络上拥有大量的粉丝,传播力极强。

通过顶尖美妆博主背书,能够增加国内外民众对于花西子品牌的信赖度,并且利用美妆博主测评的形式,可以让民众直观地了解产品的效果、外观等,也更加容易接受美妆博主的推荐,真正接受品牌公关。花西子初进入国际市场不久,国外消费者对于花西子的品牌并没有太多了解,但是在测评视频中,经过美妆博主的讲解能够拉近消费者与品牌之间的距离。

五、国际媒体公关

媒体是企业国际公关的信息渠道,媒体的选择是决定媒体公关的重要影响因素。企业在国际公关的过程中,往往会面临着跨文化传播的重重阻力,但是通过国际媒体公关,将信息通过国外媒体这一"中介"传递给国外公众,可以避免在企业直接与国际公众沟通时产生跨文化障碍,借助国外媒体在当地的影响力与公信力,可以帮助企业建立积极正向的品牌形象。且随着媒介全球化的发展,国际媒介市场上已经发展出了许多在全球具有广泛影响力、传播力的媒体,通过这些媒体进行国际公关活动,可以很好地实现企业公关在全球范围内的覆盖。

(一)国际媒体,广泛覆盖

尽管在全球化背景下,可供企业进行传播的媒体具有多介质、多渠道的特点,但是有广泛影响力的国际性媒体仍旧是企业进行国际公关的主要渠道。阿里巴巴打造的助力商家出海的平台"天猫出海",在其官方的 Facebook、Twitter、Instagram 账号发布商品相关信息和促销活动,通过国际知名社交媒体平台打造国际媒介矩阵,提升商家的引流与购买率。中国移动通过 CGTV(中国国际电视台)向全球展示 5G 业务等也是借助全球性媒体进行广泛传播的成功典型案例。

---

① 《营销洞察|国外顶流"自来水"J 姐测评,花西子海外流量暴涨到黑五水平》,https://mp.weixin.qq.com/s/SwI 5_Mo9jr2A_a_jO-WM0A,2022 年 2 月 8 日。

(二)本土媒体,深化触达

美的自进军国际市场开始,就十分注重本土化发展。通过美的围绕东南亚、中亚、非洲、欧洲、北美、南美等区域建立本地制造工厂,雇佣本地员工等举措可以看出美的的本土化布局已十分成熟。美的在国外市场通过并购实现多品牌策略的发展,通过全球化区域布局,在世界范围内整合不同国家、各行各业的资源,降低了经营成本,提高了整体的运营效率。多品牌、本土化的市场策略需要搭配本土化的媒介开展公关活动,开拓市场,提升形象。

2021年,美的针对北美市场设计了一款创新型窗式空调——"Midea U"[1],为了在北美市场推广该产品,针对北美年轻人喜爱的音乐、体育与游戏三方面选择在北美的音乐节、游戏赛事以及体育竞赛三类媒介平台进行公关活动,为活动量身打造名为"Singing Window"的广告,并且针对不同的媒介渠道进行了不同的内容呈现,精准触达了不同渠道的不同受众,不仅充分展示了产品"自由开合"的功能卖点,更探讨了创新产品带来的"自由生活"精神层面上的满足,实现了中国品牌的国外本土化渗透[2]。这对于企业来说很有借鉴意义。

(三)自有媒体,独立触点

作为企业,应做好企业自身自有媒体的经营。企业自有媒体是国外公众直接与企业进行沟通交流的最佳渠道,是了解企业、品牌信息的最详细、全面的渠道,也是获取企业国际公关活动及其他信息发布最及时的渠道。因此,企业需要重视自有媒体的发展。首先,应在国际性媒体及一些本土化媒体上开设属于企业的官方账号,并做好日常的管理与维护,及时回应平台受众的关注与互动。其次,做好企业国际化官方网站的建设,在官方网站做好品牌形象、企业文化、最新消息等内容的展示与更新,重视官方网站的作用,通过其连接企业与国际公众。

【案例10-5】　　　　　　　小米 Live For The Challenge 系列挑战赛[3]

在国内以社会化营销闻名的小米,在国际市场上也依然借鉴了其在国内市场的成功经验。自2019年 Redmi Note 7 问世开始,小米就开始在国外市场以 Live For The Challenge 为主题为每一代 Redmi Note 设计不同的挑战,体现 Redmi 品牌的挑战理念。小米在国际上首次推出该系列时,发布了一则将 Redmi Note 7 送上太空的视频,在国际媒体上引发高度关注,为后续该系列挑战打下了良好基础。在随后的 Redmi Note 10 系列活动中,小米以"Challenge Your Boundaries(挑战你的边界)"作为 Slogan,由一位热衷于极限运动拍摄的工程师操控无人机装载 Redmi Note 10 飞跃炙热的火山,近距离拍摄滚滚熔岩,并在成功拍摄后,亲自上阵乘坐动力滑翔伞再次飞跃并拍摄。该主题短片充分诠释了 Redmi 品牌系列勇于挑战的探索精神,小米将该挑战视频发布在小米官方 YouTube 账号上,吸引了大量国际受众观看、点赞与评论。2021年,小米创新性地在 TikTok 上延续了该主题活动,发起了一项 Live For The Challenge 的品牌挑战赛,最终该挑战赛覆盖全球17个国家,触达了全球超10亿用户,创造

---

① 《Midea U 全球线上云发布》,https://mp.weixin.qq.com/s/jlFDVVu5vIZT1PZeqj3WMA,2020年4月10日。

② 《一支中国创意的北美广告》,https://mp.weixin.qq.com/s/sCh9NsNOZh6WuT07wlBGig,2020年4月14日。

③ 《小米海外,有点不一样》,https://socialbeta.com/t/105373,2020年2月10日。

了超300亿的视频播放量。小米选择YouTube、TikTok作为传播媒介是基于这两个媒介平台在全球数量庞大的用户群,给小米系列活动影响扩散提供了用户基础,YouTube、TikTok的用户活跃度也为用户参与、视频传播裂变打下了坚实的基础。YouTube、TikTok作为国际长、短视频平台代表契合系列主题视频特性,在实际传播过程中,能够将视频特性与平台特点相结合,促进传播效果的提升。

六、国际危机公关

国际市场环境潜在风险增多,竞争加剧,蕴涵着无形的危机,企业在面临国际公关危机时,处理得当能够转"危"为"机",修复企业形象,提升企业知名度,处理不当则可能导致危机加剧,变成损害企业国际形象的致命一击。

(一)企业遭受恶意攻击

国际形势复杂多变,即使企业并未在技术、产品层面出现纰漏,在国际市场也可能面临被恶意"污名化"的风险,如果不及时进行回应澄清,对于企业国际形象的损害是极难修复的。

2019年华为遭受美国恶意攻击,企业面临危机,但这场危机在华为完美的国际危机公关策略之下巧妙化解,为我国企业在国际市场化解危机提供了成功范例。2019年5月,时任美国总统特朗普签署行政令,美国商务部工业和安全局将华为列入实体名单,禁止华为在未经美国政府的批准下,从美国购买技术和零件,阻止美国企业及其盟友企业与华为合作,导致华为在国外市场的发展受到巨大阻碍。华为从事实与价值两个维度进行了公关回应,事实层面强调还原整件事情的真相。美国指控华为产品存在安全问题,华为通过媒体发布官方声明及时澄清解释,并且由高管接受国内外媒体采访公开回应质疑,通过多方材料进行补充证明,在危机发生之初有效回应,遏制负面信息发酵。除此之外,华为在此次危机事件中因受到美国恶意中伤,因此在进行国际公关应对时除澄清虚假信息、还原事实真相之外,任正非在接受美国媒体采访时,从情感维度重塑企业价值观,赢得了国际公众的共情与尊重。

华为被美国恶意制裁并不是我国企业在国际市场中的个例,在中美贸易形势不甚明朗的背景之下,美国刻意将中国企业污名化,从华为的国际危机公关中汲取经验是十分重要且必要的。我国企业在面对国际市场的不友好质疑与制裁时,首先需要通过对事实的澄清控制舆论,掌握话语权,其后可以通过情感的传递引发共情,重建信任。

(二)自身过失诱发危机

国际市场形势复杂多变,在国际经营的过程中稍不注意就可能导致企业在国际市场面临巨大危机,而由企业自身产品、宣传不当引发的突发性企业危机,可能会给企业带来股价下跌、利益受损等影响。特别是在新媒体时代,企业负面信息的快速传播会给企业经营造成巨大障碍,也不利于对国际市场的开拓。企业面临由自身因素导致的国际危机时,应第一时间正视错误,积极承担企业责任,根据具体情况采取不同公关策略,降低国际危机对企业品牌、经营造成的负面影响。

第四节　政府国际公关

　　政府国际公关是国际公关中的一种特殊的类型,在进行政府国际公关时需要结合政府需求与国际公关的基本原理,兼顾政府属性与国际公关原则,才能进行政府国际公关的有效运作,提升国家形象。政府国际公关作为对外交流沟通、塑造国家形象的新手段日益受到重视,政府开始有意识、有计划、有组织地开展国际公关活动,赢得国际公众的支持,与国际公关的客体建立长期、友好的沟通、互动关系。在当今国际关系中,通过文化交流、借助媒介事件等政府国际公关策略可以提升我国在外国公众心目中的国际形象。

一、媒介事件

　　政府通过重大国际性活动或会议等全球关注的媒介事件进行国际公关不仅能够直观地展现国家的政治、经济、文化风貌,促进国家与国家之间的交流沟通,而且能够借助媒介事件塑造具有新闻价值、适宜传播的内容持续在国际媒体上呈现,比如2022年北京冬奥会就是政府国际公关的成功典型案例。

　　奥林匹克运动会发展到如今已经演变成一场全球共同关注的盛大仪式,我国通过2022年北京冬奥会成功塑造国际形象的举措有目共睹。在人文展示方面,北京冬奥会开幕式融入了非物质文化遗产二十四节气,将中国丰厚的人文底蕴展现得淋漓尽致;在科技展示方面,兼具奥林匹克高清转播、素材剪辑等功能的"奥林匹克转播云",被下一届举办方意大利借走的滑冰摄像平台"猎豹"系统,比赛期间运动员"刷脸"系统等无一不展现出中国的科技实力;在绿色环保方面,中国采用"最小主火炬"传递绿色理念。通过人文、科技、绿色等多方位的全面展示,我国在冬奥会举办期间成为各方媒介的关注热点,塑造了多维、立体、全面的"人文中国""科技中国""可爱中国""环保中国""健康中国"和"担当中国"的国家形象[①]。

二、文化交流

　　文化是影响国家形象的重要因素,但相较于政治因素、经济因素等,我国的文化因素对国家形象的建设呈现出一定的滞后性[②]。坚定文化自信,把握文化解读的主导性是重要且必要的。文化交流活动也是政府国际公关的典型策略,通过文化交流展现我国软实力,提升国际社会对于中国文化、国家形象的认可,既可以扶持文化交流项目,也可以举办文化交流活动。在加强文化交流沟通的过程中可塑造良好的国家形象,扩大中国文化的影响力。

【案例10-6】　　　　　　　　文化交流塑国家形象[③]

　　鲁迅文化基金会是以鲁迅先生的名字命名的国家级文化基金会,由北京、上海、绍兴市政

---

① 廖秉宜、狄鹤仙、温为为:《"后冬奥"时期中国国际传播创新与国家形象塑造》,http://www.cssn.cn/xwcbx/xwcbx_pdsf/202204/t20220406_5402262.shtml,2022年4月6日。

② 任成金:《国家形象塑造背景下中华文化立场的坚守与传承》,《中国矿业大学学报(社会科学版)》2021年第5期,第33-44页。

③ 参见《大师对话,8年铺展"精神丝路"》,https://baijiahao.baidu.com/s?id=17141135993360060369&wfr=spider&for=pc,2021年10月20日;《绿色中国与奥林匹克的激情碰撞,"绿色奥运·国际文化艺术交流展"系列活动在京隆重开幕》,https://baijiahao.baidu.com/s?id=17273461611841119934&wfr=spider&for=pc,2022年3月15日。

府和鲁迅家属联合发起。该基金会于2014年开启了"大师对话"项目,该项目以鲁迅作为中国文化的代表,与世界大师进行对话,其活动宗旨为弘扬鲁迅精神,促进中外顶级文化交流。该项目2014—2019年间分别对话了6位国际顶尖文豪,其主题分别为"2014鲁迅对话雨果""2015鲁迅对话托尔斯泰""2016鲁迅对话泰戈尔""2017鲁迅对话夏目漱石""2018鲁迅对话但丁""2019鲁迅对话海涅"。其中在"2019鲁迅对话海涅"活动中,基金会邀请了德国诗人海涅的后代、海涅家乡德国杜塞尔多夫市的代表、海涅研究学者的代表、海涅学院负责人等参与文化交流活动,拉近了中德两国人民之间的关系。

参考文献

1. 蔡炜:《公共关系学》,华东理工大学出版社2014年版。
2. 陈先红:《公共关系学原理》,武汉大学出版社2007年版。
3. 程曼丽、乔云霞:《新闻传播学辞典》,新华出版社2012年版。
4. 邓月英:《公共关系》,复旦大学出版社2009年版。
5. 董原、陆凤英:《公共关系学》,经济科学出版社2012年版。
6. 胡百精:《公共关系学(第2版)》,中国人民大学出版社2018年版。
7. 郭惠民:《当代国际公共关系》,复旦大学出版社1995年版。
8. 纪华强:《公共关系的基本原理与实务》,高等教育出版社2006年版。
9. 蒋楠:《公共关系原理与实务》,科学出版社第2011年版。
10. 居延安:《公共关系学(第5版)》,复旦大学出版社2013年版。
11. 李道平:《公共关系学》,高等教育出版社2010年版。
12. 李红、刘学俊:《公共关系学》,北京理工大学出版社2017年版。
13. 李泓欣、冀鸿、冯春华:《公共关系理论与实务》,北京大学出版社、中国农业大学出版社2011年版。
14. 李兴国:《公共关系实用教程》,高等教育出版社2000年版。
15. 李占才:《公共关系学概论》,上海交通大学出版社2005年版。
16. 李志军、王晓乐:《公共关系教程》,浙江大学出版社2009年版。
17. 栗玉香:《公共关系(第2版)》,经济科学出版社2007年版。
18. 廖秉宜:《数字内容营销》,科学出版社2019年版。
19. 廖秉宜:《广告经营与管理(第2版)》,西安交通大学出版社2021年版。
20. 廖为建:《政府公共关系(第2版)》,中国人民大学出版社2014年版。
21. 柳斌杰:《中国公共关系发展报告(2016)》,社会科学文献出版社2016年版。
22. 吕维霞:《公共关系学》,对外经济贸易大学出版社2009年版。
23. 钱东霞、屠瑞恒:《公共关系》,大象出版社2007年版。
24. 邵华冬:《企业公关危机管理研究》,中国传媒大学出版社2012年版。
25. 申作兰、崔敏静:《公共关系理论与实务》,中国轻工业出版社2017年版。
26. 任正臣:《公共关系学(第2版)》,北京大学出版社2016年版。
27. 谭昆智:《公关原理与案例剖析(第2版)》,清华大学出版社2015年版。
28. 王光娟、赵悦:《公共关系学(第2版)》,上海财经大学出版社2016年版。
29. 王乐夫、蔡立辉:《公共管理学》,中国人民大学出版社2012年版。
30. 吴柏林:《公共关系:理论与实务》,中国人民大学出版社2013年版。
31. 熊源伟:《公共关系学》,安徽人民出版社2008年版。
32. 徐白:《公共关系》,同济大学出版社2008年版。

33. 姚曦、黎明:《互联网时代公共关系的理论与实践》,中国建筑工业出版社 2016 年版。
34. 殷娟娟:《公共关系学教程》,中国人民大学出版社 2017 年版。
35. 余明阳:《公共关系学》,北京师范大学出版社 2006 年版。
36. 查灿长:《公共关系学》,上海大学出版社 2010 年版。
37. 张克非:《公共关系学》,高等教育出版社 2001 年版。
38. 张宁:《公共关系管理》,武汉大学出版社 2009 年版。
39. 张芹:《公共关系学》,华中科技大学出版社 2014 年版。
40. 张迺英、巢莹莹:《公共关系学(第 3 版)》,同济大学出版社 2019 年版。
41. 中国国际公共关系协会:《第九届最佳公共关系案例》,企业管理出版社 2010 年版。
42. 周安华:《公共关系:理论、实务与技巧(第 6 版)》,中国人民大学出版社 2020 年版。
43. 周小波、曾霞、芦亚柯:《公共关系学》,北京理工大学出版社 2018 年版。
44. 让·肖默利、德尼·于斯曼:《公共关系》,侯健译,商务印书馆 1996 年版。
45. 艾尔·巴比:《社会研究方法(第 11 版)》,邱泽奇译,华夏出版社 2009 年版。
46. 道·纽森、朱迪·范斯里克、杜克·迪恩·库克勃格:《公共关系本质》,于朝晖译,复旦大学出版社 2011 年版。
47. 菲利普·科特勒、朱塞佩·斯蒂利亚诺:《零售时代 4.0:数字时代的十大指导原则》,孙雨濛译,海南出版社 2020 年版。
48. 格伦·布鲁姆、艾伦·森特、斯科特·卡特里普:《有效的公共关系》,明安香译,华夏出版社 2002 年版。
49. 马克·波斯特:《第二媒介时代》,范静哗译,南京大学出版社 2005 年版。
50. 斯蒂芬·李特约翰:《人类传播理论》,史安斌译,清华大学出版社 2009 年版。

后 记

进入 21 世纪以来,我国公共关系行业快速发展,呈现出欣欣向荣的态势,公共关系公司纷纷成立,专业代理能力显著提升。在经济全球化背景下,随着中国综合国力的日益增强和企业国际化进程的加速,公共关系成为提升企业国际声誉和中国国家竞争力的重要战略手段。近年来,国家高度重视文化创意产业发展,公共关系产业作为文化创意产业的重要构成,其产业规模的扩大和产业竞争力的提升对于推进文化创意产业成为国民经济支柱性产业具有重要意义。

公共关系行业的发展推动了我国公共关系教育事业的发展,目前许多高校的新闻传播、经济管理、公共管理院系均开设了公共关系学课程,部分高校还设置了公共关系学本科、硕士研究生和博士研究生专业方向,为我国公共关系行业培养和输送了一大批优秀的公共关系专业人才。同时,新闻传播、经济管理、公共管理等领域的专家学者基于各自学科背景开展公共关系学术研究,丰富了公共关系学理论研究成果,推动了公共关系学科的发展。当前,公共关系行业面临新的市场环境和传播环境,尤其是移动互联网、智能物联网、社交媒体、AR/VR/MR、元宇宙、AIGC 等新信息技术的发展和应用,给公共关系行业带来了新的机遇和挑战。高校公共关系学课程教学迫切需要结合新的营销传播语境,更新知识体系和教学内容。本书特色体现在三个方面:一是关注公共关系基础理论与学科前沿;二是探讨新媒体时代的公共关系理论与实践;三是注重中国优秀公共关系案例的提炼与阐释。

本书为教育部人文社会科学重点研究基地重大项目"传媒智能化背景下中国传媒和广告产业竞争力研究"(16JJD860002)、中共湖北省委宣传部与武汉大学共建新闻与传播学院本科项目"公共关系学",以及武汉大学人文社会科学青年学者学术发展计划学术团队项目"智能营销传播研究"(413100035)的研究成果。我指导的研究生张慧慧(第一章)、鲍泽文(第二章)、张浩哲(第三章)、许心枚(第四章)、李智佳(第五章)、狄鹤仙(第六章)、徐晓妍(第七章)、向蓓蓓(第八章)、肖欣(第九章)、温有为(第十章)参与了本书的研究,感谢他们积极的合作与辛勤的付出。感谢西安交通大学出版社对本书出版的大力支持,感谢西安交通大学出版社责任编辑赵怀瀛老师与本书编辑团队的专业指导和审校。敬请各位专家同仁和广大读者批评指正。

廖秉宜
2023 年 2 月于珞珈山